G

咕
噜
GuRu

认知盲区与制度变迁

IGNORANCE AND THE EVOLVEMENT OF INSTITUTIONS

刘正山 著

上海三联书店

序　言

选择"制度"作为研究对象，容易"出力不讨好"。

这个领域的研究成果太多了，即便是中文文献。从中国知网检索标题中包含"制度经济学"的文章，2006 年为 347 篇，这只是第一个高点；真正的高峰是 2016 年和 2020 年，均为 424 篇。甚至教材也有很多，据山东大学《制度经济学研究》编辑部主任李增刚（2021）的统计：20 世纪 90 年代至今，我国出版了 40 多种制度经济学教材。

与中国的现实需要相比，对制度的经济学研究依然是迫切的。清华大学教授钱颖一（2017）曾说："制度经济学或者新制度经济学这个领域，相对于其他国家而言，在中国受到的关注程度、重视程度远远超过其他的领域。"的确，目前我国经济体制转轨依然在路上，仍需要制度的经济学分析，未来的制度经济学依然炙手可热。君不见，《中华人民共和国国民经济和社会发展第十四个五年规划和 2035 年远景目标纲要》提出的经济社会发展主要目标之一就是："社会主义市场经济体制更加完善，高标准市场体系基本建成，市场主体更加充满活力，产权制度改革和要素市场化配置改革取得重大进展，公平竞争制度更加健全，更高水平开放型经济新体制基本形成。"

然而，适合我国需求的制度经济学理论，是稀缺的。目前我国的制度经济学研究，基本的分析工具和基础理论均是舶来品。无论是新制度经济学，还是转轨经济学，或者其他形形色色的现代经济学理论，基本上是基于西方市场经济发达国家的情景发展出来的，与中国这类转轨经济国家面临的"约束条件"很不相同。比如索洛增长模型（Solow growth model），直接用于分析中国的经济运行和增长时，就存在很大的困难：市场存在着分割、特许和垄断等，劳动力、资金和土地要素不能自由流动和配置等等。

此外，尽管制度经济学的提出已有百年历史，制度的经济学研究却存在不同的流派或者学派：旧制度经济学、新制度经济学、制度演化经济学、比较制度经济学、转轨经济学等等。有的甚至各说各话。在一定时期内，经济学家们专注于各自范式的研究，也是一种重要的学术分工，对学术的创新很有意义，但这导致制度的经济学分析缺少通行的框架。

能够"通行"的框架，不仅要考虑西方的情况，更要适合中国的实践，就如钱锺书所说，"东海西海，心理攸同；南学北学，道术未裂"。当然，这个框架未必要有发展"学科体系、学术体系和话语体系"的考量。

由此，一个好的制度的经济学分析框架，应当是从"元理论"入手，从制度（包括正式制度、非正式制度、组织）的起源开始研究，将主要约束条件搞清楚，具备一般性。这样的框架，更合乎现实要求，更有解释力，更有生命力。

本书算得上是好的制度经济学分析。与目前市面上各种制度经济学理论不同，本书的特点有三：

第一，将研究的起点推到极致，即从"认知盲区"入手研究制度的起源与变迁。人人皆知知识、学习等问题的重要，但而今主流的制度分析，极少考虑认知盲区问题，所依赖的分析显得间接，论证的链条有些长，则显得"隔"。这是主流经济理论的一大局限。那么，以认知盲区为起点构建经济理论体系、进行制度分析，则是

"不隔"。

第二，围绕认知盲区的消除及其联动效应进行分析与研究，对知识和认知盲区的经济学框架做出了一定的分析和建构。本书的分析，从认知盲区的消除导致专用性人力资本的形成，到分工的产生，再到企业的性质；从模仿到非正式制度的产生，再到正式制度的起源；从认知盲区消除导致的偏好内生与剩余的生成，到制度变迁的分析，均能自成体系。

第三，与既有的制度经济学聚焦于产权、交易成本等问题之上不同的是，本书从新的角度解释了企业的性质及非正式制度与正式制度的生成与变迁。与主流的企业理论不同的是，作者发现，团队生产并非必须，不少创意性的"产品"生产并不需要分工协作；节约交易成本也非企业产生的前提，它不过是"副产品"。至于非正式制度和正式制度的产生，作者认为节省交易成本也非主要因素，非正式制度是认知盲区之下模仿的结果，正式制度则是对非正式制度的模仿及创新的结果。对于制度的变迁，作者的观点也不同于主流经济学：消除认知盲区的行为，造就了制度变迁的充分条件和必要条件。但作者强调制度变迁具有多向性和不确定性，这或许有些悲观。

总之，我认为本书关注了一些主流经济学不甚重视的方面，做了一些开拓性的工作，颇有新意，对改革实践有所启发，值得研究制度问题的学者一读。

周天勇　教授　博士生导师

中共中央党校国际战略研究院原副院长

东北财经大学国民经济工程实验室主任

2023 年 10 月

目　录

1 导　论

1.1　选题背景

科兰德（Colander，2017）称："无知或者说我们知识的局限，是经济学中的一个主要问题。"贝斯特（Best，2021）进一步表示，若要理解当今普遍存在的一厢情愿的经济思想，需要将"无知"视为经济理论和实践中的关键动力。但直到今天，"无知"并未引起经济学界的足够重视，故而斯维特洛娃和冯·埃尔斯特（Svetlova & van Elst，2012；Svetlova，2021）如是说：对"无知"本身的无知，是主流经济理论的根本局限。

自古典经济学创建以来，学术界对于知识（knowledge）缺乏足够的关注，特别是"无知"（ignorance，即本书所谓的"认知盲区"），除了弗里德里希·冯·哈耶克（Friedrich von Hayek）等极少数学者，相关研究文献极少。截至 2022 年 5 月 17 日，在中国知网中检索"无知"＋"经济学"关键词①，或者"认知盲区"＋"经济学"关键词，所获几乎为零；从谷歌学术（Google Scholar）检索题名中含"ignorance"＋"economics"的文献②，达 2020 条，但大多集中于两个领域：一是讨论罗尔斯（John Bordley Rawls）

---

① 题名中包括"无知"和"经济学"的，总共有 2 篇文献。

② 若在谷歌学术中直接检索"ignorance"＋"economics"，可获得的文献约有 645，000 条。但是，其中多数文献与我们讨论的问题无关。

的"无知之幕"（veil of ignorance）；二是关于奥地利学派的"ignorance"，但并未超越哈耶克当年的论述。即使追溯整个西方思想史，也会发现很少有人谈到知识的形成过程。麦戈伊（McGoey，2020）甚至说："150多年来，社会科学一直将'ignorance'的生产视为知识生产的次要问题。'ignorance'就像不速之客一样被嗤之以鼻，被当作知识的低人一等的堂兄而不屑一顾。"

从经济学发展史追溯，古典经济学关注的核心是分工和价值理论等议题，没有直接论及知识和认知盲区问题。

新古典经济学或者主流经济学，假设知识完备、信息对称而完全，这与物理学中的"真空"类似，被科斯（Ronald H. Coase）讽为"黑板经济学"。诚然，新古典阵营中的个别经济学家对于认知盲区、知识有所涉及，如斯蒂格利茨和格林沃德（Stiglitz & Greenwald，2014）的国别知识差距说、林毅夫的新结构经济学（王勇、徐扬帆等，2021），对知识和认知盲区的分析均不成体系，尤其是后者被认为是"没有注意到20世纪70年代以来知识生产模式的巨大变化"（贾根良，2018）。可见，对于认知盲区，主流经济学缺乏关注，留下了一大片研究空白。

新制度经济学关于知识的经济分析始于20世纪90年代的诺斯（Douglass C. North）等人，但是其分析建立在有限理性假设和交易成本理论这些存在缺陷的基础之上[①]，且缺乏学习理论基础，也未触及认知盲区。

奥地利学派的某些学者对知识的部分特性、知识的利用等问题作了一定程度的探讨，但是，他们对知识性质的探索是片面的，没

---

① 关于有限理性假设与交易费用理论的缺陷，后文将作详细讨论。不过，这里所说的诺斯制度变迁观点，并未引起足够重视，中国学术界仍关注诺斯的旧观点——古典制度变迁模型（自愿合作组织），如柯华（2012）遵循的便是诺斯的旧范式。

有解释知识的存在性（即知识是如何产生与演变的），缺乏坚实的认知盲区消除理论基础。哈耶克意识到并局部性地探讨了"ignorance"，但他所使用的"ignorance"是"信息"而非"知识"意义上的。

演化经济学参考和吸收了哲学、心理学等领域的一些成果，对知识的性质和知识的创新作了某些探讨，但一方面，其将"过程"与"结果"混为一谈①，另一方面没有解释知识的存在性。此外，演化博弈模型中的学习规则接近于早期行为主义简单的"刺激—反应"模型②，没有追踪心理学中的学习理论的新发展。即便有学者（梅亮、陈劲等，2014）讨论的创新生态系统的知识演化，也只是局限于学术知识的积累而已。

信息经济学的文献，基本上将"知识"（knowledge）与"信息"（information）相提并论，未加区分。尽管也有少许关于"ignorance"的文献，但与本书所说的"认知盲区"有较大区别。

行为经济学，也是将知识与信息混同，并对学习的某些方面进行了一定的讨论。但其假设人是"有限理性"的，对认知盲区的消除的相关类型、机制和作用等缺乏分析。

基于上述情况，本书试图引入、分析"认知盲区"，通过研究知识和认知盲区的内涵与边界、消除认知盲区的路径与方式，重新解释企业的性质，非正式制度与正式制度的生成，及制度的变迁。

---

① 关于这一点，后文将详细讨论。
② 演化经济学者阿瑟（W. Brian Arthur）、埃文思（Evans）等1990年以来才将"刺激—反应"模型引入和应用于经济学。其后，没有更多的发展。具体参见［瑞士］库尔特·多普菲（2006，pp. 267 - 269）。

1.2 基本假设

本书的基本假设[①]：理性；真实时间。这兼顾了新古典经济学的传统，考虑了奥地利学派等关于时间的思考，但有扬弃与新构。

1.2.1 理性

20 世纪以来，经济学、哲学、心理学等领域的一些学者对理性假设提出了批评。[②] 阿瑟（Arthur，2021）认为，理性假设产生了一种优雅的经济学，但不切实际。赫伯特·西蒙（Herbert A. Simon，2002）认为，人们在决策时，由于个人能力有限、信息不对称（asymmetric information）、信息不完全（imperfect information）等原因，并非总是追求理性最大化，而只是追求个人满意，这就是他提出的"有限理性"以及"需求满意"假说[③]。莫利斯·阿莱（Maurice Allais）认为，人们选择的结果总是与未来有关。在未来不确定的条件下，人们选择的依据只能是预期效用。按照传统经济学的预期效用定理，人们应该偏好预期效用更大的选择，但实验结果与此并不完全相同。这种现象被称为"阿莱悖论"（约翰·伊特韦尔等，1996）。后来的学者对于阿莱悖论提出了不同

[①] 关于本书坚持的偏好内生等假设，将在后文相关章节讨论。

[②] 查阅哲学、心理学和经济学方面的文献，可以确定至少存在五类针对理性假设的批评：意识形态类别、形式逻辑类别、经验范畴、伦理范畴，以及范围范畴。参见 Herfeld（2022）。

[③] 其实，最大化都是在一定的约束条件下给出的。人的计算能力有限、计算能力不同就是约束条件之一。若说信息不完全，那"怎么样"才算是信息完全？信息也是一种稀缺资源，信息的获得和处理都是有成本的。随着信息的增多，可能出现边际收益递减，如果更多的信息产生的收益不足以弥补其成本，那么，获取更多的信息就成了非理性行为。按照最大化的求解条件，当获取最后一单位信息产生的收益恰好等于成本时，信息的数量就实现了最优。这说明，最优化并不一定必须在完全信息下实现，理性并非必须追求完全信息。任何人在"有限理性"下实现的最大化，正反映了人的理性行为。详见后文的分析。

的解释。卢姆斯和萨格登（Loomes & Sugden，1982）认为，人们最大化一个调整效用函数的期望值，这个函数是他们从选择中得到的效用与他们考虑到的从另一个选择得到的效用的函数。贝尔（Bell，1982）提出了类似的分析，他的"失望"与"遗憾"模型指出，预期效用模型可能遗漏的重要因素是"与事实相反"的信息。一个人的失望、遗憾在很大程度上依赖于他所预期但没有发生的事情，为本来可以发生的事情遗憾或叹息是非理性的。丹尼尔·卡尼曼和阿莫斯·特沃斯基（Kahneman & Tversky，1981）认为，个人在对不确定性结果进行预期时，常常会出现保守、过度自信等心理特征，这些心理特征导致预期结果违背了贝叶斯法则[1]或其他有关概率的理论，而表现出系统性的直觉偏差或经验性偏差。

正如吉格瑞泽（Gigerenze，2008）所批评的，那些"非理性"或"有限理性"的说法，是试图将"理性"等价于人的无所不知，将人视为一台超级计算机。应该说，现行的有限理性与非理性说法，对于更准确地认识理性假设具有积极意义，但其将"过程"与"结果"混为一谈，而且其实际上已经内含于理性假设之中。[2] 我

---

[1]　一些行为经济学家认为，人们在决策过程中往往并不遵循贝叶斯法则，而是给予最近发生的事件和最新的经验以更多的权值，在决策和做出判断时过分看重近期的事件。面对复杂而笼统的问题，人们往往走捷径，依据可能性而非根据概率来决策。这种对经典模型的系统性偏离称为"偏差"。由于心理偏差的存在，投资者在决策判断时并非绝对理性，会产生行为偏差，进而影响资本市场上价格的变动。

[2]　里索（Rizzo，2021，p. 11）表示，即便承认"非理性"，也不能认为其"不合理"，这是两个概念。实际上，理性假设，在经济学实践中已有很多"变体"。而长期以来，批评者没有承认理性假设和理性选择理论的变体，并且这些变体已在经济学中用于解决不同的问题。Blume 和 Easley（2008）尝试将理性选择理论区分为 5 种变体：（1）一般选择理论，（2）预期效用理论（EUT），（3）主观预期效用理论（SEUT），（4）理性预期假设，和（5）非合作博弈论。其实，还有更多变体：（6）贝克尔（Gary Becker）的人类行为经济学方法，或者更一般地说，芝加哥学派价格理论，以及（7）新古典微观经济学中使用的序数效用理论，（8）合作博弈论，（9）社会选择理论，（10）公共选择理论，（11）显示性偏好理论（RPT），（12）杰拉德·德布鲁（Gérard Debreu）的价值理论。参见 Herfeld（2022）。

认为，理性假设强调的是人们具有趋利避害的倾向，即人们在约束条件下选择对自己最为有利的选择集合；至于选择之后的结果如何，难以预料；就解释人类的行为而言，更为重要的是如何理解"约束条件"。大体上讲，"约束条件"有以下三类：

（1）个人的选择范围决定着个人最大化或者极大化的效用。如果可供人们选择的范围越广，选择的替代品越丰富，其选择的结果就越能满足人们的需求或欲望，人们的效用水平也就越高。[1] 反之则反。因而，可供人们选择的范围或替代品构成了人们最大化或者极大化效用水平的约束。

（2）给定选择范围与结果，人们在"精确计算"成本与收益时受到信息费用[2]的约束。信息越充分，获取信息的费用越小，人们的计算就越精确，其预期值与结果的偏差就越小，效用水平也就越高。于是，信息费用构成了人们最大化或者极大化效用水平的约束。

（3）给定选择范围与信息费用，当人们在获得的任何类信息基础上需要进一步"精确计算"成本与收益时，需要人们具有正确的解读方式。而正确的解读方式决定于人们的知识存量、结构，或在此基础上形成的"聪明"程度。知识存量越多、知识结构越合理，人们越聪明，计算就越精确。所以，知识亦构成了人们最大化效用水平的约束。[3]

当然，还存在着其他若干的约束条件，如制度、个人的性格因素等等[4]。不同制度下有不同的信息费用；个人的性格由禀赋、知

---

[1] 鉴于此，马斯洛需求层次论（Maslow's hierarchy of needs）已不足以描述人类的需求状况，需要发展出需求范围论。参见刘正山（2014，pp. 84－96）。

[2] 本书对"费用"与"成本"不加以区分。

[3] 由于新技术的出现，可以获得比以往更多形式的信息，但我们能够消化的信息却很少。这与处理信息的知识相关。此外，考虑时间因素，知识是动态变化的。

[4] 但随着认知盲区的消除，这些变量也可能内生。

识存量（包括知识结构）来决定等。于是，约束条件下的理性较为正式的表述为：给定某个效用函数，在选择范围、信息费用与知识等约束条件下求最优解，即：

$$\mathrm{Max}U(s,i,k),\ s\leqslant S,\ i\leqslant I,\ k\leqslant K \qquad (1-1)$$

其中：s 是选择范围变量，S 表示可选择的最大范围；i 是信息费用变量，I 是最大信息费用约束；k 是知识存量，K 是可获得的最大知识存量。

根据前述"约束条件"，U 是 s、k 的增函数，故上式等价于一维优化问题：

$$\mathrm{Max}U(S,i,K),\ i\leqslant I \qquad (1-2)$$

如果充分考虑约束条件，人们一定是"理性"的。从这个角度看，无论"有限理性"还是"非理性"的观点，都存在着不足：

（1）"理性"与"有限理性"或"非理性"相比较，前者在理论分析上更具一般性和包容性，具有被检验的可能性。"理性"并没有否认人们具有诸如"失望""遗憾""贪婪""恐惧""追风行为""羊群效应"等等所谓的"不理性行为"的存在，也不否认人们的"事前"计算与"事后"结果存在系统性偏差，而是把这些行为归结为人们在追求效用最大化或者极大化的过程中，效用受到约束条件的限制。如在信息费用的约束下，人们的预期与结果在多数情况下存在差异，于是就有了"失望""遗憾"等。在知识的约束下，人们自私自利的欲望或许更强烈，对财富追求的"贪婪"之心更冲动，而面对未来的无知（盲区）、苍穹的浩瀚和无限，使得人们不得不产生"恐惧"的心理等等。所以，所谓"非理性"行为可以看作是理性的特例或一部分。

更为重要的是，从解释个人行为的角度来看，在个人非理性的假设下，存在诸如"失望""遗憾""羊群效应""贪婪与恐惧"等行为方式，我们无法推测究竟哪一种情况会发生。这样，我们就不可能推出有可能被事实推翻的假说或理论，理论本身就具有不可证实性或证伪性[1]。但如果从"理性"出发来解释人们的行为变化，可以清楚地指明在什么样的约束条件下，人们有什么样的行为，以及约束条件的变化对人们行为将带来什么样的转变。这样，理论才具有被事实检验的可能性。

（2）约束条件下的最大或者极大收益（应该如何）与事实上的失败及其失败后所产生的"失望""遗憾"（事实上如何）是不同的问题，不能混为一谈。可以反证的是，如果不考虑选择发生时点的约束条件，有可能任何人在任何时候所做出的任何选择都是非理性的。

（3）"理性"可以看作只是一个基本的假定。从逻辑上讲，最基本的验证方法是：假如 A 的发生意味着 B 的发生（A—B），那么 B 的不发生就意味着 A 的不发生（非 B—非 A），而不是 A 的不发生意味着 B 的不发生。后者是一种典型的逻辑谬误。这样，自然选择将导致：那些追求最优化的个人理性行为在市场竞争中境况较好，而那些不追求最优化的个人行为最终被竞争所淘汰（Friedman，1953）。这意味着，就个人而言，聪明与否并不重要，重要的是，在竞争中只会留下理性的个人。

综上所述，本书认为，"理性"[2] 包含两层含义：第一，人们会做出选择。人类的任何行为都可以认为是广义的选择的结果。例

---

① 如张五常所说："所有实证科学（empirical science）的主旨，是要创立一些可能被事实推翻的句子或言论来作推测。换言之，科学不是求对，也不是求错；科学所求的是'可能被事实推翻'！可能被事实推翻而没有被推翻，就算是被证实（confirmed）了。"参见张五常（2002）。

② 还需要说明的是，自萨缪尔森以来的经济学家大多用偏好来定义理性，我认为这是一种误区。理性并不意味着偏好不变。本书所说的偏好是一定时间阶段内的，超越了这个时间段，偏好的内容可能变化。那么，在新的阶段，人们根据新的约束条件（包括偏好）进行新的优化选择。此外，即便个体的偏好相对稳定，群体偏好也可能是可变的。

如，某个人在某种极端的情况下失去了自由，可以看作是这个人做了不自由的选择；某个企业经营亏损了，可以认为该企业选择了亏损。当然，如果只有该假定，对解释人的行为的约束力还不够，还需要加上其他的约束条件。第二，人类在约束条件下，在可以选择的集合中，会选择可以实现其最大化收益的。简而言之，人类的本性是"趋利避害"。

1.2.2 真实时间

时间是经济学理论中普遍涉及的，也是经济学中一个很重要的题目。从经济学说史上看，古典经济学中的剩余价值学说就是以对时间的分析为基础的。比如，所谓劳动价值论，就是说商品的价值及其市场价格最终取决于生产该商品所耗费的时间①。后来的贝克尔（Gary S. Becker），在"时间价值"理论方面做出了杰出贡献。门格尔（Carl Menger）、杰文斯（William Stanley Jevons）等提出的边际分析，也与时间相关：边际分析从某种意义上讲就是时间分析，因为"连续"的基本含义只能在时间坐标中才能显现其意义。马歇尔（Alfred Marshall）在讨论成本时就对时间进行了划分：短期成本和长期成本②。莫迪利阿尼（Franco Modigliani）的"生命周期假定"，弗里德曼（Milton Friedmann）的"持久收入假定"，以及舒尔茨（Theodore W. Schultz）和贝克尔的"人力资本"理论，都直接涉及时间的分析。复杂经济学的研究认为，复杂性的系统中，事件的传播不可避免地将时间带入系统；没有这种传播，时间就会消失（Arthur，2021）。现代的一些权威经济学教材甚至将

---

① 古典经济学家使用的时间是客观的，只不过在不同的产业中有不同的标准。

② 这种区分仅仅是概念上的，因为并没有区分时间长短的合适的标准。

时间单作一章加以讨论①。

　　总之，历代经济学者对于如何处理时间的问题，已经做了诸多重要的工作。但是，第一，到目前为止的研究，经济学者在处理、使用"时间"上无疑是不连贯、不系统、不规范，并且缺乏一个统一的时间基础的。尽管主流经济学者承认"人们最常面对的一个重要决策，就是如何利用自己的时间"②，但是，在建构模型时，要么不考虑时间，要么进行简单的技术处理。譬如，长期与短期的划分其实是比较模糊的，长期究竟有多长，短期究竟有多短，没有人能够说清楚③。归根到底，是因为缺乏一个尺度④。又如，现行主流经济学中的效用理论只是考虑了静态概率空间，没有对时间进行明确处理（Peters，2019）。交易成本理论，也没有考虑时间因素。其背后的逻辑是：凡是今日具有存在合理性的现象，在过去和将来也是合理的。因为，科斯提出的交易成本只是一个共时概念，而企业的起源和演化属于历时性的现象。再如，在主流经济学看来⑤，生产函数表示一定技术条件下特定投入的组合有效使用时最大的可能性产出。如是，企业生产某种特定产品的生产函数就是 $q = f(k, l)$。诚然，主流经济学者使用长期、短期这样的概念，以表明考虑了时间，但是这个函数式并没有包含时间变量。哈尔·瓦里安（Hal R. Varian）辩解说，当抽象地讨论技术选择时，通常省略

---

　　①　典型者参见［美］哈尔·瓦里安（2003，第 19 章《时间》）。

　　②　代表性的观点，参见［美］萨缪尔森、诺德豪斯（2012，p. 11）。

　　③　按照而今主流经济学教科书的定义，长期（long run）指生产者可以调整全部生产要素的数量的时间周期；短期（short run）指生产者来不及调整全部生产要素的数量，至少有一种生产要素的数量是固定不变的时间周期。那么，从物理量的时间看，经济学上的"短期"可以很长，数年、十几年、数十年，皆有可能是"短期"。

　　④　关于"尺度"问题，参见刘式达、梁福明等（2004，p. 4）。

　　⑤　这方面的论述，参见［美］哈尔·瓦里安（2003，pp. 3 - 7）、［美］瓦尔特·尼科尔森（1996，pp. 175 - 195）。

时间特性。不过，哈尔·瓦里安（2003）承认，"最令人满意的是将投入和产出按照流量来度量：每个时期，一定的投入被用来在每个单位时间生产出一定量的产出。在特定的投入产出中，明确地把时间特性包括进来是个好主意"。至于一些学者基于家庭消费需要时间的观点，构建的有关工作和闲暇的时间分配模型（Heckman，2015），或者将折旧延迟等引入索洛模型（Matsumoto & Szidarovszky，2021），也不过是考虑了不同选项之间的权衡问题（Guilló Alcaraz et al.，2021）。

接近现实的考虑，是将生产过程考虑为时间（从 $t=0$ 到 $t=T$）的函数集。这种函数表示，直到时间 t 的投入流、产出流所提供的服务的累积量。这样一来，可以把生产过程表示为函数向量：

$$\left[R_i(t), P_i(t); K_i^f(t), K_i^k(t)\right]_0^T \qquad (1-3)$$

式中大写字母按照顺序分别为：自然资源（包括土地）、产品；资本，知识。

第二，当前主流经济学依然处于牛顿（Isaac Newton）的时间观念中。自马歇尔以来，对均衡理论加以发展的新古典经济学家，似乎都将经济活动理解为机械程序，而不是"时间之箭"的真实过程，经济系统总能自动反应，形式上能够反复，原则上可以逆转，"将来"不过是"现在"的延伸，能够准确预测结果（琼·罗宾逊、约翰·伊特韦尔，1997，p.48）。主流经济学的阿罗－德布鲁（Arrow-Debreu）一般均衡理论框架（Arrow-Debreu equilibrium）里的时间，依然是牛顿时间，是可以空间化或者是理解为容器的时间（O'Driscol & Rizzo，1985），仅仅是经济学家视野内的一个坐标轴（Shackle，1970）。而今学术界也产生了一些离散时间或连续时间相关模型，典型者如动态随机一般均衡模型（dynamic stochastic general equilibrium，DSGE)①，探讨了经济体系中各变量如何随时间变化而变化的动态性质。但是，2007—2009 年全球经济危机后，对 DSGE 模型批评的声音甚嚣尘上。有一些学者甚至主张放弃 DSGE 的建模方式，转而以实际经验数据为基础进行建模和政策分析（高阳，2015）。

在牛顿的时空框架中，时间在任何空间位置都是绝对均匀流逝的，因而整个物质世界存在统一的时间，在一切参照空间都有共同的"同时性"或者"共时性"，时间间隔在任何惯性参考系中都是绝对的，而且作为参数的牛顿时间具有反演对称性。这样一来，时间仅仅为描述运动的一个参量，不存在经济主体的学习过程。牛顿学说的信仰者，仍然试图将变化描述为"一系列同质的状态……结果就是没有变化"（亨利·柏格森，2004）。根据牛顿时间概念，如果存在任何变化，那么这些变化必然由过程起点决定，时间没有实质意义②。借助瓦尔拉斯（Léon Walras）的拍卖者假定，引入货币因素的巴廷金一般均衡（Patinkin equilibrium），本质上仍然是无时间的静态均衡状态。难怪，乔治·斯蒂格勒（George J. Stigler）如是说："阿罗-德布鲁模型描写的不是市场经济，而是自给自足经济。"③ 实际上，时间与空间存在一定程度的可置换性（如华罗庚的统筹法），时间也有相对快慢之分（如相对论中的时间观），这都为学习或者说消除认知盲区提供了可能。

第三，主流经济学中的一个重要特点，就是将变化压缩至瞬间完成，无论是阿罗-德布鲁均衡，还是巴廷金一般均衡，或者是拉

---

① 学术界关于这方面的介绍较多，如陈利锋（2016）、张静（2016）。
② 即便是彼得斯（Peters，2019）考虑了遍历性问题（ergodicity problem），引入了"时间"，也只不过是牛顿时间，因为他只是考虑了时间的流动性，却没有考虑时间与空间的部分可替代性。
③ 这句话转引自陈平（2005，p. 471）。

德纳均衡（Radner equilibrium）、可计算一般均衡（CGE）等，均假设所有交易在零时间内发生（Beissner & Riedel，2018）。新制度经济学也是将制度变迁视为从一种均衡向另一种均衡的瞬时移动，并不考察制度失衡后个体间的互动和协调过程（黄凯南，2009）。毫无疑问，这样有助于数学上的技术处理，却排除了类似错误交易的现实问题。由于坚持牛顿时间观，"新古典经济学忽视了所有与时间流逝有关的问题的研究，他们即使讨论时间问题，也把时间看作可逆的和对称的"（盛昭瀚、蒋德鹏，2003，p.67）。这样一来，与物理实验一样，只要条件相同，交易可以反复发生，经济绩效也不会有多少差异。诚然，博弈论的兴起与发展，在某种程度上打破了新古典的一般均衡理论，例如博弈论基本思想是把优化方法引入棋局游戏或者博弈中，来模拟人类的竞争行为。但是，博弈论导致了对数学中概率论的过分迷信和误用[①]。

从现实角度看，人们的决策是一个适应性的过程，即以过去的经验为基础，通过消除认知盲区，并根据对未来的预测，进行调整之后，确定策略。正如洛斯比（Loasby，2001）所说，"时间很重要，因为知识在变化"。所以，支配经济行为的，要么是对行动将要产生的结果所作的预测，或者是依据常规判断而得出什么是适当行为的见解；要么是依据过去的经验教训，而这些经验教训可能被证明是靠不住的。更为重要的是，时间的运行规则是面向未来，不可逆的。我把这样的时间称为"真正的时间"或者"真实时间"[②]。这样的时间就如琼·罗宾逊和约翰·伊特韦尔（1997，p.67）所

---

① 古典和统计意义上的概率论，要求所研究的随机现象必须是可以大量重复的。但是，人类的一些决策行为却是不可重复的，具有时间单向性，是不可逆的。

② 这里所说的"真实时间"，也可称"主观时间"或者"真正的时间"。这个词语，借用自奥地利学派（例如 Mario J. Rizzo 在 1994 年出版的 *Time in Economics* 中提出了 "real time" 的概念）。但本书的时间观与其有些不同。

说："通过时间的运动则只能是单向的，从过去到将来的"。因此，今天和明天的差别是 24 小时，而今天与昨天的差别是永恒的，因此经济行为主体面临的是不可逆转的、不可知的、但不是不可想象的未来。例如，我购买了一张从北京到广州的火车票，当火车走到郑州的时候，我的客户来电话说，约会改在西安。那么，如果我仅仅因为已经投资于车票而无法收回资金便继续向南，那么我未免"南辕北辙"。尽管说，这张车票依然有效，但是，我的目标改变了，继续向南不合理了，我必须下车购买从郑州到西安的车票。

"真正的时间"是一个过程[①]，而不是一种状态。我们生活在"现在"，但是，"现在"正在不断飞逝。正如乔治·卡林（转引自埃德加·E. 彼得斯，2005，p. 48）所说，"并不存在现在，因为我们一旦意识到现在，它就已经成为过去，而未来就成了现在"。

只要允许时间流逝，知识就会增长，就会出现内生变化（O'Driscoll & Rizzo，1985）。因此，经济系统不可能实现"一般均衡"。时间依赖的不确定性必然导致个人无法完全预测将来。波普尔证明了个人不可能预测自己将来的知识（卡尔·波普尔，2003）。当然，如果将来完全不可预测，就不可能出现计划和行动。

真实时间之下，人们面临的外部环境将处于不断变化之中。杰克和琼斯-杨（Jakee & Jones-Young，2021）说过：随着时间的推移，物质世界会发生变化，但更重要的是，社会世界也会发生变化：企业内外的个人都会面临竞争挑战，改变购买路线，适应不断变化的环境，提升他们在任务上的表现，重塑世界的思维模式，为数不清的问题找到创造性的解决方案。

"真正的时间"的引入，意味着人类行动必然存在消除认知盲

---

① 有的学者认为经济学应该学习借鉴相对论和社会学的时空观，补充构建基于即期相对时间并结合经济时空场域的新一代分析框架。参见荣朝和（2016）。但笔者认为，这仅仅是在传统时间观上的边际改进，无法观照现实。

区或者学习①行为。人类不可避免地存在认识上的盲区，需要通过认知盲区的消除过程加以克服。认知盲区的消除过程是一个不断获取知识的过程，是提高解决问题能力的手段之一。人类认知盲区的消除体现在整个市场过程之中，包括价格调整、资源利用、产品制造、技术进步、组织变化以及制度演化等过程。认知盲区的消除过程就是制度形成的过程，也是制度乃至社会演化的过程。通过干中学、传承和模仿，人类消除认知盲区的行动及其满足人类需要之间的因果关系之方式，包括策略、行事方式、程序、范式、解决问题的方法等等。

1.3 研究方法

本书采用实证分析的方法。实证分析必须建立在两项原则或准则之上：（1）可检验性；（2）在逻辑上能够自圆其说。通常认为，经济学研究要成为科学，必须要在逻辑上自圆其说（即内洽性），同时要能够经得起事实的检验，而事实检验并非一定是证实，关键在于具有"可检验性"。

本书遵守上述原则，按照经济科学的标准，提出命题或假说，从逻辑上进行论证，并且不断进行检验，得出理论。例如，本书提出企业是以利润最大化或者极大化②为目的的分工协作的生产性组织（此处的"生产"是广义的）。为了论证这一观点，本书建立模

---

① 目前学界所说的学习，是狭义的。本书所说的"学习"，是从最一般角度说的，它是获得知识的过程；而认知盲区的消除则包括过程和结果。

② 1985年度诺贝尔经济学奖得主莫迪利阿尼提出：企业的经营目标不是利润最大化，而是价值最大化，因为利润是一种不确定的预计的可能性（参见高小勇，1995，p.71）。我们赞同这种观点，但本书的遣词依然沿用传统说法。

型①，从逻辑上进行推理、论证，得出结论（理论）。然后，通过对所调查的企业案例进行分析，以检验理论。不仅如此，还通过历史考证②，从中外企业的起源和演变的分析，进行检验。又如，对于正式制度和非正式制度的产生，本书提出假说，并通过模型推理论证得出结论之后，检验非正式制度是否产生自模仿，又通过历史考证（如普通法的产生），表明正式制度的产生是对习俗（非正式制度）的模仿与创新。

需要说明的是，在本书中，数学模型仅作为辅助理论研究的一种工具。每个从事现代经济学研究的人都应当掌握必要的数学、数理统计和计量经济学知识等。因为数学对于经济学研究很重要，它

---

① 在经济学上，模型包括数学模型、图示模型、文字或者案例模型等。但一些学者有所误解，以为模型只能是数学模型。参见［美］萨缪尔森（1982）、［美］斯蒂格利茨（1998）、［美］哈尔·瓦里安（2003）等。

② 本书认为，历史考证或者历史分析也是一种非常重要的实证方法。经济分析史表明，经济学本来具有理论与历史结合的传统，这一传统在威廉·配第、亚当·斯密和马克思的著作中，都得到很好的体现。然而，这一传统到大卫·李嘉图就中断了。大卫·李嘉图的方法是一种"非历史"的"强制"抽象法。正是这种"李嘉图恶习"（熊彼特语），导致绝大多数经济学家摒弃历史归纳法而采纳抽象演绎法；另一方面，由于受德国历史学派的影响，经济史也脱离了经济学的分析传统。这就使经济学和经济史变为两个互不相干的学科。其结果，经济学"有骨无肉，枯燥乏味"；经济史"有肉无骨，苍白无力"。所以，著名经济学家马克·布劳格说："我们从来没有真正地采用比照历史的实证研究方法，这实在是现代经济学的悲剧之一。"（参见［英］布赖恩·斯诺顿、霍华德·文，2005，p. 377）。汪丁丁也表示，有能力解释一个社会制度变迁的学说只可能来自两个方面，一是历史的学说，一是知识理论的学说（参见汪丁丁，1997，p. 114）。当然，更值得提及的是熊彼特，为了论证经济史的重要性，还特别说明了如果要他在经济史、统计和理论三者中做唯一选择的话，他将选择经济史，有三个方面的理由：（1）经济学的内容实际上是历史长河中的一个独特过程。如果一个人不掌握历史事实，不具备适当的历史感或所谓历史经验，他就不可能指望理解任何时代的经济现象；（2）历史的叙述不可能是纯经济的，它必然要反映那些不属于纯经济的"制度方面的"事实，历史提供了最好的方法让我们了解经济与非经济的事实是怎样联系在一起的，以及各种社会科学应该怎样联系在一起；（3）目前经济分析中所犯的根本性错误，大部分是由于缺乏历史的经验，而经济学家在其他条件方面的欠缺倒是次要的（相关论述参见［美］熊彼特，1996，p. 29）。

可以使正确的理论和科学的研究成果表达得更精确，可以更好地检验结论与前提是否一致或矛盾，可以更有力地增强研究结果中的结论。正如韦博成和陈平（2018）所认为的，"经济学研究充分运用数学和统计学方法乃是这门学科发展的必由之路"。但是，不能泛滥性地应用数学[①]。在经济学中运用数学，首先需要明确的一条是，前提必须正确。数学的一个最重要的作用是作为逻辑思维的工具传递真理，前提的真可以逻辑地推出结果的真，但数学的局限性在于，数学符号是抽象之物，容易陷入"套套逻辑"（tautology）。

1.4　文章框架及内容概要

本书的基本框架如图 1-1：

第 1 章，导论。主要讨论本书选题背景、基本假设、研究方法、本书的框架结构和分章节的内容介绍。

第 2 章，文献综述。主要梳理古典经济学、新古典经济学、奥地利学派、新制度经济学、演化经济学、信息经济学、行为经济学等流派关于知识和认知盲区的相关理论分析。

第 3 章，知识、认知盲区与学习。探讨知识的内涵与性质，认知盲区的含义与性质，知识与认知盲区的联系，学习与认知盲区的消除，学习的分类及其特点等。

第 4 章，认知盲区的消除、专用性人力资本与分工的起源。不同于亚当·斯密的"分工起源于人类交换的天性"论断，本章通过考证和分析认为分工的起源与人们能力之间的差异直接相关。初期的分工主要是自上而下的，根据其才能划定。人力资本的差异，主

[①] 《美国经济评论》2015 年发表罗默的一篇批判性文章《经济增长理论中的数学滥用》在国际上掀起了对经济学研究中"数学滥用"现象的广泛争议，我国学者对此也有关注并有相关反思，参见陆蓉、邓鸣茂（2017）。

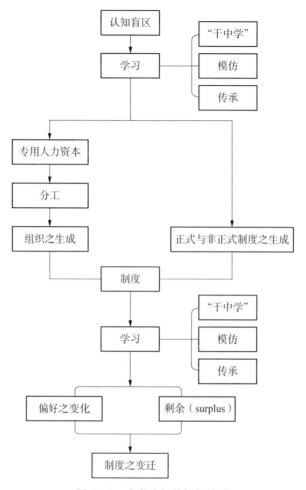

图1-1　本书分析的框架简图

要源自学习。

第5章，专用性人力资本、分工与企业的性质。从三个角度探讨企业的性质：一是理论上的分析，探讨了企业的形成；二是通过案例分析，探讨企业的性质；三是通过历史考察，探讨企业的起源和演变。本章的研究发现，企业是在一定的历史条件下，需要协作生产的时候（有些产品并不需要团队协作），以分立的专用性人力资本为基础、组织成员个体之间专业化生产与协作、以收益最大化为目标的组织形式①。

第 6 章，认知盲区的消除与社会制度的生成。本章辨析了制度的内涵，对主要制度起源理论进行了回顾与评价，对于建立在"认知盲区"消除之上的制度起源的分析路径进行了理论上的研究，并基于案例分析讨论了制度的生成。

第 7 章，认知盲区的消除与社会经济制度的变迁。本章评述了主流的制度变迁分析框架。基于认知盲区消除与偏好内生等，本章的研究认为，制度（包括企业组织）变迁的必要条件是"剩余"，而剩余的产生源于创新，创新的起点是认知盲区，创新的过程就是消除认知盲区的过程。

需要说明的是，本书关于认知盲区、知识、认知盲区消除等，均持中性看法。马歇尔认为："知识的进步发现了新的鱼目混珠的方法，并使许多新的掺假的方法成为可能。"② 这类思考，并不在本书探讨范围之中。此外，对于"租"（剩余的表现形式之一），主流观点主要从负面讨论的，即认为是政府干预的结果，寻租活动造成社会浪费。本书并不否认寻租的负面效应，但同时，本书认为"租"的正面意义不容否认。实际上，包括租在内的剩余，是制度创新的报酬，它是制度变迁的动力来源。如果无利可图，人们会顺应现行的制度，而不会创新制度，也就不存在社会经济制度（包括组织）的变迁。

———————————

① 与前人观点不同的是，本书认为分工的前提是消除认知盲区所导致的人力资本差异；关于企业的边界，本书认为取决于对"企业"的界定。

② 具体参见［英］马歇尔（2011，p. 9）。

2 知识与认知盲区：文献综述

知识与认知盲区问题，嵌入于经济学发展的全部过程之中，有关文献看似丰富，却杂而无序，成而不熟，有似于无。即便是广受关注的知识经济学，整体上仍处于欠成熟状态并滞后于知识经济实践，亟待并有望在下一个 50 年里取得重大突破（代明和陈俊等，2016）。若具体到"ignorance"，除了哈耶克等极少数学者，各个学派的研究文献极少①，如普罗克特（Proctor，2008）所总结的，"ignorance"——尽管它在人类事务中普遍存在并产生深远的后果——在关于知识生产的哲学对话之外，很少受到关注。

本章拟按照历史阶段和不同学派，对知识和认知盲区的相关理论观点进行梳理，主要包括古典经济学、新古典经济学、新制度经济学、奥地利学派、演化经济学、信息经济学、行为经济学等。②

---

① 如汪丁丁称："即使放眼西方思想史，很少有人提到知识的过程。西方人谈到的知识都是概念化的，静态的知识，跟个人生活不太相关联。"参见《钱江晚报》2005 年 4 月 25 日的报道《浙大三剑客汪丁丁、罗卫东、叶航显身人文大讲堂：技术的人生抑或艺术的人生》。

② 此外还有技术变革经济学（economics of technological change）、知识经济学（economics of knowledge）等提法，但我认为这些研究侧重于应用，在基础理论上并未超越目前的主流经济学，从而没有单独讨论。

2.1 古典经济学的知识与认知盲区观及评价

古典经济学产生于 17 世纪中叶，结束于 19 世纪初。主要代表人物是威廉·配第（William Petty）、亚当·斯密、大卫·李嘉图、西斯蒙第、约翰·穆勒等。

对于古典经济学而言，知识和认知盲区只是偶被提及却很快遗忘的小问题。如谢富纪、徐恒敏（2001）所说：古典经济学假定在现有的社会知识存量和制定安排的条件下，考察资本和劳动对经济产出和经济效率的影响。从根本上讲，古典经济学没有重视知识、认知盲区等问题，也没有关注技术进步。

当然，亚当·斯密对于"知识"有点到为止的论述。一是信息意义上的知识。如亚当·斯密认为，谷物商人对收获、每日的销售额等情况的"知识"，使得其能够准确判断供给；但是，其他人并没有这样的知识。[1] 二是技术意义上的知识。如他认为，在殖民地，殖民者随身带来的关于农业和有用技术的知识，自比未开化野蛮人几百年、几千年自发地成长的知识强。[2]

亚当·斯密也偶然提及了"认知盲区"，如他称："如果主子压迫属国，那主要是由于无知和卑陋的重商偏见。但此等人员的真实利益并不与属国的利益一致，所以，即使有最完全的知识，也未必会使他们不压迫属国。"就一国而言，某些管制可能因为无知而任意、专断。亚当·斯密还认为，消除认知盲区是必要的："一般人民有了教育，国家受益不浅。在无知的国民间，狂热和迷信，往往惹起最可怕的扰乱。""有教育有知识的人，常比无知识而愚笨的人，更知礼节，更守秩序。"[3]

---

① 具体的论述参见 ［英］亚当·斯密（1979，p. 95、105）。
② 具体的论述参见 ［英］亚当·斯密（1979，p. 136）。
③ 具体的论述参见 ［英］亚当·斯密（1979，p. 209、321、344、345）。

亚当·斯密零星的知识与认知盲区的论述，宛若昙花一现，便消失在学术界的视野之外。后来的学者直接忽略了知识与认知盲区，沿着亚当·斯密的分工思想，开辟了两条路径：一条路径是以分工为内核的报酬递增理论，代表人物是阿林·杨格（Allyn Young）、卡尔多（Nicholas Kaldor）、舒尔茨、阿瑟等；另一条路径是以分工为内核的关于协调不同分工的制度安排理论，代表人物是马克思（Karl Marx）、马歇尔，之后，这条路径又演化成两支，一支是着眼于企业内部分工基础上形成的关于企业内部知识积累的企业能力理论（参见本书第 4 章），另一支则是着眼于企业之间的共同知识（按：实际上是"共同信息"）的产业组织协调理论。

综观亚当·斯密及其承继者（Marshall，1890；Young，1928；杨小凯，2000；Simpson，2012；Gilles，2018；Cooper & West，2018）的研究成果，古典经济学的核心被认为是：分工、交换与国民财富的增长。尽管斯密在《国民财富的性质和原因的研究》（*An Inquiry into the Nature and Causes of the Wealth of Nations*，简称"国富论"）中对知识和认知盲区的论述不够系统，但实际上，随着经济社会的发展，分工的差异体现为知识和认知盲区的差异，如斯蒂格利茨和格林沃德（Stiglitz & Greenwald，2014）所说，生活水平的改善来自于技术进步，而不是来自资本积累，将发达国家与欠发达国家真正区分开来的主要是知识的差距。这也体现了哈耶克所说的知识分工（代明和陈俊等，2016）。

2.2 新古典经济学的知识与认知盲区观及评价

20 世纪以来，现代经济学历经了"张伯伦革命""凯恩斯革命"和"理性预期革命"等三次大的革命①，形成了包括微观经济学和宏观经济学的基本理论框架，这个框架被称为新古典经济学。

研读马歇尔（2011）、埃其沃斯（Edgeworth，1932）、德布鲁（Debreu，1959）、瓦尔拉斯（1990）等人的著作，特别是斯蒂格利茨（1998）的《经济学（第二版）》、瓦里安（2003）的《微观经济学（高级教程）》、萨缪尔森和诺德豪斯（2012）的《经济学（第十九版）》、达龙·阿西莫格鲁和戴维·莱布森等（2021）的《微观经济学》等主流经济学的教材，我们很少能看到有关知识范畴的论述②。作为主流经济学的新古典范式，假设信息对称、信息完全，则无需学习或者消除认知盲区的行为，只需确保价格机制充分运行，就能实现"市场出清"、一般均衡。如哈耶克（Hayek，1937）所说：如果市场处于一般均衡状态，由于市场价格反映了其计划所需要的知识，交易者就具有市场条件的完全知识。另一方面，如果这种市场体系暂时处于均衡状态，完全知识的假定就保证了所有个体都自动地调整他们的行为，以使之与其他市场参与者的行为调整相适应，由此导致新的均衡状态。那么，对价格接受行为的排斥，就导致了这种同义反复的排斥。

对于知识获取的过程，一些经济学家也提出一些模型和理论加以描述。譬如，阿罗（Arrow，1962）的"干中学"模型考察了工作实践中知识的积累对生产力的影响，验证了亚当·斯密的分工原

①　这基本上属于"共识"。参见郑秉文（2001）。需要说明的是，即便是2007—2009 年全球经济危机的冲击、2019 年以来的 COVID - 19 冲击，不少学者对主流经济学进行了质疑和反思，但正如黄有光（2019）所说，"虽然传统经济学只是一种简化分析，有很多有关因素没考虑到，但无论在教学还是在应用上，至少在现阶段与可以预见的将来，还是应该以传统经济学为主角"。

②　不可否认，马歇尔在某种程度上意识到了知识的重要性，他对知识的评估也颇具预见性："知识是生产最有力的发动机……在公共和私有的知识财产之间作出区分……这种区分非常重要并且其重要性与日俱增，在某些方面其重要程度已超过了对物质财产作公共和私有的区分"（[英]马歇尔，2005，pp.169-170）。

理，同时也表明了个人和组织所获得的经验会滞后于改进行为，进而又修正了纯粹新古典范式所持的"经济行为人即时性反馈机制"的假设。

关于知识的作用，主要集中在经济增长理论。首先是索洛（Solow，1956）建立的新古典增长模型，引入技术进步变量，但假设技术进步是外生变量。索洛增长模型中，经济增长无法用资本①和劳动贡献加以说明的"余值"被认为是由技术进步带来的，被称为"索洛余值"，还被称为"全要素生产率"。从实证研究的角度看，全要素生产率的计算，基本上是"某种程度的无知"（a measure of ignorance），仍是"黑匣子"。

基于对索洛增长模型的批判和改进，提出了内生经济增长模型（Romer，1986；Lucas，1988）。罗默（Romer，1986）认为，经济增长的动力来自于对人力资本、创新和知识的投资，"知识"作为一种共用品（public goods）具有非竞争性和非排他性，从而报酬递增成为可能。卢卡斯（Lucas，1988）则引入人力资本的外部经济，认为经济增长的动力是内生的人力资本投资而不是索洛模型假定的外生的技术变化。

阿特金森和斯蒂格利茨则建立了一个动态模型（Atkinson & Stiglitz，1969），解释生产的专业化和学习的专业化为何能促进经济增长。他们指出，干中学和专业化学习都是耗费时间的，而且这种时间在人与人之间不可替代，所以对整个社会而言，学习时间的规模是有限的，之所以需要劳动分工，就是因为学习时间规模的有限性。这一思想，从新的角度解释了劳动分工与知识积累的关系。

在罗默等人的基础上，韦茨曼（Weitzman，1998），就知识生

---

① 实际上，马歇尔是从更为广阔的视野看待"资本"的。他认为，"资本大部分是由知识和组织构成的，其中有一部分是私人所有，而其他部分则不是私人所有"。参见［英］马歇尔（2005，pp.169-170）。

产过程给出更加微观的解释，认为新知识的生产是一个递归的多阶段组合过程，通过新知识与旧知识的重组生产出更新的知识。此外，他区分了基础研究和应用研究在技术创新中的作用，考虑了模仿和知识产权保护对知识创新的影响等。

哈金斯和汤普森（Huggins & Thompson，2014）认为传统模型仅考虑了知识存量对经济增长的贡献，而忽视了组织间知识流动的作用，尤其是在知识市场不发达条件下，组织网络是促进知识流动、推动区域创新的有效方式，于是引入了知识流量的概念。

伴随着数字经济的发展，学习、知识、数据等在经济增长中的作用日益凸显。现有文献做了一些初步的工作，例如阿基翁等人（Aghion et al.，2019）研究了人工智能对经济增长的影响，琼斯和托内蒂（Jones & Tonetti，2020）将数据作为一种生产要素引入经济增长模型。

此外，有限理性学习模型（西蒙，2002；Winter，1971；Kreps，1990；Ellison & Fudenberg，1993；Conlisk，1996）与不确定性学习模型（Alchian，1950；Stigler，1961；Akerlof，1970）探索了在认知限制以及不确定性环境下经济行为人的学习模式与机制；社会学习（Banerjee，1992；Blonski，1999）和路径依赖（North，1981；Arthur，1989）等概念的提出既阐明了学习的特性，也说明了学习过程不是发生在一个无摩擦的环境中，而是一个行为互动的延续过程。

不过，2007—2009 年全球经济危机，尤其 2019 年新冠疫情（COVID - 19）以来，主流经济学遭受到越来越多的批判，从表面上看是各方对经济学在预测、解释和解决危机方面束手无策，实际上则是主流经济学在"不确定性"方面缺乏研究，缺乏一个严格的框架来理解和分析不确定性的性质和功能（Xu，2022）。经济学家越来越接受不确定性，并追踪其对负责任的经济实践和政策设计的影响，这些做法和政策设计突出而不是忽视知识的局限性（DeMartino & Grabel，2020）。而要搞清楚不确定性，就需要研究认知盲区①。

总体看来，新古典经济学阵营中的这些学者的知识研究主要限于经济增长理论，对于认知盲区及其消除的经济学研究等，缺乏体系化的分析和认识。

2.3 新制度经济学的知识与认知盲区观及评价

新制度经济学派的开创者科斯（Coase，1937），对新古典经济学的一些假设提出了质疑。在《企业的性质》一文中，科斯通过部分放松新古典经济学信息完全、对称的假设，引入交易成本来解释企业的性质，认为企业是一种能够降低交易成本、替代价格机制的组织②，即"在企业内部，生产要素不同组合中的讨价还价被取消了，行政指令替代了市场交易"（Coase，2013）。在科斯的推动下，以交易成本、产权等为核心概念的新制度经济学自 20 世纪 60 年代以来取得了长足的发展。

科斯并没有在研究中考虑知识和认知盲区的问题，他假设参与交易的人具有"良好的判断力和知识"（Coase，1937）。不过，在后来的演讲中，科斯有提及知识，比如科斯（2012）表示，"思想市场的发展将使中国经济的发展以知识为动力，更具可持续性。而更重要的是，通过与多样性的现代世界相互作用和融合，这能使中

---

① 关于不确定性与认知盲区之间的关系，参见后文的分析。
② 值得一提的是，虽然科斯批评奈特（Frank Knight）把企业看作是风险分摊机制的观点，但我还是认为，科斯与奈特的思想本质上是一脉相承的，因为如果经济中不存在不确定性，就不会产生交易成本，从而科斯意味上的企业也就没有存在的必要。

国复兴和改造其丰富的文化传统"。这里所谓知识对于经济增长的作用，与新古典经济学的经济增长模型不同。

科斯的追随者，对知识问题进行了相对深入的探讨。例如，德姆塞茨（Demsetz，1997）认为，"包括企业在内……获得、维持和使用知识需要付出成本"，但企业的存在可以节约这些成本，而且企业的边界由维持自己所需要的知识的成本决定。同时，他还表示，知识的变化会导致生产函数、市场价值及期望的变化，新的技术，做同一事情的新的方式，以及做新的事情——都会产生社会所不习惯的受益和受损效应。产权的主要配置性功能是将受益和受损效应内在化。威廉姆森（Williamson，1996，2002）使用的核心概念是"机会主义"，并下定义为："机会主义是指信息不完整或受到歪曲，尤其是指旨在造成信息的误导、歪曲、掩盖、搅乱或混淆的蓄意行为"。这里的信息与知识是混同的。此外，他还注意到，企业能促进知识的分享与转移，在一体化企业中，研发部门与企业里实施新技术的人员之间的信息流动比市场上优越得多。不过，德姆塞茨、威廉姆森等人是在研究企业与市场的替代关系时附带地提及知识问题的，并没有直接对知识问题进行系统而深入的研究。

张五常（1988）专门对知识的性质做出了一些分析。他提出，知识资产的几个特征常常被人忽略：第一，知识资产不仅可以因累积而增加，有了知识差不多是驱之不去的。知识有着极顽固的存在性。爱迪生的发明，我们现在还在享用，还在改进。知识不像土地，其增长供应，其积少成多，可以快得惊人。第二，知识是一种"共用品"。发明了的科技，是可以给无数的人一起共享的。当然，有专利权的科技是要付使用费的，但这使用费往往比发明者的投资成本低很多。另一方面，要保有一个发明的专利权并不容易，而法律的保障有具体时限。在大致上而言，有价值的知识或科技，因为可以共享，对社会的贡献往往大得惊人。撇开科技不谈，一首好的乐曲，一本好的小说，都是可以多人共赏的——这些都是"知识"的一部分。其他知识如服装设计及科学原理，都是共用品。第三，任何一种知识或一个发明，都有很广泛的用途。单就以半导体（semiconductor）① 为例，由它而起的工业产品至少数以千计。但一块地若用以种麦，就不能再用以养牛；若用以建工厂，就不能用以建酒店。知识却没有这种约束。同是一个半导体的发明，不仅可被无数人共享，也可被多种产品共享。不过，张五常的这篇文章是随笔而非学术论文，论证也只是点到为止，没有作进一步的分析，更没有在此基础上构建一套理论或者分析框架。这篇文章也没有引起学术界的关注。

新制度经济学派中，真正对知识问题有较多关注的是诺斯。从 1990 年代开始，诺斯转向② "认知"（cognition）的研究。诺斯（North，1991）指出，一个社会的知识存量和资源禀赋决定了该社会的技术性生产边界。到了 2004 年，曼察维诺斯等人（Mantzavinos et al.，2004）形成了一个相对清晰的认知模型。这一模型主要考虑了如下内容：（1）每一个参与经济活动的当事人是依靠某种心智模型进行决策的。这种心智模型（mental model）就是个体内心当中的一种感知构成的认知模型。每一个当事人都有一种认知能力的禀赋。当个体面对不确定性环境的时候，可以通过预期和意识来采取行动，这是所谓的主观行动。这种环境的变化会通过信息反馈影响当事人的认知。当事人通过其心智模型对这些变化进行评价，从而形成新的预期。如此循环，形成当事人认知和环境的互动。这个互动过程被看作一个心智的调节过程，也是一个学习

---

① 近年来颇受关注的"芯片"，即半导体元件产品的统称。

② 之所以使用"转向"一词，是因为此前诺斯曾经说："新古典理论以其训练有素的逻辑分析框架使经济学成为卓越的社会科学，放弃新古典理论无异于放弃作为一门科学的经济学。"参见 North（1978）。

过程。在这个学习过程中，如果环境反馈对同一个心智模型反复认可，这个模型就趋于稳定，这就是信念。当事人在面临这种问题的时候就会启动自己的心智模型，针对环境问题提出某种解决办法。如果成功了，这种经验就会被累积，并被运用于更广泛的问题的解决。如果失败了，当事人首先要寻找类似的替代性的解决办法。如果还不成功，就会尝试新的方法。这就是心智模型内在的创造过程。这一过程不仅会使得自身的心智模型适应环境变化，而且能够促进心智模型本身的演化，产生新的模型。（2）诺斯把当事人的心智模型放在了一个社会网络当中。当个体跟社会其他人交往的时候就面临着共同学习的问题。个体通过处理环境问题跟其他人交流，这个交流会形成一个共享的心智模型，也就是个体相互之间分享共同的心智和知识。由于不同的人认知能力是有差异的，当个体面对的环境不同的时候，每个人形成的判断和信念是不同的。这反映了每一个人跟环境的交流。个体在社会中的交往，本质上是每个人独特的心智模型的交流，这使得每个人可以获得一个间接的学习结果。这种间接的知识交流总是可以达成某个方面的共识，这些不同的共识其实就是个体理解不同社会群体的规则的基础。之所以有不同的社会群体，之所以有不同的朋友圈子，就反映了个体有不同的共识，在诺斯看来这就是一个共享心智。这种共享的心智模型一旦稳定下来，就会形成一种行为规范，也就是制度（周业安、赖步连，2005）。

在诺斯的基础上，青木昌彦（2001）、青木昌彦（Aoki, 2007）假定人具有学习和认知的能力，在共有信念的作用下，会出现可以自我实施的制度。这显然将诺斯的工作在一个演化经济学的框架下推进了一大步。但是，青木昌彦只是假定人具有学习的能力，这种能力的认知基础还没有得到确证。而且，他们对于学习和知识的认识，主要建立在心理学的认知主义的学习理论之上，并没有考虑另一心理学派——行为主义的学习理论。

基于诺斯的研究，麦克马伦和谢菲尔德（McMullen & Shepherd，2006）提出了一个创业行动的模型，研究了对机会和个人能力的信念如何减少延迟或阻止行动的不确定性。在他们的模型中，拥有必要知识和动机的个人通过形成机会信念来摆脱无知。在消除了无知和怀疑之后，创业行动随之而来。

总体看来，新制度经济学学者的理论缺乏一个坚实的学习理论基础，且其关于知识的经济分析是建立在有限理性假设基础之上的，主要工具是交易成本。这未免存在较大缺陷。因为：第一，交易成本是事后的；事前或者事中，无法核算一项交易或者行为或者制度的交易成本。只有当一项交易完成时，才能知道其交易成本是多少。同样的道理，当存在交易成本时，制度似乎是至关重要的。但困难在于，我们并不是先知道交易成本，然后才考虑制度问题；而是先有制度，然后知道制度成本。只有先确定制度，才清楚其成本；在此之前，我们无法判断制度成本为多少（刘正山，2006）。进一步分析，交易成本是一个共时性概念，无法用于解释历时性的企业和制度演化或变迁问题。第二，现行的有限理性与非理性假设，是将"过程"与"结果"混为一谈①。理性假设实际上说的是人们具有趋利避害的倾向，即人们在约束条件下选择对自己最为有利的选择集合，至于结果如何，谁也无法预料。而且，与"有限理性"或"非理性"相比较，理性假设在理论分析上更具有一般性和包容性，理论具有被检验的含义。第三，交易成本的分析，缺少认知盲区的考虑。比如，按照科斯的论文《社会成本问题》中的观点，运行良好的市场中的两个交易者，将能够通过讨价还价，达成"联合最大化"的解决方案（Coase，2013）。但例如房主和邻近的

---

① 更详细的分析，参见本书第 1 章。

机场，牧场主和邻近的农民，等等，几乎不存在讨价还价，均诉诸法庭予以解决。即便是对自己有利的公共设施建设，也多半存在"邻避效应"（not-in-my-backyard，NIMBY）。其中，相当一部分是单方或双方所存在的认知盲区所致。我们前几年在陕西省某地调研时，发现一个案例：当地临近河道的农田因为洪水被毁，当地政府与农民协商，由政府出资开展"土地整治"，工程完成之后，将土地依然交给农民使用；但个别农户不同意，要求相关部门予以补偿，然后才允许动工，从而导致工程无法推进。对于该农民而言，自然是存在认知盲区。又比如，美国最大的化学公司——杜邦集团（DuPont de Nemours）1951 年就开始倾倒生产"特氟龙"的废料。1954 年，供应商 3M 公司向杜邦公司递交报告，报告显示了特氟龙的危害性。后来，杜邦公司自己做实验，也发现了危害性。其时，工厂周边的人和动物均出现病患。但杜邦隐瞒了信息；而由于认知盲区，工厂周边的人们，尽管不断出现病患，却不知道是杜邦惹的祸。1998 年，一个养牛的农场主收集了大量证据，找到律师寻求帮助。但交涉之后，杜邦公司缺乏足够的权衡，存在认知盲区，继续隐瞒信息，直到 2002 年，地方法院首次开庭审理杜邦案件，杜邦仍不断设置障碍。到 2015 年，群体诉讼案件开庭，共有 3535 起案件，杜邦公司为此支付了 6.707 亿美元的赔偿。[①]

2.4 奥地利学派的知识与认知盲区观及评价

在奥地利学派看来，经济分析所面临的"知识"和"无知"问题，不仅仅指生产、交换中的各种科学知识，而且包括某种特定时间、特定环境下人们所具有的关于经济生活的任何知识（王军，

[①] 此事件的来龙去脉，参见陈中良（2020）。

2004)。

该学派中，对于知识分析较为深刻的是哈耶克。20 世纪 40 年代，哈耶克基于"劳动分工"，提出了颇具原创性的"知识分工"（division of knowledge）思想。哈耶克（Hayek，1937）认为："……显然存在一个知识分工的问题，它与劳动分工问题非常相似，起码具有同等的重要性。但是，自从我们的科学诞生以来，后者就是研究的主要课题之一，而前者则完全被忽略。尽管在我看来这个问题实际上是作为社会科学的经济学的中心问题。"但在当时，哈耶克的观点似乎没有引起重视。

直至 20 世纪 70 年代，随着罗默、卢卡斯等的经济增长理论将专业化、人力资本和经济增长通过内生经济增长模型有机地联系起来，知识分工问题才得到一定程度的重视。贝克尔和墨菲（Becker & Murphy）在 1992 年的《劳动分工、协调成本与知识》一文中所作的均衡分析首次引进了"知识"变量[①]；汪丁丁（1997）试图以知识互补性为基石，建立"知识经济学"。哈耶克的知识分析，不仅获得经济学界的关注，管理学界也颇为重视，例如以彼得·德鲁克（1999）为代表的管理学家提出和解释了知识分工、知识劳动、知识社会等[②]。

---

① 贝克尔和墨菲虽然认为劳动分工并不像斯密所论断的那样主要受市场范围的限制，而是主要受协调成本的限制，但他们关于分工扩展与知识积累相互作用并由此推动经济的均衡增长的思想却发端于斯密的分工理论。参见 Becker & Murphy（1992）。

② 德鲁克早在 20 世纪 70 年代就洞察到以美国为代表的西方发达国家正向以知识为基础的社会迈进，并称之为知识社会，对未来知识社会的价值原理、管理方式革命等提供了独到的见解。德鲁克（1998）认为，知识社会的发展，可以分为三个历史阶段：第一个阶段是在工业革命之前，对知识的探求纯粹是为了知识、启迪、智能本身；第二个阶段大约从公元 1700 年开始，随着技术的发明，知识开始指有组织、有体系、有目的的知识，也就是我们所说的应用知识；（转下页）

哈耶克是从个人对社会知识的"无知"① 关系出发建构其社会理论的。他认为,"社会自生自发秩序不仅是由行动者与其他行动者发生互动形成的,而且更重要的还是由行动者与那些并不为他们所知……但却直接影响他们行动的社会行为规则发生互动而构成的"。换句话说,哈耶克早期发现的是分立的个人知识与"市场"制度之间的内在联系,即人与人之间在知识上的分立或分工,要求一个分散决策的市场制度来对这些知识进行有效的利用,而中央计划体制只会利用其中的很少一点知识,很多个人在特定时空下具备的知识被弃而不用,这无疑是一种巨大的浪费和无效率;而他晚期发现的则是,由于个人对他人、对自己、对社会的知识的"无知",他只能依赖某种"社会行动规则"行事,"行动者在很大的程度上是通过遵循社会行动规则而把握他们在社会经济世界中的行事方式的,并且是通过这种方式而在与其他行动者的互动过程中维系和扩展社会秩序的,因为在哈耶克看来,遵循社会行动规则,'把我们从这样一种麻烦中解救了出来,即在某些问题每次发生时都对它们进行思考的那种麻烦'"。与哈耶克强调自发演化所不同的是,布坎南(James M. Buchanan)将知识理论引入了自身的研究纲领之中,试图与原有的契约论方法形成互补,强调以理性来设计规则(汪毅、霖罗影,2015)。

综合奥地利学派学者的研究,知识的性质主要包括以下方面:

知识或信息的不完全性 哈耶克(2000)提出了知识不完全性

(接上页)第三个阶段是弗雷德里克·W. 泰勒(Frederick W. Taylor)于 1881 年前后对工作实施的"科学管理",将知识应用于知识本身,即知识的知识。而到了 21 世纪,迈向知识经济时代之际,知识和创新成了经济发展的关键,透过知识增值和创新,能获得经济增长的效益,达到致富的目的,因此,对知识的深化研究,也就显得日益迫切了。

① 这里的无知,在某种程度上是指信息不对称、信息不完全。

假设。他表示，"如果我们掌握了现有方法的完备知识，剩下的就只是一个逻辑问题"。但是，很遗憾，"每个人都掌握独一无二的信息，而基于这种信息的决策只能由每个个人做出，或由他积极参与做出时，这种信息才能被利用"。由于知识或信息的不完全，获得知识的学习过程具有重要性，"无论从事任何职业，在完成了理论上的培训后还必须学习很多东西，学习占了我们工作生涯很大一部分"。

知识的互补性　在哈耶克的知识不完全性基础上，有学者（钟惠波，2006；张国旺，2008）认为汪丁丁首先从哲学、神经元经济学①的角度对知识的性质作了阐释，尤其是互补性特征。汪丁丁（1997）认为，知识可以分为替代型和互补型。前者在传统经济中比较明显，相当于"专用型资产"；后者在网络经济中逐渐显露。迪比亚乔等人（Dibiaggio et al.，2014）认为，知识互补性不仅是元素的

———————

① 神经元经济学（neuroeconomics，亦被译作神经经济学），诞生于20世纪90年代中晚期，它运用现代神经科学的范式、方法和技术工具分析人类的经济行为以及脑组织（主要是神经元及其相关的神经突触联结和神经网络）在人类决策过程中的功能、作用和机制。参见［美］阿尔多·拉切奇尼、保罗·格林切尔等（2007）。神经元经济学的兴起，主要是为了替经济学寻找"最后依据"。但现在的研究表明，所谓的神经元经济学依然是"成本—收益比较范式"在神经元这一微观层次的应用而已。也就是说，所谓的神经元经济学并没有给现有的经济学范式增添什么新内容。顺便提及与神经元经济学相近的学科——"幸福经济学"（happiness economics 或 hedonomics），它运用现代神经科学、心理学的范式、方法和技术工具分析人类的经济行为。此学科有三个特点：在基本假设上，认为人是有限理性的；在理论模式上，侧重于描述；从研究目的来讲，研究如何从根本上增加人的"主观幸福感"（奚恺元，2003，2006）。我认为，第一，此"幸福经济学"，实际上是"快乐经济学"，因为"happiness"应当译为"快乐"，"幸福"对应的是"well-being"（黄有光，2006）；第二，目前关于"幸福"（实际上是"快乐"）问题的研究方法，存在以下缺陷：问卷测试或者调查测试，只能测算出当时的一部分的快乐感，而不能测算出幸福度。而且，一时的问卷等测算法，容易受到当事人当时的情绪状况的影响（尽管可以使用统计学上的一致性检验的方法予以分析），从而不够科学；统计相关性，也不够科学。例如统计分析收入与幸福的相关性，没有考虑到收入的分布、边际收入、收入的支出方向和结构等等方面，而这些因素对于幸福度的影响非常大；难以解决主观感受的人际比较问题。参见刘正山（2007，2014）。

简单组合，而且是通过组合搜索过程对不同元素的集约化利用。

汪丁丁（1997）给出了知识互补性的描述模型：以 K_i 表示第 i 种知识的存量，I_i 表示 i 类信息的流量，则有：

$$\frac{\partial K_i}{\partial I_i} > 0, \frac{\partial K_i}{\partial I_j} > 0, i \neq j, i, j \in Z^+ \qquad (2-1)$$

这里，参照当代认知科学和脑神经学的进展，人们获得的信息从浅层记忆转化为深层记忆，需要一个过程，因此，可以把新获取的信息记为流量，而把其他方面的知识用存量表示。

汪丁丁（2014）进一步表示，知识具有沿时间和空间上的互补性，互补性远比互替性更接近世界的本质。知识的演化同样符合哈耶克的"自发秩序"。在一个完美的自发秩序中，每个元素所占的地位，并非由一个外在或内在的力量的安排所造成的结果，而是由各个元素本身的行动所产生的。这个秩序，也不是任何一个秩序中的成员所刻意造成的，而是各成员的行动与互动之间所造成的一个非意图的结果（unintended consequences）。

其实，此前已有不少学者从不同侧面提出了知识的这两类互补性。例如，哈耶克和贝克尔等学者的知识分工范畴就隐含着知识空间互补性的特征，因为知识分工也是生产者知识结构的专业化，其结果是生产者之间的依赖程度日益提高，知识物化品的生产只能由不同知识传统的生产者来共同完成。而阿罗（Arrow，1962）、罗默（Romer，1990）关于知识积累过程的研究，贝克尔（Becker，1964）、卢卡斯（Lucas，1988）等关于人力资本积累的研究，都表明了知识与能力的获得是一个逐渐积累的连续过程，在时间上具有互补性特征。格罗斯曼（Gene Grossman）与赫尔普曼（Elhanan Helpman）在研究知识资本的累积特征时更是直接提到"知识互补性"范畴，他们指出，科学知识的生产函数并非规模收益不变，当知识之间的互补性非常重要时，存在规模收益递增，这时，如果有更多的可以获得的信息，某一部分知识的有用性将增加（Grossman & Helpman，1994）。这里，格罗斯曼与赫尔普曼的"知识互补性"正是汪丁丁所指的"知识的时间互补性"。

当然，这种互补性的实践扩散，可能导致新的经济模式，如里夫金（Rifkin，2014）在《零边际成本社会》一书中描绘了一种新的知识价值实现方式——协同共享，这类"共享经济"在一定程度上验证了哈耶克的知识与自发秩序理论，同时也是知识经济发展的新阶段。陈培祯、李健等（2021）则通过实证分析发现，知识替代性对新产品开发数量具有正向影响，知识互补性与新产品开发数量存在倒 U 形关系。

哈耶克等奥地利学派学者的研究，存在一定的不足。第一，哈耶克等学者坚守着新古典的基本假设①，所理解的不确定性都不是奈特（Frank Knight）意义上的不确定性。因为奈特意义的不确定性是无法通过概率统计而加以衡量和测算的②，也就无法纳入主流经济学的阿罗-德布鲁模型之中。第二，不少奥地利学派的学者将知识与信息混为一谈，不加区分地使用。例如，哈耶克在《致命的自负》一书（2000，p.100）中说："理解了信息（或事实知识）传递的作用，也就为理解扩展秩序敞开了大门……从我在《经济学与知识》一文中首次取得突破，通过认识到'竞争是一个发现的过程'和'知识的虚妄'，再到阐述我的信息分散理论，直到最后提

---

① 哈耶克是在同兰格（Oskar Lange）论战的时代背景下涉及关于知识的某些命题的，其目的在于为市场辩护，这在相当程度上束缚了他的思路。

② 而今也有学者（Svetlova & van Elst，2012）将不确定性区分为两类：（1）不确定性Ⅰ——模糊性：在正式表示中，可能的状态和事件是已知的，但代理人不知道它们各自的概率；他们每个人都在计算个人效用时采用自己的主观（先验）概率测度。（2）不确定性Ⅱ——无意识：在正式表示中，可能的状态和事件仅对代理人不完全了解；他们对计算个人效用的相关概率测度一无所知。

出我的有关自发形态比中央管制更优越的结论，的确花费了一段漫长的时光。"汪丁丁（1995）介绍说，波普尔晚年提出作为"适应"的知识，便是在这个"信息"意义上理解知识的。第三，奥地利学派的学者没有解释知识的存在性（即知识如何产生与演变的），缺乏一个坚实的消除认知盲区或者学习理论的基础。第四，哈耶克等少数学者讨论了"ignorance"，但是，他们强调的是"一无所知"，与实际不符。而且，其出发点不是为了构建知识或者认知盲区的经济学，而是为了证明计划经济的不可行①，从而他所使用的"ignorance"，很大程度上说的是信息不完全、不对称（格尔哈德·帕普克，2001，p. 92）。即便是考虑"区块链"（blockchain）的情况，其所谈论的"ignorance"仍然是信息不对称的问题（Nabilou & Prüm，2019）。

2.5 演化经济学的知识与认知盲区观及评价

邓久根（2021）认为，演化经济学起源于索尔斯坦·凡勃仑（Thorstein Veblen）的《经济学为什么不是一门演化（进化）科学？》一文；1982年理查德·R. 纳尔逊（Rochard R. Nelson）和悉尼·G. 温特（Sideny G. Winter）合著的《经济变迁的演化理论》出版（中文版于1997年出版），标志着现代演化经济学诞生。

实际上，演化经济学应追溯到约瑟夫·熊彼特。熊彼特试图将演化的观点和方法引入经济分析的努力并没有使演化成为主流经济学的基本观点和方法，其提出的创新理论，是演化框架的重要基石。

---

① 如哈耶克（2000）认为："在一个相关事实的知识掌握在分散的许多人手中的体系中，价格能协调不同个人的单独行为，就像主观价值观念帮助个人协调其计划的各部分那样。"

熊彼特把创新分为五种类型：使用新的原材料、生产要素；使用新的生产技术；开发、生产新的产品；开辟新的市场；实现企业的新组织。熊彼特所谓的创新，实质上是"知识"的创新。但是，他否认认知盲区，认为不存在知识供给不足的问题。

演化经济学家借鉴哲学、心理学、生物学等领域的知识，对技术创新、知识经济、网络经济等领域进行研究，挖掘了"知识"对经济社会的积极作用。

一是对知识性质的分析。主要包括：（1）知识创新存在风险和不确定性，是指在知识创新活动的各个层面与各个阶段都存在着未行和未知的空间，都有主体难以预料和把握的因素，表现出知识创新的复杂性特征，表现为不同程度的风险和不确定性（颜晓峰，2000）。由此，必然要求知识创新的系统性，即通过构建一种能够有效分散或者规避风险的机制，从而实现对知识创新的激励。在这方面，弗里曼（Freeman，1987）、伦德瓦尔（Lundvall，1992）、理查德·R. 纳尔逊（Nelson，R. R.，1993）等学者提出了国家创新系统理论，后文将予以介绍。（2）知识生成与应用等存在不可逆性。此处所谓的不可逆①，是指知识所有者对某种特定知识的学习、获取、体验、应用必须在而且只能在某种特定的时空状态下进行，不同的时空状态②决定着不同的知识积累与知识存量，也决定着不同知识应用的不同效果。基于知识的不可逆性考量，理查德·R. 纳尔逊和悉尼·G. 温特（Nelson，R. R. & Winter，S. G.，

---

① 演化经济学对"不可逆性"没能说清楚。时间不可逆，但空间可转换，便不具有不可逆性。如华罗庚所说的"统筹方法"，只要把"工序"安排好，就可以部分性地实现以空间换时间。他在 1965 年发表的《统筹方法平话及补充》中提出的洗茶壶、烧开水、泡茶的典型案例，被引入教科书，已广为人知，读者可参阅，此不赘述。

② 这里所说的不同时空状态是一种区间意义上的时空，是可鲜明地予以辨认和区分的。

1997)、彭罗斯（Penrose，1959）、哈默尔和普拉哈拉德（Hamel & Prahalad，1990）等把企业知识和能力的积累看作是企业竞争行为的基础以及利润的来源；卡佩罗和伦奇（Capello & Lenzi，2014）则强调了知识的集中性而导致的知识溢出，从而认为知识密集型地区能够成功地将创新转化为更高的增长率；魏守华、顾佳佳等（2019）认为，知识溢出是新增长理论的重要观点，通过正外部性和要素边际报酬递增促进经济增长和生产率提升。（3）知识具有难言性。演化经济学者借用英国物理化学家和哲学家迈克尔·波兰尼（2000）的研究成果认为，因为语言的抽象性和局限性，知识具有难言性。难言的知识也称为缄默知识（tacit knowledge）[1]。不过，尽管缄默知识越来越受到研究者的关注，但其理论基础还不够完善[2]。

二是演化经济学有关知识创新机制的研究。（1）知识创新的源头与动力。熊彼特（1997）认为，不论是在经济组织外部还是在企业实验室中产生的科学技术，都是知识创新的源头，进而提出"科技推动说"。施穆科勒（Schmookler，1966）对此提出了异议，认为知识创新与其他经济活动一样，也是一种追求利润的经济行为，要受市场需求的引导和制约，由此形成了"需求拉动说"。莫厄里和罗森伯格（Mowery & Rosenberg，1991）则指出，供给和需求都是创新成功的重要决定因素，从而提出创新的"双因素说"。此外还有"缄默知识共享说"，佩鲁马尔和斯里库马兰·奈尔（Perumal & Sreekumaran Nair，2021）认为，缄默知识共享（tacit knowledge sharing）对于新知识的创造至关重要。通常，知识创造

---

① 波兰尼的看法有些武断。如果说很多知识含有无法用准确的语言来表达的成分，这是可以接受的。

② 一些学者追踪了这个领域的文献，总结发现，学术界关于缄默知识的研究非常分散，缄默知识的理论基础还没有很好地形成。参见 Hao et al.（2017）。

过程鼓励将知识视为共用品，而知识占有过程鼓励将知识视为私人物品。他们使用最小二乘法分析发现，"知识非排他性"是缄默知识共享的积极预测因子。（2）创新的组织载体。马歇尔（2011）指出，知识是生产中最有力的发动机，而组织则有助于知识的形成。彭罗斯（Penrose，1959）则直接把企业看成是"知识创新体"。在彭罗斯的基础上，野中郁次郎和竹内弘高（2006）构建了一个企业内部知识创造螺旋的动态模型。（3）创新的生态系统。理查德·R.纳尔逊和悉尼·G.温特（1997）较早认识到，创新不是简单线性模式，创新能力也不是仅限于企业组织。1987 年弗里曼（Freeman）提出了国家创新系统概念，后经伦德瓦尔（Lundvall，1992）、理查德·R.纳尔逊（Nelson，R. R.，1993）、波诺马廖夫和托瓦宁（Ponomariov & Toivanen，2014）等人的努力，发展为国家创新系统理论。该理论认为，创新是一种交互的学习过程，是不同主体和组织相互作用的产物；创新主体是一个系统，是企业、科研机构、教育部门、中介服务机构、供应商和客户等所组成的复合体，企业创新离不开其他经济主体的协作。伦德瓦尔主编的《国家创新系统——建构创新和交互学习的理论》（2016）认为，国家创新体系是一个国家内部的各种要素及其关系的集合，它们相互作用于新的且有用的知识的生产、扩散和使用中。近年来，创新系统逐渐发展成为创新生态系统。以数据为生产要素的新经济模式和以平台经济为代表的信息经济快速兴起，苹果、思科、谷歌等公司的"创新生态体系"，基本上整合了国家创新体系和系统集成网络技术创新模型（徐宪平，2021）。

从总体上看，第一，演化经济学的主要理论假设之一为非理性或者有限理性，但如同前文所说，他们将"过程"与"结果"混为一谈。第二，与新制度经济学一样，演化经济学没有解释知识的存在性，也缺乏一个坚实的消除认知盲区或者学习理论基础。尽管演化博弈理论主要关注的是博弈过程的学习理论（Sobel，2000），试图解释个体与个体之间交往的过程中如何预期某种均衡，但依旧缺乏对于个体间在此过程中是如何形成共同知识的解释（陈学彬，2001）。其主要原因在于演化博弈借用生物学演化算法（包括演化策略和遗传算法）的思路，这就导致演化博弈分析中个体主体性的丧失。尽管演化博弈的许多模型也称为学习模型，但是，布伦纳（Brenner，1998）认为个体的学习模型与演化博弈模型（例如，复制者动态模型）依旧存在重大的差异。其他如创新的耦合模型（coupling model），认为创新是一种非线性的模型，只是对现象的描述，缺乏基础理论；创新生态体系理论，则基本上整合了国家创新体系和系统集成网络技术创新模型，是对生态学某些模型的借鉴。[①] 还有一些学者（刘静、解茹玉，2022）提出的创新生态位适宜度评价指标体系，也是对生态学的借鉴，缺乏根本性的理论创新。

2.6 信息经济学的知识与认知盲区观及评价

据谢康（1995），信息经济学的启蒙思想出自索尔斯坦·凡勃伦（Thorstein Veblen）1919 年在《资本的性质》中提出的关于"知识的增长构成财富的主要来源"的论述中。1921 年，奈特在《风险、不确定性和利润》中提出，鉴于不确定性的广泛存在，"信息是一种主要的商品"。20 世纪 60 年代，赫伯特·西蒙、肯尼思·阿罗等学者率先对传统经济学的"充分（完全）信息假定"提出质疑。其中，1961 年，斯蒂格勒发表《信息经济学》一文，引入

[①] 这方面的更为系统的学术研究和实践应用进展的文献归纳，参见刘正山（2019）。

"搜索"，对信息的识别与价格的发现等进行了研究。斯蒂格勒被认为是信息经济学的主要创始人之一。同一年，威廉·维克里（William Vickery）发表《反投机、拍卖和竞争性密封投标》一文，对信息不对称下的价格发现进行了研究，并倡导第二密封价（second-price auctions）拍卖。[①] 维克里不仅被认为是现代拍卖理论的开创者，他的研究也极大地推进了信息经济学的发展。20世纪70年代，乔治·A. 阿克洛夫（George A. Akerlof）、迈克尔·斯彭斯（Michael Spence）、詹姆斯·莫里斯（James A. Mirrless）、杰克·赫什雷弗（J. Hirshleifer）、桑福德·格罗斯曼（Sanford J. Grossman）等更多的学者发现，行为者拥有的信息不仅是不完全的，而且其信息的分布是不对称的[②]，这将产生逆向选择和道德风险，导致市场失灵。这些研究，标志着信息经济学的形成。由此出发，信息经济学逐渐形成了包括委托—代理理论、机制设计理论、拍卖理论、契约理论等在内的研究方向。

关于"知识"，信息经济学者一般将其与"信息"混同。信息经济学中，"信息"被定义为"市场参加者的市场知识与经济环境中的时间状态（主客观不确定性）之间概率性建构的知识差"。董志强（2000）甚至认为，信息实际上也是知识，拥有某方面信息就是拥有某方面知识。比如，你拥有一条信息是甲商场货品比乙商场货品便宜，就相当于你拥有"知道在甲买东西更便宜"的知识。至于"信息不对称"，一般认为是在委托人与代理人之间不作对称分布的有关某些事件的知识或概率分布。于立、丁宁（2002）认为信

---

① 学术界一般认为第二密封价拍卖是维克里提出的，故也称之为"维克里拍卖"（Vickrey auction），并且认为此种拍卖形式在现实中较少。但有学者考证发现，在维克里出生之前，邮票拍卖师就应用了这种拍卖形式。参见 Lucking-Reiley（2000）。

② 有的学者甚至将"信息不对称"视为"无知"。参见 Turnbull & van der Vlist（2022）。

息不对称的"第一类是'私人信息'（private information）或'隐藏知识'（hidden knowledge），即有些信息只有一方当事人知道，另一方不知道"。沈华玉、吴晓晖（2018）则将知识的缺乏视为"信息不确定"，即所谓"信息不确定意味着即使能够充分了解标的公司的信息并拥有丰富的专业知识，也没法准确判断公司价值或对公司价值认知模糊"。

上述这类混淆[①]值得思考。信息经人类提取，经过大脑加工，便转化为知识[②]。因此，信息是知识的原料，知识则是大脑加工信息得到的产物，是经过加工、过滤的信息。如果把木材比作信息，经过加工后的各种木质器具则是知识。即使是最简单的知识，也要经过大脑的加工取得。例如，人通过视觉提取信息，看到一群人，经过大脑加工计算，才知道有几个人，从而得到一种数量的知识，痴呆人可以通过视觉提取信息，但大脑不能进行加工，也就得不到知识[③]。

在信息经济学中，还有一个重要的概念——共同知识（common knowledge），也是与信息混同的概念。罗伯特·奥曼（Robert J. Aumann，1995）说，博弈论的基础是一团乱麻，要理出一根阿里阿德涅线（Ariadne's thread），我们要找到一个线头，这就是共同知识。共同知识的意思是，我知道你的策略，你知道我的策略，我知道你知道我的策略，你知道我知道你的策略。宾莫尔等人（Binmore et al.，1986）试图用一个自明之理来取代这个共同知

---

① 这种"混淆"，或许源于"广义"和"狭义"的信息区分。

② 有人认为，在哈耶克的思想中，区分信息与知识，并且强调知识的主体性质是知识问题的一个隐藏的核心基础理念。参见谢志刚（2018）。达文波特等则更为明确地指出，知识与人紧密相连，信息经人脑处理的结果并存在于人脑中就是知识；而脱离人脑后的其他存在形式，则是信息。参见刘洪伟、吴贵生等（2009）。

③ 更具体的分析，参见本书第3章中关于知识与信息的内涵的区别的探讨。

识："有些事情，只要发生了，人人都应该知道。但在公理化这个自明之理时，又遇到阻碍：第五公理说，我知我所知；第六公理说，我知我所不知。这立刻遇到了哲学难题：一个人如何能知道自己的策略空间，更如何能知道自己策略空间以外的空间？"这里的共同知识，其实是公开信息（public information），一般被定义为所有市场参与者能够获取的共同知识。与此相对应的，还有私人知识（private knowledge），说的是私人信息（private information），被定义为市场参与者拥有的具有独占性质的知识。

此外，信息经济学尤其是博弈论中形成了一些知识建构（knowledge building）的文献，即学习理论，参见伯恩海姆（Bernheim，1984）、霍姆斯特姆和米尔格罗姆（Holmstrom & Milgrom，1991）、卡恰玛尼（Cacciamani，2010）、比尔德和克努森（Bilder & Knudsen，2014）、陈伯栋和洪煌尧（Chen & Hong，2016）、斯卡达玛亚和贝赖特（Scardamalia & Bereiter，2021）。这些学习理论，包括被动学习模型、主动学习模型、信念学习模型、强化学习模型等①，有别于行为者被假定为在已知他人行为的情况下能够正常运作的传统模型，考察了经济行为者在不知道其他行为者的行为和制度环境的情况下，通过相互作用并学习，从而理解对手的过程，有助于改进和扩大博弈论的预测能力。

上述这些学习理论，通过吸收其他社会科学领域中的有益知识，对于解释人类经济行为具有重要意义。除了与前文所说的存在信息与知识混同的问题之外，还有以下不足：

（1）信息经济学尤其是博弈论对数学中概率论存在过度的迷信和误用。C. R. 劳有一句名言："在终极的分析中，一切知识都是历

---

① 这些模型常常在演化经济学、行为经济学等分析中得到应用（Fudenberg & Levine，2016）。

史；在抽象的意义下，一切科学都是数学；在理性的基础上，所有的判断都是统计学。"① 可是，概率论也不过是工具②，其本身也不是知识，只有依存于人们的头脑中，并能够被人准确运用，才算是知识。当然，我并不否认概率论的重要性，而是强调其应用条件。概率论要求所研究的随机现象必须是可以大量重复的③。但是，人类的一些决策行为是不可重复的，具有时间单向性。比如，你可以计算出某架飞机失事的概率，但你并不能确定其究竟会否失事。

（2）信息经济学需要认知盲区消除的理论支撑。博弈论揭示了相互作用着的理性决策过程的种种矛盾和不可能性。如丁利（2016）所说，博弈者作为局中人面对的是一个基本的"策略不确定性"，关于对手行动的预期，关于对手行动预期的信念，如此以至无穷，这就是豪尔绍尼④当年也曾面对的"博弈者方面的相互预期的无穷回归"。当所有的博弈参与者都看到多个均衡状态的可能性时，博弈最终均衡于哪一个状态，要取决于全体博弈参与者的知识结构。而这里的"知识"并不等价于"信息"，从而博弈论也需要建立在一个坚实的学习理论或认知盲区消除理论基础之上。

2.7 行为经济学的知识与认知盲区观及评价

周业安（2018）说："行为经济学在未来完全有可能成为经济学发展的引领者。"从当今学术界的"山头"看，行为经济学已经获得

---

① 这句话出自劳的一本书的"扉页题词"。参见［美］C. R. 劳（2004）。

② 基于大数定律和中心极限定理，对群体行为进行分析，需要抽样的科学性、估计方法的可靠性等。

③ 当然，主观概率未必遵循可重复的规则，但也须不断考虑新约束，予以检验，比如贝叶斯理论。

④ 丁利所谓的"豪尔绍尼"（John Charles Harsanyi），通常被翻译为"海萨尼"，系1994年度诺贝尔经济学奖得主。

主流的承认。2002 年度诺贝尔经济学奖颁给丹尼尔·卡尼曼（Daniel Kahneman）和弗农·史密斯（Vernon L. Smith），2012 年度诺贝尔经济学奖颁给埃尔文·罗斯（Alvin E. Roth），2013 年度诺贝尔经济学奖颁给罗伯特·希勒（Robert J. Shiller），2017 年度诺贝尔经济学奖颁给理查德·塞勒（Richard Thaler）。当然，其中有几位如弗农·史密斯和埃尔文·罗斯被认为是对实验经济学的开创研究，但广义而言，"因为行为经济学和实验经济学的交集太多，以至于被视为一体"。

据王保卫和牛政凯（2021）、马中东和任海平（2020）、那艺和贺京同（2019）等学者的归纳，以及乔治·A. 阿克洛夫、彼得·戴蒙德等（2020）合著的《行为经济学经典》一书的总结，行为经济学的主要内容包括：

对人的基本假设为"有限理性"　在不确定条件下，人们总是倾向于小数定律（the law of small numbers，亦称小数法则），即人们有夸大小样本数据在获取信息过程中的作用的倾向，相信小样本的平均值也会向随机变量期望值附近集中分布，依直觉判断相信小样本的代表性，从而使得人们根据非常少的信息仓促得出结论。此外还有典型性或代表性法则，即在不确定性条件下，人们会根据问题的某个特征直接推断结果，而不考虑该特征出现的真实可能性以及与特征有关的其他原因。在小数定律和典型性（或代表性）法则等的作用下，人们往往存在认知偏差，采取"非理性"行为，比如有人为了节省 5 元钱而花费 6 元钱的汽油费驱车去批发市场购买手纸。

正如萨格登（Sugden，2021）所说，行为经济学对于理性的处置，即个体常常犯错误，主要基于个人面临的信息缺乏或对真实信息关注不足。但信息不同于知识，从而，其缺乏对知识或认知盲区的思考，也没有论及认知盲区的消除问题。当然，从行为福利经济学的角度来看，知识问题可以用模型表示，在建模者看来，一切都是已知的——包括模型中的特定代理知道或不知道建模者的哪些知识项。这里所说的"知识"，实际上是"信息"。

如果按照本书的基本假设来分析，行为经济学的"有限理性"，实际上是将过程与结果混为一谈，因为决策过程中遵循的约束条件下的最大化，未必导致结果的最大化；将宏观与个体混为一谈，对于个体而言，决策是理性的，但在宏观看来未必是理性的，如萨缪尔森所谓的合成谬误；或许存在变量遗漏，比如，驱车购买手纸，获得的收益可能还包括"兜风"和逛街等带来的心理愉悦等收益；看似"有限理性"或者"非理性"，可能是决策者在决策过程中存在认知盲区（刘正山，2002）。

时间与知识　行为经济学从时间维度洞察人规划选择与决策的能力，认为人们存在"现时偏差"，即相对于远期而言，人会赋予近期收益和成本更大的权重。"无模型学习评估"和"基于模型的心理构建评估"的研究中，受试者在"更小、更早"（SS）或"更大、更晚"（LL）奖励之间进行选择。在控制条件下，LL奖励仅按照给出的时间表提供。在"情节"条件下，LL奖励被安排在对受试者具有个人意义（正面和负面）的日期（称为情节标签）上发生。当在SS和LL奖励之间做出主观选择时，当它们发生在有情节标签（episode tags）的日子时，受试者会对以后的奖励施加更高的权重。实际上，这种时间偏好之说，并非什么新观点，欧文·费雪（2019）在《利息理论》中的"人性不耐"早已揭示清楚。

前景理论　也被翻译为"展望理论"，即决策个体对事物的认知强烈依赖于某一"参照系"，并以此形成其偏好顺序：（1）人们对效用的评价是相对于参照点的财富变化而不是财富水平，在参照点前后人们的风险偏好是不一致的；（2）价值函数显示了同等数量的亏损和同等数量的收益带给人们的效用不同，人们具有损失厌恶

的特性；（3）决策权重是概率的函数，权数函数表示为人们对小概率结果赋予高于真实概率的权数，对大概率结果赋予低于真实概率的权数，即遵循"小数定律"。

实际上，前景理论是为了解决"阿莱悖论"而发展出来的。阿莱悖论体现为"框架效应"[①]，即一个问题存在两种在逻辑意义上相似的说法，由于说法不同，改变了人们的认知态度，从而导致不同的决策判断。我们认为，约束条件下，通过信息隐瞒或转移，的确改变了"参照点"，从而制造出新的信息不对称，增加了人们的认知盲区，从而改变了决策时的"成本—收益"考量。比如阿莱悖论中，医生对两群病人提供了不同的说法，第一种说法为，接受某种治理，有70%的活命机会；第二种说法为，接受某种治理，死亡的概率为30%。实际上，前者传递的信息中，突出了成功的比重；后者则突出了失败的比重。这其实是两个不同条件的问题，行为经济学家将这两种情况放在同一坐标上，画出所谓的"S"形曲线，是对需求定律的误用[②]。

社会偏好理论　桑斯坦等人（Sunstein et al.，1998）认为，分析法律，应该联系到那些我们已经掌握的关于人类行为和选择的知识。只有这样，才能对法律进行正确的解释和预测（黄立君，2017）。基于此提出的社会偏好理论，是指人对他人利益的考虑以及对非物质利益的追求。研究社会偏好著名的行为实验是"最后通牒"博弈。据卿志琼（2005），桑塔菲研究所的15位人类学家和经济学家，历时10年，以横跨15个不同国家、不同民族、不同文化背景为样本进行"最后通牒"博弈实验。结论大致为，低于20%的分配方式有40%～60%的概率被拒绝，从而说明人们普遍存在公平

---

① "框架效应"是对"framing effect"的较为主流的译法，或许译为"措辞效应"更为妥帖。

② 这方面的具体分析，参见刘正山（2007，p. 106）。

偏好，回应者不只考虑自己的收益，而是用拒绝提议方案的行为去惩罚提议者不公平的分配。

"最后通牒"博弈的实验，其实漏掉了前提条件，比如，大家都是实名的，而非匿名的，也没有相应的处置机制。[①] 参与实验的人，之所以在测试中表现得公平，可能是因为他们想在实验主持者面前表现得"公平"，至少不想让主持人认为自己太自私、太贪婪。即便人们表现出来的貌似公平偏好，也不过是信息不对称下的非正式制度。正如中国俗语所说"举头三尺有神明"。这句话通常被当作迷信（或者所谓的因果报应论）。但我的分析表明，它其实是在劝告我们：要有敬畏之心，即便在荒无人烟的地方也要规范自己的行为，因为隐蔽的秩序（非正式制度）在起作用。[②]

社会互动与群体策略 许多重要的经济互动都是社会性的——也就是说，通过帮助（合作）或伤害（竞争）他或她，一个人的行为会对另一个人产生影响。博弈论是一种关于这种社会互动的理论，其中代理在给定可用信息的情况下选择策略，所有代理选择的集体策略创建一个一般结果，每个代理分配一个数值。行为经济学提供了一种不同的理论，称为"认知层次"或"k 级"理论。在认知层次中，存在玩家推理的层次。最低级别的玩家（级别 0）选择启发式的、重点策略（不考虑其他人可能会做什么）。进行 k 级推理的玩家是部分战略性的，因为他们正确地预测了 0 到 $k-1$ 级的玩家会做什么，但忽略了 k 级以上玩家的行动。

当然，这种认知层次理论，基本上是对现状的一种描述，谈不

---

① 通常，在实验经济学中有一个反对使用欺骗的规程。尽管学者们普遍认为不应当提供虚假信息，但在省略信息或在没有明确说谎的情况下误导的做法也存在"灰色地带"。查理斯等人（Charness et al., 2022）调查了参加过实验的本科生（来自三所不同的大学），得到了 445 份回复，分析发现，大多数学生（73%）不知道他们学校的实验经济学实验室的不欺骗政策。

② 这段表述引自刘正山（2015，p.17）。

上理论建构。不过，神经经济学做了进一步的拓展（Camerer，2014）。通常认为选择是由多个控制者引导的。一般控制者是：初级奖惩的先天价值，不需要学习（如食物或痛苦）；"无模型"动作奖励值 $Q(a)$，通过反复试验学习；以及基于模型的目标值，用 $Q(s, a)$ 表示，需要学习心理表征不同状态 s 中的动作 a 如何导致奖励。标准经济模型中，假设最佳行动 a^*，可以灵活选择以最大化 $Q(s, a^*)$，其中，状态 s 包括当前的信息、价格和收入，价值 a^* 反映了稳定的"偏好"。神经经济学的研究表明，实际选择可能会以三种不同的方式偏离灵活的最大化：首先，在 $Q(a)$ 的无模型学习期间，学习值将随时间变化（即，偏好被学习，因此并不总是稳定的）。其次，某种学习多次重复，可能会变得过度学习或成为"习惯性"。根据定义，习惯性行为不会对经济理论中假设的信息、价格或收入做出反应。这种过度学习、麻木不仁的习惯，可以描述成瘾期间的短期行为、盲目饮食、品牌忠诚度、社会整合以及其他构成重要社会趋势的私人选择。再次，基于模型的 $Q(s, a)$ 评估需要概念表征，这受到记忆、联想、社会规范和模仿以及其他原则的影响。正是因为这种评估必须是灵活的，它可能导致行动选择对选择和状态描述方式的微小变化过度敏感。此外，在市场经济中，利润最大化的公司可以被激励创建利用概念表征特性的描述，以便人们为具有高感知 $Q(s, a)$ 的商品多付钱。

从某种意义上讲，神经经济学的上述研究揭示了学习及偏好变化的某些机制，但其没有对学习进行进一步的界定，对学习的作用机制没有予以分析。

3 知识、认知盲区与学习

人在出生以后，就开始了学习过程。这种学习过程将持续一生。人之所以学习，是因为人类生而"一无所知"，唯有学习，才能适应社会，生存于社会①。然而，正如斯蒂格勒（1992，p.8）所说，"科学的进步实质上就是逐步地攀登从无知通向有知的阶梯，而麻烦的是，这个阶梯总是在不断地变得越来越高"②。从而，人类不但苦恼于有关周围环境及其需要的有限知识，而且还得现在就作出在未来才有结果的决定，人类的认知盲区与永不停止的增长知识的需求，预示着其经济活动绝不只是被动的和反应的。人类存在着学习过程，采取区别于过去的一些行动以走向未来。基于上述逻辑，本章主要分析知识与认知盲区的内涵，学习或认知盲区消除的类型，学习与认知盲区的消除之关系等进行分析。

3.1 知识的内涵探析

知识是什么？这是人类亘古以来不断探索的问题。西方哲学中

---

① 如汪丁丁、贾拥民（2015）所说：人类的决策行为可以被看作各种神经元网络对不同情景下接受环境信息输入所做出的反应，这种反应必然是一种复杂系统秩序涌现的结果。当然，汪丁丁等人的观点存在一个前提条件，即人类需要具备分析和处理这些信息的能力，也就是"知识"。

② 普罗克特（Proctor，2008）表达了类似的观点："我们积累的知识越多，我们产生的无知就越多。"

的认识论更是讨论知识之所以为知识的一种哲学。由哲学发展史来看，人类对知识的探讨不外是理性主义[①]和经验主义[②]两大学派，理性主义源于苏格拉底（Socrates），而经验主义源自希腊主义哲学的伊壁鸠鲁（Epikuros）学派。可见人类对知识问题的研究，自古希腊以来即源源不绝。

经济学界对于知识的分析，多受哲学研究的影响，而且，对于知识及其性质、意义等的界定显得不够严谨。显而易见的例证就是经济学界往往将知识与信息混为一谈（这方面，前文已颇多论及）。

追踪各方面的文献，不难发现一个事实：定义知识是非常困难的！从古希腊哲学家到现在的知识研究专家，均试图定义知识，但结果仍然很遗憾（Bolisani & Bratianu，2018）。

3.1.1　知识：定义辨析

就目前而言，根据《简明英汉词典》（张其华，1984），知识对应的英文单词有：episteme，information，knowledge，lore，reading。不过，学术界一般采用"knowledge"。然而，"knowledge"同样具有相当多层面的意义，在英语语境中，它可以指消息、知觉、知道、认知、认定、智能、科学、经验、技术、洞察力、胜任、能力、诀窍、学习、确定、决心、行动等等。

从文献看，不同的学者，对知识的定义，视使用与应用情况而定。

珀泽和帕斯莫尔（Purser & Pasmore，1992）认为，知识是用以形成决策用的事实、模式、基模、概念、意见及直觉的综合体。野中郁次郎和竹内弘高（1999）认为，知识是有充分根据的信仰。

---

① 理性主义（rationalism）认为人的推理可以作为知识来源。
② 经验主义（empiricism）认为人类知识起源于感觉，并以感觉的领会为基础。

博伊索（Boisot，1998）的解释是：知识是信息的应用，需通过经验、熟悉与学习才能觉察或了解。达文波特和普鲁萨克（Davenport & Prusak，1998）将知识定义如下：知识是一种流动性质的综合体；其中包括结构化的经验、价值以及经过文字化的信息，此外也包含专家独特的见解，为新经验的评估、整合与信息等提供架构。扎格兹布斯基（Zagzebski，2017）将知识视为一种联系（relation），是一个人与现实之间的联系，一方面这种联系是"有意识的主体"，另一方面这种联系是与现实直接或间接相关的一部分。

按照不同的标准，知识有不同的分类。波兰尼（2000）首先提出："人类有两种知识。通常所说的知识是用书面文字、图表或数学公式表述的，这只是知识的一种形式。还有一种知识是不能系统表述的，例如我们有关自己的行为的某种知识。"波兰尼把前者称为"明确知识"，而将后者称为"缄默知识"①。

在波兰尼之后，学术界接受了其关于知识的分类，并从不同的角度进行阐述。

哈耶克（2000，pp. 85 - 86）从法理学和经济学的视角提出所谓"阐明的规则"（articulated rules）和"未阐明的规则"（non-articulated rules）的区分。所谓"未阐明的规则"是那些尚未或难以用语言和文字加以阐明的，但实际上为人们所遵循着的规则。哈耶克认为，"我们的习惯及技术、我们的偏好和态度、我们的工具

---

① "缄默知识"对应的是"tacit knowledge"。该词语通常被翻译为"默会知识""隐性知识"或"意会知识"。本书认为，采取"缄默"的译法，可能更接近于波兰尼的本意。据《辞海》的解释，"缄"为信札的"封口"，"缄口"或"缄默"的词义均为"闭口不语"。而波兰尼提出的所谓"缄默知识"，是指那种"虽然我们知道，但难以言传"的知识，称之为"不能说出来的知识"（inarticulate knowledge）。"我们所知道的多于我们所能说的"（We know more than we can tell），就是这种知识存在的证据。中国道家的名言"道可道，非常道"，说的也是这种缄默知识。

以及我们的制度",构成了"我们行动基础的'非理性'的因素",这些知识就是"缄默知识"。

西里西奥等人(Cianciolo et al.,2006)从心理学的角度来论述缄默知识与人类思维及心理过程的关系。他们认为,所谓缄默知识指的是以行动为导向的知识,是程序性的,它的获得一般不需要他人的帮助,它能促使个人实现自己所追求的价值目标。这类知识的获得与运用,对于现实的生活是很重要的。另外,缄默知识反映了个体从经验中学习的能力以及在追求和实现个人价值目标时运用知识的能力。

有的学者从管理学、组织行为学的角度来论述缄默知识。彼得·德鲁克(1999)认为:"缄默知识,如某种技能,是不可用语言来解释的,它只能被演示证明它是存在的,学习这种技能的唯一方法是领悟和练习。"他还认为缄默知识是源于经验和技能的。

还有一些学者综合心理学和管理学的视角,将缄默知识定义为经验性和直觉性的(Faith & Seeam,2018),也被定义为主观的、特定于环境的、难以捕捉的知识(Razak et al.,2016),从而缄默知识对组织发展极为重要。这衍生出了"缄默知识共享"问题。

野中郁次郎和竹内弘高(1999)将知识分为显性知识(explicit knowledge)与内隐知识(implicit knowledge),前者指的是可以用文字、数据,并且按照一定格式记录的书面资料,后者则是保存在公司经营者、资深工作者,以及各层级成员心中的知识经验。知识管理的目的,不但要将外显知识进一步整理成适于取用、参考的材料,更要将隐含在企业成员心中的内隐知识,转化成可以让其他成员一同分享的知识资产,并变成可以留传未来的组织记忆。有语言学者引述上述日本学者的分类法,如帕夫拉克(Pawlak,2019)认为在第二语言学习中，显性知识和内隐知识应当并重。

3.1.2 知识、信息与数据

上述是几种比较典型的知识定义，结合当今社会情况考虑，这些定义有着或多或少的局限性。我认为，对知识定义的把握，应该体现三个层次：数据→信息→知识。也就是说，对知识定义的理解必须与数据、信息联系在一起，只有这样，对知识的认知才会比较完整。

一、广义看，数据是一种客观记录下来的东西

达文波特和普鲁萨克（Davenport & Prusak，1998）认为："数据是对事件审慎、客观的记录。"以专业用语来说，数据是结构化的交易记录。到加油站将汽车油箱加满，这笔交易的部分细节就可以数据来形容。在管理学界倾向将资料视为客观的数据，但在社会学界则会强调观察本身跟选取的理论工具息息相关，因此数据不是绝对客观的。例如维尔克（Willke，1998）指出，数据是通过观察建构出来的一组符码化的数字、文字或者图形。《中华人民共和国数据安全法》（2021）认为："数据，是指任何以电子或者其他方式对信息的记录。"从而，从广义上讲，数据是有助于辨认事物发生的某个特质或者属性的值（戴维·莱文、凯瑟琳·塞贝特等，2018），比如"张三""李四"也算"数据"。显然，这个定义与我们日常生活中对"数据"的理解并不一致。

二、信息一般被定义为不确定性之差

关于"信息"的定义，较为经典的是 1948 年数学家香农（Shannon）在题为《通讯的数学理论》（A mathematical theory of communication）的论文中所给出的："信息是用来消除随机不定性的东西"。这个定义的本质在于用对数与概率表示某个事物的信息本质，因此信息在本质上是对于事物的概率关系（张贵红，2018）。尽管香农试图对信息与数据进行区分，但是从其发展的信息熵公式看，其所谓的信息近乎等于数据。

其后，不同学者均有不同的定义。彼得·德鲁克（1999）将信息定义为"包括关联性与目标的数据"。维尔克（Willke，1998）从系统论的视角认为，以关联的标准为衡量规格，差异才透显出意义："当一观察系统拥有关联的标准并且能把资料分派给特殊的关联时，那么一个信息即被建构出来"。霍顿（Horton，1983）给信息下的定义是："信息是为了满足用户决策的需要而经过加工处理的数据。"这即是说，信息是经过加工的数据。

张贵红（2018）综合学术界的看法发现，最初信息的定义并未与主体、概率分布和决策过程等相联系，在后期的信息论发展中才逐渐用语境的观点来解读信息，并将信息定义为：信息＝数据＋意义。

相对而言，较为公允的定义来自《剑桥哲学词典》，它将信息界定为：一种客观（独立于心灵的）实体。它可以由消息（语词、句子）或其他认知者（解释者）的产品生成或携带。信息可以被编码和转移，但是信息的存在独立于它的编码和转移过程①。

综合以上观点，我认为，信息，尽管可以被认为是赋予了意义的数据，但本质上是为了消除不确定性，然而并不能真正消除（这与香农的定义有区别）。如贝特森（Bateson，1972）所说，"a difference which makes a difference"。那么，可取的说法即为：信息等于不确定性之差。

---

① 这段定义转引自 Kolchinsky & Wolpert（2018）。

三、主流经济学往往将知识与信息混为一谈①

主流经济学在讨论知识的传递、知识的交流、知识的记录时，主要指涉的是信息而不是知识。首先看如何界定知识。据彼得·德鲁克（1999）的分析，欧洲大约在 1700 年以后，发生知识意义的剧烈改变。他认为，对苏格拉底与普罗塔格拉斯（Proragoras）而言，技术无论多有价值，仍不是知识。1700 年左右，科技（technology）这个单词出现了；techne 指的是技术的奥秘；logy 是有组织、有系统、有计划的知识。知识从此前所谓的跟个人的教养分不开的意义，转变为一种资源，一种利器。

在丹尼尔·贝尔（1993）的后工业社会理论中，知识是核心概念。贝尔给知识所下的定义是：知识是对事实或思想的一套有系统的阐述、合理的判断或者经验性的结果，它借着某种交流手段，以某种系统的方式传播给其他人。

1999 年，在对此前学术界和业界观点总结的基础上，世界银行对知识、信息、数据进行了折中性的定义。在世界银行发布的《1998/99 年世界发展报告——知识与发展》中，对数据、信息和知识之间的区别进行了阐述：数据是未经组织的数字、词语、声音、图像等，信息是以有意义的形式加以排列和处理的数据（有意义的数据），知识是用于生产的信息（有意义的信息）。其中，信息经过加工处理、应用于生产，才能转变成知识。

布朗和杜吉德（Brown & Duguid，2001）也强调了知识与信息的差别：知识通常存在于人身上，要分开就比较难。信息是独立的。信息可以任意寻找、取用、拥有、传递、遗失、累积、计算、比较，以及放入数据库等。举例来说，你可以请他人传送信息或指

---

① 将知识与信息混淆，其中存在简化概念的需要，存在合理的成分。但是，从解释经济现实的需要出发，明确区分二者，是非常必要的。

点你到哪里找信息，可是知识就不是那么容易。

针对那些将知识化约为信息的观点，布朗和杜吉德认为，这是一种信息至上主义，知识的创造及其跟人与组织之间的密切连带被忽略掉，取而代之的是强调符码化的信息、功能愈来愈强大的信息科技及信息网络科技所形成的全球网络。一旦以信息的角度重新定义人世间习以为常的事物，则书本就变成了信息的容器，图书馆变成信息仓库，大学是信息提供者，学习则是吸收信息；组织被视为信息协调者，会议是信息整合者，说话是信息交换者，市场是受信息驱动的刺激与反应。布朗和杜吉德认为，这并非科学的态度。

综合前人研究成果，本书认为，知识是信息经由主观认知与客观分析、比较和归纳后形成的综合体，或者从最一般意义上讲，知识就是人类对自然界和社会（包含人类自身）的认识。就一般情况而言，知识多即好，信息则未必（Mishra et al.，2008），比如"幸福的无知效应"（blissful ignorance effect）。

至于知识的分类，本书接受前人提出的"二分法"，即：（1）知识可以分为：原理知识（know-why）与技能知识（know-how）。（2）知识还可以分为"显性知识"与"缄默知识"。当然，这种"二分法"是为了论述的方便，实际上，任何知识都含有内隐的维度。巴顿（Barton，1995）用一个连续体来描述知识，完全内隐的（主观的、经验的）和完全外显的（客观的、理性的）知识分别处于连续体的两极，而大多数的知识存在于这两极之间。

3.1.3　知识性质分析

综合现有的研究，本书认为，知识具有如下性质[①]：

---

① 较早对知识的经济学性质做出界定的是罗默（Romer，1990），在其论文《内生的技术变迁》中，罗默指出了知识的如下性质：知识是非竞争性的与部分可排他性的。

一、知识具有非争夺性[①]

所谓"非争夺性",是说一种知识[②]可以由许多人同时使用,且相互不构成障碍。而对传统的一般商品而言,一个人对其进行了使用之后,其他人不可能再使用[③]。罗默(1990)认为,争夺性是一个纯技术的特征,即争夺性商品具有一个企业或个人的使用能完全排除另一个企业或个人使用的特点。而纯非争夺性产品具有一种不排除他人同时使用的特点。知识的这一基本性质必然导致一个推论,即知识的生产和配置不能完全由竞争性市场力量来完成[④]。因为知识一旦被发现,向一个新用户提供一份知识的边际成本为零,因此,知识在一个争夺性市场的租用价格必然为零。在这种情况下,知识的生产不可能由追求私人利益最大化的争夺性企业来进行,因此,知识的生产必然偏离争夺性市场的框架[⑤]。与此相关的一个问题是,若存在边际成本递减的情形,则必然会导致垄断。但由于存在熊彼特式的竞争,这种垄断是有限度的。至于缄默知识,

---

① 此处遵从东北财经大学程坦教授的建议,将"nonrivalry"或"nonrivalrous"译为"非争夺性"。罗默(Romer,1990)指出,区分商品的非争夺性与非排他性是重要的。因为非排他性不可避免地与非凸性相联系。但兰洛伊斯(Langlois,2001)认为,对于解释增长来说,这种分类是不必要的。而且,对于真实世界的描述来说,也是不准确的。因为知识经常存在于事物之中。知识的重复使用体现于技术、组织与制度之中。阿罗(Arrow,1962)使用"不可分性"(indivisibility)代替非争夺性。罗默(Romer,1990)认为不可分性与非争夺性并非同义。不可分性产生局部非凸性,而非争夺性与全局非凸性相联系。

② "知识产权"(IP rights)也具有"非争夺性",尤其是在数字技术发展的当下,可以无限复制。参见 Hovenkamp(2021)。

③ 这就是经济学中所使用的"竞争性"概念的基本内涵。

④ 市场竞争不可能配置一种非争夺性产品,因此,知识只能在垄断框架中生产或者作为共用品(public goods)生产。顺便提一句,国内学术界多将"public goods"翻译为"公共产品",本书遵从香港大学张五常教授的建议,翻译为"共用品"。

⑤ 非争夺性的另一种定义是,下一单位的产品比前一单位的产品具有更低的边际成本。

只要进入"共享"环节，即"缄默知识共享"（tacit knowledge sharing），它同样也是非争夺性的。

在定义了知识的这一性质以后，我们面临的问题是，知识引入生产模型后是否会导致规模报酬递增的问题？例如兰洛伊斯（Langlois，1994）指出，知识能在很多不同的具体环境中应用，因此能广泛传播，并产生递增回报。一般认为，知识的报酬递增产生于知识在使用过程中的两种效应，即亚当·斯密的劳动分工效应与很少有人注意到的数量效应（volume effect）。所谓数量效应，是指在生产过程中，随着生产数量的增加，将导致生产成本下降。汪丁丁（1996）则认为，就知识的生产和传播而言，收益的递增性和递减性应当内生于知识过程本身，而不是预先假设的[①]。杜弗洛和塞兹（Duflo & Saez，2003）借助田野实验法对美国的延税账户（tax deferred account）退休计划做了讨论，发现提供了金融知识培训的企业，其员工也会更多地参与到退休储蓄计划中来。汪丁丁和贾拥民（2015）发现，企业提供的这一知识信息可能是内生的（个人选择参与项目可能来自企业的社会网络效应），因而使得结论的因果关系颇为复杂。

与知识的这一性质相联系的另一问题是知识的扩散问题。非争夺性并不意味着零扩散成本。但就知识而言，即使其扩散是有成本的，其扩散的边际成本也是递减的，尤其是在知识本身作为一种产品时，则更会如此。进一步考虑到知识在企业内扩散与企业间扩散的差异（有的经济学家将其描述成规模经济与范围经济），那么，是否意味着企业规模的无限扩大？例如，道和厄尔（Dow & Earl，

---

① 汪丁丁的观点基于其不认可生产的新古典约束。他承认，如果我们所处理的问题是典型的新古典问题，即给定资源禀赋、技术（隐含制度假设）和偏好的结构，求解资源配置的一般均衡，那么，知识存量就是给定的（由技术与制度假设反映出来），因而可以判定和假设该时点处知识结构的收益递增或递减性。

1999）指出，技术通常决定了一个特定的经济活动是否有规模经济特征。他们还进一步指出，知识引入生产函数后产生了生产的非凸性，这并不意味着知识是一种共用品，因为知识对生产下一单位产品的边际成本为零，但并不是转移给其他人的成本为零。进一步地，达斯古普塔（Dasgupta，2012）提出了一个跨国公司学习和知识扩散模型，发现跨国公司进入东道国之后，东道国的工人向他们的经理学习，知识便通过工人或者经理进行了扩散，使得东道国工人的收入状况大为改善。至于为何存在知识扩散，除了经济利益的考量，也有道德的因素。阿尤比和瑟姆（Ayoubi & Thurm，2020）认为，如果个人只是以自我为中心，他们会选择为自己保留他们所拥有的宝贵知识；然而，基于参与共享社会困境的异质道德个体的建模分析，发现经济激励具有局限性，人们对道德激励同样会做出反应。

还有一些学者拆分了知识与技术。斯卡雷和索里亚诺（Skare & Soriano，2021）使用 104 个国家从 1870 年到 2019 年的技术传播和教育数据，研究发现，知识扩散取决于许多内生和外生的决定因素，其中技术扩散是最重要的。另外一些学者（Yu & Sheng，2020）以区块链为研究对象，考察了研究人员的论文研究方向变化，结合区块链应用的变化方向，寻找知识扩散的路径。综合技术与知识的扩散研究，尤其一些"一般目的技术"的研究，实际上将知识的非争夺性进行了进一步的解释与说明，从而为研究内生增长提供了更为精确的框架。

二、知识只在某种程度上具有可排他性[①]

一种商品是否可排他，取决于其所有者能否成功地防止其他人

---

① 罗默（Romer，1990）指出：一件商品是可排他的，如果某人有权利排除他人使用该商品（A good is excludable if someone with a property right can exclude others from taking advantage of it）。阿罗（Arrow，1962）使用"专用性"（appropriability）代替非排他性。罗默（Romer，1990）认为这两个词是同义的。

使用（未必是产权意义上的）。对于知识的排他性，学术界是存在争议的。

从知识本身的自然性质来说，并不存在排他性。但通过建立某些制度（现实的或想象的制度），可以使知识具有某种程度的排他性。

排他性假设是否成立，是引入知识后均衡是否存在的关键因素之一。知识的可排他性取决于两个因素，即知识自身的性质与制度安排。罗默（Romer，1990）指出，排他性是技术与法制的函数。例如，如果技术足够复杂，而且又体现于生产过程中，则其可排他性是非常强的。又如，如果存在完善的专利保护系统，则知识的可排他性很强[①]。

与此相关的一个问题是，知识可否编码？此问题在增长理论家早先的研究中并没有得到重视，因为这个问题在阿罗与罗默那里不成问题。例如，阿罗（Arrow，1962）认为，知识是固化于投资品中的，或编码于投资品中的。罗默（Romer，1986）在某种程度上继承了这种思想。而今，越来越多的经济学家同意，知识可分为可编码知识与缄默知识。其中，缄默知识本身具有排他性，但可以通过共享方式扩散；可编码知识是指已转换为抽象的符号，并易于转移、复制与存储的知识，这种知识具有阿罗所提出的共用品性质，是递增回报的一个潜在源泉。有学者进一步指出，技术变化与经济增长均内在地与可编码知识与缄默知识之间的平衡相关（Arora & Gambardella，1994）。现有的研究认为，知识可否编码在本质上是一个知识是否可以在一群人之间共享的问

---

① 但罗默（Romer，1987）认为，知识有两种，一种是共用品，即关于产品的设计知识；另一种是部分排他的，即关于过程的知识。

题，或者说知识的客观性问题①。因此，知识的可否编码对于经济发展过程能否趋同，尤其是引入知识作为一种生产要素后是否存在趋同，具有深刻的意义。知识的可否编码对于研究知识的扩散也有着深刻的意义②。

对于知识的可编码性问题，兰洛伊斯（Langlois，2001）指出，在今天，知识已变得越来越可编码化、一般化和抽象化，而内隐知识越来越少。他进一步指出，知识能够被外在化及变得更少特质化，但无需进行编码化。知识能通过体现于机器或其他物理技术中或各种社会制度中而外在化，超越其创建者。考恩等人（Cowan et al.，2000）甚至认为，所有知识都是潜在可编码的，因此，知识是否被编码，并不取决于技术本身，而是由经济激励所决定的，即只有在具有相当大的激励，使对知识进行编码有利可图时，知识的拥有者方对其进行编码。但兰洛伊斯（Langlois，2001）对于仅有可编码的知识，而不是缄默知识产生经济增长的观点持怀疑态度。他认为，运作良好的组织或团队在无需通讯的情况下也能有效运作，因此，大量可编码的知识是低效率知识结构的证据，而不是更多知识的证据。

对于缄默知识，经济学家的认识也存在分歧。例如，哈耶克认为，缄默知识是一种行动规则。理查德·R. 纳尔逊和悉尼·G. 温特（Nelson，R. R. & Winter，S. G.，1997）认为，缄默知识是一种

---

① 也有经济学家认为，可编码的知识与一般性及抽象性相联系（例如 Cowan & Foray，1997）。兰洛伊斯（Langlois，2001）指出，一般性与抽象性并不一定要求知识的可编码性与可表达性。

② 例如，波兰尼（2000）总认为知识是一种个人体验，或者说是"隐秘的知识"，从手工艺技巧开始，一切知识都是认知者主观参与和感情上认同的结果，都带有主观性。因此，知识是难以扩散与传播的。但以维也纳学派为首的逻辑实证主义则强调知识的客观性，认为知识的传播性是其重要的性质之一。如果知识可以传播，那么，对于知识来说，重要的问题不是生产而是消费。

惯例，这种惯例是体现了技能模式知识的习惯性行为方式。这种知识不能被显式地转移，只能通过一种学徒式的学习或试错学习获得。有相当多的经济学家认为，不能将缄默知识与特质或惯例相等同。

从实用的角度来看，考虑到知识只是具有部分的非排他性，从而，可以将知识纳入宏观经济核算框架。而今，"知识"相关的统计与核算，已被多国政府纳入日常工作之中。2013 年 7 月 31 日，美国修订了 GDP 核算方法，列出了名为"知识产权产品"的新门类，从而导致美国 2012 年的 GDP 规模增加了 3.6%。在这 3.6 个百分点中，研发投入贡献了 2.52 个百分点，艺术创作投入贡献了 0.47 个百分点。《中国国民经济核算体系（2016）》则规定："中国国民经济核算的生产范围包括……知识载体产品指为使消费单位能够重复获取知识，而提供、存储、交流和发布的各种信息、咨询和娱乐产品。包括一般或专业信息、新闻、咨询报告、电脑程序、电影、音乐等产品。"笔者 2019 年以来与中共江苏省委宣传部（江苏省电影局）合作开展了"江苏电影产业分类与统计标准及核算项目"（项目编号：SG‐CG201003F），则将作为知识载体产业之一的电影业纳入国民经济核算体系之中，进行了研究。

三、知识具有创造性破坏的特征

作为演化经济学主要分支之一的新熊彼特学派，其增长模型对于知识性质的一个基本假定是知识的创造性破坏[1]特征，即新知识具有使已有的知识过时的特征。基于对知识的这个特征的假定，现代学者发展了新熊彼特学派研究方法。这个方法以阿吉翁等人（Aghion et al.，2004）为代表。

---

[1] 创造性破坏的最典型的一个例子便是资产的"无形损耗"，即知识更新造成的折旧。

在引入知识的这一特征之后，一个重要的问题是关于知识的外部性变得不明确。在以前的分析中，总是假定知识具有正的外部性，然而，创造性破坏是一种负的外部性，因为新知识的出现使现有的知识过时①。从这个角度来看，以知识为基础的内生增长模型的政策含义也变得不明确，因为无法确定知识的正外部性与负外部性中哪一个更为重要，因此，无法确定在竞争均衡中，对于知识的投资是过多还是过少，也就是说，不能确定对于创建知识的活动是进行征税还是进行补贴。但有一点是确定的，新知识的出现，必然导致现有的知识陈旧化，并重构利益格局。如马修斯（Mathews，2018）所给出的历史梳理，熊彼特对 19 世纪与钢铁和铁路相关发展浪潮的分析，后来的学者在涉及钢铁和电力，然后是石油和汽车，最后是信息技术领域的研究，均体现了新知识或者技术出现对旧有秩序的冲击和新秩序的重构；到了 21 世纪的现在，基于普遍的绿色技术出现了新的浪潮，绿色发展（碳达峰、碳中和）成为新规则或话语体系（刘正山，2021），甚至出现由相对价格变化（例如碳税）驱动的技术替代。

也有不少研究者认为，相对于知识的正外部性而言，其负外部性（创造性破坏）可能微不足道。甚至有学者（Xing & Sharif，2020）认为可以通过"创造性挪用"（creative appropriation）避免创造性破坏，比如网约车平台（online car-hailing platforms），利用了现有出租车公司的互补资产，但不与现有出租车公司发生冲突或扰乱市场。但是，这种"合作"带来的利益共享机制是暂时的。

---

① 知识还存在着一种负的外部性，即知识对于研究与开发的跨期溢出效应。随着知识的积累，通过研究与开发发现新的知识越来越难，因此，现在的知识发明对于未来的知识发明具有负的影响。

3.2 认知盲区内涵界说

从本书前文的文献分析可见，到目前为止，认知盲区未引起学术界应有的关注，其内涵也未能得到清晰的界定。本节拟对认知盲区的内涵及相关概念进行探讨。

3.2.1 认知盲区及其成因

与知识相对应，认知盲区（亦可称为"未知"）是指人类所需要的知识与已经掌握的知识之间的差，或者说认知盲区是已知知识的补集。用图表示，即图3-1：

未知

已知

图3-1 知识与认知盲区

"认知盲区"状态，是我们面临任何新事物、复杂事物的认知起点。认知盲区可视为一种潜在可能的"知（识）"及"未知"的形式。认知盲区遍布于各个领域，不仅有科研人员（专家、学者等）的认知盲区或未知，也包括官员的认知盲区、消费者的认知盲区及媒体报道（论述）的认知盲区等等。

认知盲区之所以存在，主要是因为以下几种情况：（1）对知识的选择性接受或传递；（2）知识的不确定性本质；（3）对事物的知识误解或错误判断；（4）无能力去知（包括已知或受到压力而无能力去知）；（5）无意愿去知；（6）彻底的未知，其可表现为"不知的未知"。

科学家或外行等都可能是上述第一种认知盲区的制造者。无论是科研人员、媒体报道者、消费者或一般的专业外行，基于风险或收益的考虑，往往对知识进行选择性的认知与传递。例如，不同社会对"转基因食品"（genetically modified food）的批判与接受程度，与该知识在社会中的传播、沟通的不同而有天壤之别①。除了选择性的知识传递，还有一种情况是"战略性无知"（strategic ignorance）。传统上，识别他人的无知是一种为专家争取地位的方式。然而，现实中存在某些专家对无知的战略性使用的情形，比如寻求保持无知而不是消除无知，以转移相关风险的责任（Will，2020）。

至于第二种认知盲区，日益被现代学者所认知②，尤其是2007年次贷危机（subprime crisis）③以来，主流经济学中持续的危机为承认真正的不确定性打开了大门（DeMartino & Grabel，2020）。传统知识论者追求具有普遍必然性的确定性知识，他们努力获取作为认识出发点的自明公理，并通过逻辑论证来为知识的确定性辩护。考察历史不难发现，没有那种绝对确定性知识，知识的可能性也不是非有这种毋庸置疑的绝对确定性不可。科学史上的每一次革命，都是在揭示原有知识的片面性和相对性中发生的，不论是客观世界还是主观思维，都充满着各种可能的不确定性的东西。简单的、非此即彼的线性思维方式，已不能满足当今深化认知的需要，我们不得不面对"不确定性"，它构成我们知识论甚至是我们认识方式和思维方式的要件。

对第二种认知盲区的觉醒，即随着对知识的不确定性问题的认

---

① 目前对于公众而言，转基因产品依然是一种"新事物"。可是，一些国家关于转基因相关的科普知识宣传严重不足，而在社会上的转基因讨论中，一些"阴谋论"的论调不绝于耳，引发了民众更大的担忧。参见徐振伟（2022）。
② 进一步的分析，参见［美］伊曼纽尔·沃勒斯坦（2006）。
③ 亦被称为2007—2009年全球经济危机。

识深化，要求以多元领域的不同理性观点来探讨风险和不确定性。但现实中，我们无法完全做到。我们所能做的，要么是将问题锁定在暂时性的"科学"上①，要么是诉诸无知②，从而形成对知识的误解或对风险错误的判断，即第三种认知盲区。

第四种认知盲区类型——"无能力去知"，较为复杂，但它也可作为某种知识的形态。当外行已意识到风险或不确定性的存在，但由于专业知识的复杂性，不得其门而入；相对地，专家虽然意识到本领域或本领域之外的风险或不确定性，但他无法也无能力处理，必须求助于其他专业人才。欲知却无能力去知的，还可能发生在利益相关者身上，他们所面对的压力不但可能是制度上的机制③，也可能是社群的无形压力④。

第五种认知盲区类型——无意愿去知，通常指人们在带有偏见的情况下，固守或夸大原先的风险评估，不愿进一步探求深入的风险冲击。前者如有的经济学家在实证研究中，面临异常值，多采取剔除的办法，而不是试图去解释它；后者如不同领域的科学家，无意愿去进行跨学科的对话，阻碍了知识的发布、传播和创新。目前，这方面的研究越来越多，尤其是在经济社会学等领域，如图阿纳和沙利文（Tuana & Sullivan，2006）、普罗克托和席宾格（Proctor & Schiebinger，2008）、格罗斯和麦戈伊（Gross & McGoey，2015）、麦戈伊（McGoey，2020）。

---

① 这主要是考虑到"约束条件"。
② 《庄子·外篇·秋水》中，惠子所说的"子非鱼安知鱼之乐"，即是一例。
③ 譬如研究的经费预算约束、决策者的利益权衡等等。
④ 比如爱尔兰科学家反向的研究认为，"转基因"食品有弱化免疫体风险。可是，他不但受到基因科技社群猛烈的攻击，亦被英国皇家学会裁撤其职位；科技官僚的政策决定，往往受制于该领域科学社群网络的压力，而回避了事实的真相（周桂田，2000）。

第六种认知盲区①，是指一个人处于这样一种状态：他不知道，且他不知道他不知道，或者说"天真地不知道自己的不知道"（Grant & Quiggin，2015）。例如，对于某个成年人而言，限于知识结构，他对于某些领域，即处于"unknown unknowns"状态；即便是本领域，也可能存在不知的未知，譬如，关于电影票房的成功，编剧威廉·戈德曼（William Goldman）在 1982 年写道，好莱坞的第一条规则是"没人知道任何事情"（Nobody Knows Anything）。② 德马蒂诺和格拉贝尔（DeMartino & Grabel，2020）将代理人在制定和实施策略时面临的认知不足进行理论化的一种补充且可能更有效的方法是区分"可修复"和"不可修复"认知盲区，后者即此处所谓。当然，纳比卢和普吕姆（Nabilou & Prüm，2019）认为，考虑区块链等新型技术，则无知可以变成知识，从而，比特币（Bitcoin）具有高度的内生信息不敏感性。这反过来意味着比特币不必付出基于"对称无知"的信息不敏感的代价。与法定货币相比，这使得比特币具有一定的优势，并有可能将其转变为安全的价值储存手段。但我认为，区块链技术只是消除了局部认知盲区，而且对于多数国家的央行而言，并不希望将铸币税拱手让人。

3.2.2 认知盲区与不确定性

先探讨不确定性与风险的区别，是很有必要的。奈特（2010）首先对风险与不确定性进行了区别，他认为"风险与不确定性之不同在于，风险是指事件组的概率分布结果已知，而在不确定情况下

---

① 这方面的论述，参见 Li（2009）。不过，该作者偏于信息经济学的范式，未将信息与知识加以区分。

② 转引自 Lev（2021）。

却不同，因为不确定之情况是高度独特的，不可能形成可分组的事件"。奈特所归纳的产生不确定性的原因，用一句话概括，即：人的认知能力有限。

凯恩斯（Keynes，1921）也认为，对于"不确定"事件是没有科学基础进行概率计算的。但是，凯恩斯显然将"认知盲区"引入经济理论，对不确定性进行了解释。凯恩斯（Keynes，1937）指出："谈到'不确定性'的概念，我并不仅仅是指把已知一定要发生的事件和可能会发生的事件区分开来。从这一意义上说，轮盘赌博是没有不确定性的……甚至，人的预期寿命之不确定性也是微不足道的……我表达这个词的意思可以表示为欧洲是否会爆发大战是不确定的，或者说，一项新发明的过时是不确定的……对于这类事件，没有任何科学依据可以形成任何可计算的概率。我们只是不知道。"凯恩斯之所以指出轮盘赌博是没有不确定性的，是因为轮盘转动可以在同一环境下重复进行，其所有结果之概率分布是已知的。而对于利率、铜价、战争、技术发明等在较长时间的趋势，我们所掌握的知识少之又少，只好老老实实地说"我们根本不知道"（We simply do not know）。凯恩斯的"我们根本不知道"，道出了不确定性的实质。凯恩斯指出："有一件事实很明显：我们据以推测未来收益的一点知识，其基础异常脆弱。若干年以后，何种因素决定投资之收益，我们实在知道得很少，少到微不足道。我们不能不承认，如果我们要估计 10 年以后，一条铁路、一个纺织厂、一件专利药品之商誉、一条大西洋邮船、一所伦敦市中心区之建筑物之收益是什么，我们所根据的知识，实在太少，有时完全没有。即使把时间缩短为年以后，情形亦复如此。"那么，凯恩斯所说的不确定性，是指这样的知识状态——"我们根本不知道""因素中固有的不可知性""潜在的惊喜"和"剩余假设"。凯恩斯进一步指出如何应对这种不确定性："从社会观点看，要使得投资高明，只有增加我们对未来之了解。""……要击破时间势力，要减少我们对于未来之无知，其所需智力更多。"

比较凯恩斯和奈特的观点[①]不难发现，二者比较一致。凯恩斯认为不确定性源于"一无所知"或无意识（unawareness）；奈特的观点则是，不确定性是极端的或完全缺乏知识和预见的结果。

可见，就人类的知识而言，"休谟问题"（Humean problem）或许永远存在：人类的任何知识，无论是或然知识，还是必然知识，在其建构的过程中，找不到必然的逻辑或因果关联。那么，知识实际上是处于持续的演化之中，不存在恒久的知识。因此，福柯（Foucault，2004）说：认知盲区是知识生产过程的一部分。这样一来，人类社会发展的历史，就是人类不断消除认知盲区获取知识的历史。行为者必须依赖一定的背景知识，才能观察、描述、分析特定的选择问题，才能进行判断和选择。

在存在认知盲区的世界里，在向未来世界、现实世界展开的过程中，我们要面对的，永远是我们没有处理过的，过去的都已经成为历史，未来的任何变数都有可能，毕竟，人不能两次踏入同一条河。比如一个红绿白三色球箱，装有300个球，每样100个，随机抽取一个，在数学上，抽到红绿白的概率都是33.3%。这是不是不确定性？不是！至少不是人类在现实世界中必须面对的不确定性。对于现实世界而言，我们面对的是一个"黑洞"（black hole），不知道"黑洞"里有多少种颜色的"球"，也不知道"黑洞"里总共有多少个"球"，尽管过去我们拿出了很多"球"，而且红绿白各1/3，但这仅仅是历史事件的发生频率。下一个"球"是什么？我们不知

---

① 这里，我们没有引述更多经济学者的观点。正如斯维特拉娜和冯·艾尔斯特（Svetlova & van Elst，2015）所说，自奈特和凯恩斯以来，没有人适当地解决真正的不确定性和不完全知识的问题。

道！[1] 尽管不少学者声称可以通过贝叶斯统计学理论解决奈特和凯恩斯的不确定性问题，但正如一份关于让模型对社会更有用的宣言的最后一条规则所说的："承认无知"（Saltelli et al.，2020）。

可见，认知盲区是不确定性的原因[2]。

3.3　知识与认知盲区

知识越多，意味着认知盲区越少，反之亦然（Hou et al.，2022）。从根本上讲，认知盲区也是一种知识状态，是知识缺乏的状态。知识与认知盲区的关系，可以用图 3-2 说明：

图 3-2　知识与认知盲区

如图 3-2 所示，通常所说的知识，是人们从起点——认知盲区开始，经过学习阶段（即消除认知盲区的过程），获得了知识[3]。认知盲区是人类认识和行为的起点。

第一，人类来到这个世界上的时候，是一无所知的。譬如婴儿。儿童心理学的创始者普赖尔（Preyer，1889）曾对儿童模仿的发生做了系统的观察。他发现，婴儿在第 15 周末就能模仿成人

---

① 仅通过概率的视角来解读奈特和凯恩斯的观点，或将忽略这样一个事实，即奈特和凯恩斯也关注对未来偶然事件的不完善知识。或许，不完美的远见是理解为什么概率计算可能首先失败的出发点。

② 当然，认知盲区也是交易费用产生的原因之一。据戴维森等人（Davidson et al.，2018）归纳，交易成本源于三个方面：不确定性、签订契约的费用、执行契约的成本。

③ 学习是消除认知盲区的必要条件。经过学习，人们可能获得所需要的知识，也可能获取部分所需要的知识，也可能一无所获。

"咂嘴"的动作。一般认为，儿童模仿是从无意、不自觉的模仿向有意、自觉的模仿，从外部的模仿向内心的模仿发展的。皮亚杰（1997）认为，在感知运动阶段（两岁以前）的儿童能形成一种有关身体动作的外部表征；约到两岁末，儿童获得了掌握模仿的充分能力，从而使儿童能从外部（动作）表征向内部（思维）表象过渡，初期绘画或心理表现等直接依赖于模仿。与成人比较起来，儿童有更强的模仿倾向，这与儿童缺乏生活经验，缺少独立性有关（当然，我并不是说成年人不存在模仿）。除了模仿，年长的人们对儿童的言传身教，以及自身对于环境的体验或者实践，儿童逐渐掌握一些知识。儿童日益成长，从而适应这个社会，并参与到社会的竞争中。所以，总体而言，模仿在生命的早期阶段是一种重要的学习方式，有关新生儿和婴儿的研究已经证明了人类个体可以通过模仿来学习新的行为；模仿还有助于个体更好地适应社会环境，与他人建立良好的人际关系（陈武英、刘连启，2013）。

第二，每个人只能拥有人类社会整体知识中的某个片段或者局部。譬如说，与保姆比，我们做家务的技巧和水平较低；与工程师比，我们不会修电脑、不会修手机……我们只能根据自身的比较优势，参与分工，通过交换得到需要的东西。刘向的《说苑》中记载了这样一个故事：

> 甘戊使于齐，渡大河。船人曰："河水间耳，君不能自渡，能为王者之说乎？"甘戊曰："不然，汝不知也。物各有短长，谨愿敦厚，可事主不施用兵；骐骥騄駬，足及千里，置之宫室，使之捕鼠，曾不如小狸；干将为利，名闻天下，匠以治木，不如斤斧。今持楫而上下随流，吾不如子；说千乘之君，万乘之主，子亦不如吾矣。"

这个故事非常直观地告诉我们，世间万物，各有所长。每个人所掌握的知识侧重点不同，对于其他领域，自然是存在认知盲区的。

第三，知识的应用后果具有"非线性扩张"或者"爆炸式扩张"的可能性。人们无法预见一项技术创新的"后果"。（1）一些"卡脖子"技术出现之初，其"有用性"的显现和引起重视，有一个过程。譬如从当今的情况看，芯片（microchip）在第三次工业革命、数字经济及万物互联时代具有基础性、战略性地位。中国半导体及芯片产业经过若干年发展，目前仍然与全球先进国家或地区存在很大差距。但考察历史，中国发展半导体及芯片技术的起点并不低。美国人 1947 年发明了世界上第一个半导体——晶体管（赵斌，2015）；1959 年美国德州仪器科学家发明了集成电路（任真，1993）。而中国在 1956 年就制定了《1956—1967 年科学技术发展远景规划》，将半导体、计算机、自动化、电子学列为国内急需发展的高新技术（张久春、张柏春，2019）；1957 年中科院就成功拉制成第一根锗单晶，1958 年成功研制出第一支锗晶体管和硅单晶；1963 年制造出国产硅平面型晶体管；1965 年制造出第一个集成电路。这比同期的韩国、中国台湾的起步都要早（夏建白、陈辰嘉等，2006）。但是，我们当时并未足够认识到芯片问题的意义，以至于目前中国占全球芯片需求量的 45%，但 90% 以上的芯片需求仰赖进口（韩振、戴军等，2021）。2021 世界半导体大会上，中国工程院院士吴汉明甚至认为：中国想要完成芯片的国产化替代，还缺 8 个"中芯国际"（钱亚光，2022）。再如，阿司匹林可能是世界上使用最广泛的药物之一，而且使用时间也有 100 年以上了。但它的新功能，却不断被发现，如英国医生发现，孕妇服用小剂量的阿司匹林，可降低发生先兆子痫的几率（张涛，2002）；我国的医生发现，阿司匹林可以治疗急性心肌梗死（洪守祥，2020）。类似这种对药物"标签以外用途"的认知盲区，在医药行业中并不鲜见。（2）一项发明的更大价值的发现，也依赖于其他具有互补价值的发现。比如光缆传输，相对于铜线每秒 1.54 MHz 的速率，其运行速率达到了每秒 2.5 GB。到了 2011 年 12 月 1 日，武汉邮电科学研究院宣布，在一根光纤上，用正交频分复用技术方式传输的数据量超过 240 GB/秒，相当于每秒钟能适时传输 240 部容量为 1 G、长度为 40 分钟的高清电影。而今，射频信号光纤传输技术将模拟射频信号和光纤完美结合，兼具射频无线覆盖和光纤传输宽带、抗干扰以及低损耗的优势，被广泛应用于民用和军事领域，其中，2018 年全球卫星地面设备收入约 1252 亿美元（尹怡辉、朱宏韬等，2020）。（3）新技术的影响是非预期性的，因而是难以预测的。比如火药，作为中国古代的四大发明之一，实际上是炼丹的道士发明的，是为了炼制长生不老之丹。后来，火药被用于军事，并被阿拉伯人传到欧洲，在相当程度上影响了欧洲历史进程。

3.4　认知盲区、学习及其分类

人在学习之前是"一无所知"或者存在"认知盲区"的，需要通过（广义的）学习以获得知识而变成"有知"。

新古典经济学假设经济人有完备的知识，完全了解可用的手段和将要实现的目标，因此能够在现在和未来做出使其自身效用最大化的合理选择，以这种方法为基础的分析使经济学变成一种单纯的运算操作。实际上，无人具备有关可用手段的全部必要知识，人们经常对自己的目标感到无把握。

现实生活中，人们在与他人交往中常常受制于知识上的两种不足：（1）关于未来，人们只有不确定的知识（未来的不确定性），但必须预测未来以便行动。人们喜欢获得能减少不确定性和鼓舞信心的帮助。（2）人们在了解资源、潜在的交易伙伴以及他们的精确特征上具有"横向不确定性"，特别是当人们需要别人为他们做事时，常常不清楚那些代理人是否忠诚、可靠，会尽其所能还是消极怠工（shirking）。

认知盲区的存在，意味着人类面临不确定性和风险。为了获得最大化收益或效用，人们在约束条件下开展"学习"（即认知盲区消除的过程），以获得必要的"知识"①（即认知盲区消除的结果），弥补这些不足。正如古人所说，"临渊羡鱼，不如退而结网"——想吃鱼却抓不着，就会想办法抓鱼。如何实现抓到鱼的目的？从现实看，有三类途径：自己不断探索，摸索出抓鱼的方法；观察和模仿捕鱼能手的办法，然后自己尝试抓鱼；拜捕鱼能手为师傅，学习捕鱼知识。

可见，在消除认知盲区的过程中，学习者所接触到的新知识的来源和形式不同，它可以是自己直接接受来自客体的知识，也可能是从其他人与客体的相互作用中获得关于客体的知识，还可以是接受关于客体的符号化的知识，按照这种知识来源形式的不同，本书把学习方式分成三类："干中学"、模仿、传承。

3.4.1 "干中学"

"干中学"（learning by doing），相当于心理学上的强化学习（reinforcement learning）或者试错（trial and error，也被译为"交互—试错"）学习。强化学习是指从环境状态到行为映射的学习，以使系统行为从环境中获得的累积奖赏值最大②。该方法不同于监督学习技术那样通过正例、反例来告知采取何种行为，而是通过试错机制来发现最优行为策略。

美国心理学家桑代克（Edward L. Thomdike）通过观察猫开

---

① 灵感（inspiration），通常也是认知盲区消除的结果。
② 此定义转引自李晨溪、曹雷等（2017）。

笼取食的学习历程[①]，首次提出了试错律。一只被关在笼子里的猫，因为饥饿而找寻食物，可是它没有办法出去。于是，它开始尝试错误。此时，它会出现很多随机性的行为（B_1、$B_2 \cdots \cdots B_n$）。所谓随机性，就是没有特定规律的，如撞门、踢门、抠门。而它撞门、踢门都没有效果，直到有一个行为——抠门，产生了效果。这就叫作尝试错误。也就是说，你做了很多随机性的行为去尝试，如果是错误的话，该行为就会下降，你下次可能避免这种错误的行为。

图 3-3 表示个体直接以行动获取经验，并转化为知识的过程。举例来说，一个小孩子去碰开水被烫，觉得很痛（经验），于是他得知：有人在烧开水时不要去碰（知识）。

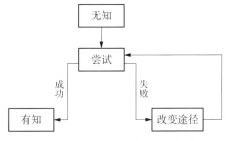

图 3-3　知识获取的"干中学"模式

图 3-3 所示，在经济学上类似于阿罗的"干中学"模型[②]。按照阿罗的表述，不脱离生产岗位，不通过学校教育，只要在工作中

---

① 此案例转引自姜有为（2015）。

② 陈艳莹、鲍宗客（2012）认为 R&D 和"干中学"是两类知识积累方式；李尚骜、陈继勇等（2011）则认为 R&D 过程需要人力资本投入，新技术的研发通过干中学获得。实际上，狭义的 R&D 是"干中学"的一种类型，只不过，它偏于组织中的学习，因而，如魏守华、顾佳佳等（2019）所说，R&D 的知识之所以能被有意识或无意识地扩散，是由其半公共产品（部分排他性和部分竞争性）和半流动性的属性所决定的。需要强调的是，广义的科学研究与试验发展（R&D）不仅含有"干中学"，还可能包含有模仿，甚至是传承。

训练与积累经验，也能够形成人力资本。阿罗用累积总投资表示经验和学习。假定经济增长过程中的要素投入分为有形和无形的要素投入，学习和经验本应属于无形的要素，在"干中学"模型中，由于累积总投资表示学习和经验，于是学习与经验这些意味着技术进步的无形要素投入就以有形要素投入形式表现出来。这样，技术进步内生化的设想得以实现。

美国经济学家罗默（Romer，1986）认为，阿罗的"干中学"模型存在一些缺陷：（1）在阿罗模型中，技术进步是一个渐进的过程，其实，技术进步有时是突变的、跃进式的。（2）从干中学，只能反映经验积累的一部分，经验积累应是多方面的，如产品过程中的经验积累，对技术进步起着推动作用。（3）技术研究包括应用部分的研究和基础性的研究，应用部分的研究有递增的收益，而基础性的研究的收益是递减的。

比较阿罗的观点与心理学的研究，再参考上述的罗默对于阿罗观点的评述，我认为心理学对于"干中学"的研究更接近实际。我们可以用心理学中的基于强化的学习模型描述"干中学"。该模型不要求局中人（player）[①] 形成有关其他局中人可能行动的信念（对手是谁对局中人来说并不重要，即不要求局中人拥有有关对手的任何知识），只要求强化物来自于局中人过去行动的支付，随着时间的演化，局中人调整自己的行为，使得能够获得较高支付的行为更多地被采用，智能围棋程序"AlphaGo"，在 2016 年 3 月战胜李世石，2017 年 5 月战胜世界围棋冠军柯洁，被认为是"强化学习"的功劳（李晨溪、曹雷等，2017）。罗斯和埃列夫（Roth & Erev，1995）、斯隆尼姆和罗斯（Slonim & Roth，1998）等都深入研究过并应用这类学习模型来分析实验中所观察到的结果；莫奈等

---

① 也可译为决策主体、博弈参与者或者参与人。

人（Mnih et al.，2015）研究的深度强化学习（deep reinforcement learning），本质上不是单纯的"干中学"，而是模仿，应当予以区分。人工智能研究中，由于强化学习任务中多步决策的搜索空间巨大，如果能够获得一批人类专家的决策轨迹数据，便采用模仿人类专家的决策行为来解决这一困难，这被称为模仿学习，且这类模仿学习被认为是深度强化学习提速的重要手段（Argall et al.，2009）。

强化学习模型是一种基于心理学实验证据的模型，强化学习的关键就是：当一种行动导致了奖赏，即正的产出，那么这个行动在未来发生的概率就会增加。而一种导致惩罚，即负的产出的行动，在未来发生的概率就会下降。强化学习模型要求局中人用过去行动的支付来度量强化的强度，常用的主要有两种度量方法：（1）累计支付的强化强度；（2）平均支付的强化强度。这种学习的过程，可以使用 Roth-Erev 模型[①]描述。

假设局中人可选行动集合为 $a_i \in (a_1, a_2, \cdots, a_k)$，则在重复博弈的第 t 期和第 $t+1$ 期，两轮强化强度的更新：

$$q_{t+1}(a_i) = \begin{cases} q_t(a_i) + \pi & \text{在 } t+1 \text{ 阶段选择 } a_i, \text{得到支付 } \pi \\ q_t(a_i) & \text{在 } t+1 \text{ 阶段没有选择 } a_i \end{cases}$$

$$(3-1)$$

或者表示为：$q_{t+1}(a_i) = q_t(a_i) + I(a_i, y)\pi$。其中，$I(a_i, y)\pi$ 为示性函数（indicator function）[②]，表示当 $a_i = y$ 时，$I(a_i, y) = 1$；否则 $I(a_i, y) = 0$。

---

① 张维、赵志刚等（2017）采用人类主体实验的方法获得符合本国投资者学习过程的股价序列，来校验计算实验金融里 Roth-Erev 学习模型中的遗忘参数和类比参数。约斯特和李（Jost & Li，2014）则比较了不同的强化学习模型，如 Roth-Erev、Bush-Mosteller 和 SoftMax 强化学习模型，结果发现，功率指数为 1.5 的 Roth-Erev 的修改版本，性能最好。

② 也译作指标函数或符号函数。

如果强化强度来源于过去行动的平均支付，那么：

$$q_{t+1}(a_i) = \phi q_t(a_i) + (1-\phi)I(a_i, y)\pi \qquad (3-2)$$

假设每一时期的初始强化强度为外生的，则在 $(t+1)$ 期选择策略 a_i 的概率为：

$$p_{t+1}(a_i) = \frac{q_{t+1}(a_i)}{\sum_{i=1}^{k} q_{t+1}(a_i)} \qquad (3-3)$$

局中人根据上述这个概率的大小来选择具有最大概率的行动。

"干中学"是人类获得知识的一个重要途径。阿罗（Arrow，1962）曾指出："知识来自于实践。只有当人们去尝试解决问题时，知识才会发生，并且也只有在这种行动中才会产生知识。"工人从实际生产中获得的经验会提高工人的生产率，这意味着在任何给定的要素禀赋下，经济的生产可能性边界会向外扩张。这与通过教育获得人力资本的积累的作用相似，不同的地方只在于"干中学"不需要什么格外的资源投入：工人至少不必停止工作来学习，而受教育则要挤占工作的时间。

"干中学"作为知识经验最直接的来源，具有很多优点。（1）情景性：相对于传承的符号性、抽象性，"干中学"是从实践中开始，直接面对具体的问题、具体的约束条件，处于具象的情境中，形成的个人体验和经验知识，深刻而持久。（2）自生性：由于"干中学"基本上始于问题导向，目的明确，主动性强，自生性激励充分，外部监督需求相对少，学习的效率相对较高，学习的成果较为稳固。

当然，对不同的人而言，"干中学"产生的学习效果也会不一致。研究发现，受过大学教育的工人和受雇于大型企业的工人，比在小型企业中的受教育程度较低的工人更容易接受更多的培训，人力资本的提升也更明显；同时还发现，在刚开始工作的前三个月进行"干中学"的效果更加显著①。

3.4.2　模仿

模仿（imitation），也可称为社会学习（social learning）、替代学习（vicarious learning）或者观察学习（observational learning），即个体通过对其他人与客体的相互作用过程的观察而实现的信息、经验和知识增长②。个体不仅可以从自己的活动中获得经验和知识，而且可以通过对他人活动过程③及其结果的观察和分析，来丰富或改造自己的经验。比如，学生看到教师在电脑上演示一遍如何使用 EVIEWS 软件处理面板数据（panel data），便学会了操作④；如果教师只是按照教材讲授，而不进行示范，学生搞明白这一知识的周期将被拉长。

当然，这里所说的观察学习不仅是对具体行为的简单模仿，还可以是从他人的行为中获得一定的行为规则和原理（即抽象性观察学习），或者把各种示范行为的不同特征组合成新的行为（即创造性观察学习）。但本书所说的"观察性学习"又与阿尔伯特·班杜拉（Albert Bandura）的"观察学习"⑤内涵有所不同，本书的观察

---

① 这方面的研究情况，参见杨玉梅、宋洪峰等（2019）。

② 创立了社会学习论的心理学家班杜拉（Albert Bandura），将社会学习论区分为观察学习和模仿两种。我认为，二者并无区别。按照班杜拉的界定，观察学习是指通过观察榜样或他人的经验而学得知识。例如，当教师依笔顺写字时，学生如仔细观察，就可以通过其认知而模仿教师的书写行为，他甚至能在回家几小时后，依样写出生字。这些"观察学习"实质上都是模仿。

③ 活动影像也可以作为被模仿的对象。比如 Bazalgette（2022）发现，27 个月大的幼儿，在看电影的时候，会模仿电影人物的动作。

④ 当然，直接模仿的这种传递知识的方式，也可能存在知识漏损。后文拟予以具体分析。

⑤ 有关班杜拉的观点，详细参见成晓光（2003）。

性学习仅指对活的榜样行为的观察①，而不包括对符号性榜样的观察。另外，班杜拉用信息的接收、保持以及复制与再现来解释观察学习的过程，而实际上，观察并不是信息的单向接收，观察者是以自己的经验为基础去理解被观察者的活动的，包括理解活动的背景、活动的目标（用意）、对客体的操纵以及这种操纵的结果等，不同的观察者会从这一过程中获得不同的信息，形成不同的理解。就如互联网上一个"段子"所说，三个人一同学习英语单词"English"的读法，把"English"读为"应给利息"的同学，长大之后当了银行行长；读为"阴沟里洗"的，成了小菜贩子；读为"因果联系"的，成了哲学家。可见，观察的过程也是一个建构的过程，是主、客体相互作用的过程，是所观察到的信息与原有经验的相互作用过程。

关于模仿，可以用图3-4来描述。

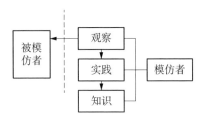

图3-4　知识获取的"模仿"模式

图3-4表示个体通过模仿他人的行动或者经验而获取经验，并转化为知识的过程。举例来说，一个小孩子看到别人碰开水被烫，且那个人表现出很痛苦的样子（经验），于是他得知：烧开水时不要去碰（知识）。

———————

　　①　例如人工智能中的机器学习、深度学习、深度强化学习等，都可以归入模仿。

哈耶克（2000）说："通过模仿进行学习的能力是人类在漫长的本能发展过程中获得的一种恩惠（benefits）。的确，除了天生的反应能力之外，主要通过模仿性学习来获得技能或许是人类个体从遗传方面而来的最重要的能力。"其实，早在古希腊时期，亚里士多德认为模仿是人类的自然倾向，是人的本能之一。达尔文则认为人和大多数动物都具有这种本能。这种对模仿行为的"本能论"解释，在社会心理学领域产生了巨大影响。比如，法国社会学家加布里埃尔·塔尔德（Gabriel Tarde）认为，整个社会现象包括人类的语言问题，都可以用模仿理论来解释[1]，他甚至把模仿看成是社会发展和存在的基本原则。

现在，社会学习理论家争论说，人类更大量行为的获得不是通过条件作用的途径而是通过示范、观察、模仿的途径进行的。没有哪位成年人去为一位少年设计一套学骑自行车的强化训练程序，绝大多数孩子都是先观察别人如何骑车，由别人告知一些要领，然后自己进行模仿练习而学会骑车的。按社会学习理论的说法，构成人的模仿对象的范围极其多样，不仅有别人的行为，而且像书籍、电影、电视、图画、情境……甚至企业投资行为[2]、政府行为[3]等均存在模仿。而今，不同学科的研究发现，诸如音乐（冯勇，2014）、

---

[1]　此处引述的加布里埃尔·塔尔德的观点，转引自冯月季（2017）。

[2]　有学者考察 2001—2015 年间我国上市公司新增投资的同行效应。研究表明，公司投资决策中确实存在同行效应。企业的新增投资与同行投资呈显著正相关关系，企业也会接收同行企业财务特征传递的信号修正自身的投资策略，即同行效应有模仿和学习之分。企业偏爱模仿同行中规模较大的企业。地方政府制定的政策会进一步加剧模仿效应，且不同产权性质的企业受同行效应及政策冲击的影响不尽相同。参见杨海生、柳建华等（2020）。不过，作者显然误解了"学习"，即将模仿与学习并列。

[3]　有学者利用 264 个地级市面板数据，采用拟极大似然估计方法（quasi-maximum likelihood），发现存在外部示范学习机制和竞争性模仿机制，并呈现出经济发展水平较低的"跟随者"更喜欢模仿经济发展水平较高的"领导者"发债的特征。参见钟腾、杨雪斌等（2021）。

舞蹈、纸币（顾春军，2015）等，均是模仿的产物。总之，一切信息载体都可能成为被观察、被模仿行为的来源。这就难怪他们要宣称模仿学习是人类学习的主要途径了。

人类之所以模仿，是因为存在认知盲区，通过模仿行为，可以减少盲区，应对风险和不确定性。比如模仿同构（mimetic isomorphism），主要出现于对不确定性的反应，或是组织战略模糊、技术匮乏，此时企业很可能会模仿同行特别是行业中领先者的做法。而实证分析证明，这种模仿是积极有效的（陈立敏、刘静雅等，2016）。

综合任寿根（2002）、吴延兵和米增渝（2011）、陈立敏和刘静雅等（2016），林春艳和孔凡超（2016）、傅元海和王晓彤（2018）等学者的分析可见，模仿将产生以下三方面的经济效应：

（1）模仿会产生正向经济扩散效应。在经济领域中，当先动者（示范人）采取一种正向经济行为后，例如，发明一项先进的生产技术或一种有效的组织形式，如果后动者（准模仿人）仿效先动者采取相同的行为①，根据模仿几何级数律，这种模仿行为会产生累积效应，使示范人的正向行为得以迅速传播、扩散。此处所谓的正向经济行为，是指能够带来正的经济收益的行为，它符合整个经济发展的趋向。

（2）模仿会产生逆向经济扩散效应。模仿的逆向经济扩散效应是指在经济领域中，当先动者（示范人）采取一种逆向经济行为后，例如，盲目扩大投资，如果后动者（准模仿人）仿效先动者采取相同的行为，则由法国社会学家塔尔德（G. Tarde）的模仿几何

---

① 实际上，后来者采取模仿策略，具有明显的降低成本的效果。据吴延兵、米增渝（2011），莱文（Levin）等运用美国 129 个产业中的 650 个产品数据研究发现，对于获得专利的产品创新和工艺创新而言，其模仿成本约为创新成本的 60%～80%；对于未获专利的创新而言，其模仿成本约为创新成本的 40%。

级数律或者如凯恩斯主义者的乘数—加速原理，这种模仿行为会产生逆向扩散累积效应，加大逆向行为的规模，加深逆向行为所带来的危害。

（3）模仿会产生二次创新效应①。在经济领域中，当先动者（示范人）提供一种优质示范品后，后动者（准模仿人）可能由于外部条件或内部条件的制约，无法进行完全模仿，只能进行部分模仿，且根据自身具体环境对优质示范品或其技术进行改造，使其更符合模仿人的条件，也可能不是由于外部条件或内部条件的制约，而是在模仿的基础上，发现优质示范品或其生产技术的不足，对其进行改造。这两种过程均可称为二次创新过程。日本在二次创新方面，具有骄人的成绩与经验②。例如，日本在二战（World War Ⅱ）后，计划发展钢铁工业，他们得到一个信息，就是奥地利有人在搞成氧顶吹转炉炼钢，那时炼钢都是用平炉炼钢，平炉炼钢周期很长，日本等到奥地利技术产业化后，购买了他们的专利，然后再进行改进，把尾气回收再利用，成为本土化技术，降低了成本，一举成功。③

当然，模仿也有其不足之处，体现在三个方面：

（1）需要被模仿的对象乃至行为。譬如经济转型过程中，并没有成功的经验可供借鉴，在一定程度上，只能采用"干中学"的方式。

---

① 任寿根（2002）认为中国引进"分税制"，就是成功的"二次创新"案例："许多发达国家都推行分税制……"，中国引进这项制度时，并没有照搬，例如中国将个人所得税划归地方。笔者认为，任寿根的观点存在问题：第一，西方推行分税制的国家是"个别"，而非"许多"；第二，中国实施分税制之后的效果，一直存在争议。从当前的情况看，越来越多的学者质疑这项制度。

② 程坦教授提醒笔者关注日本的"二次创新"经验，于是，笔者查阅并补充了下述文献。

③ 关于日本在二战之后引进外国技术和二次创新的相关研究文献很多，如张乃丽（1988）、热核（2007）、边恕（2001）、阎莉（2008）。

（2）对于那些不可言说的知识，模仿难以成功。正如《庄子·天道》所载："斫轮，徐则甘而不固，疾则苦而不入，不徐不疾，得之于手而应于心，口不能言，有数存焉于其间。臣不能以喻臣之子，臣之子亦不能受之于臣，是以行年七十而老斫轮。"常识可见，看见别人打太极拳，可以模仿其动作，甚至学得惟妙惟肖，但呼吸、运气等技巧则无法模仿。

（3）模仿者作为领先企业的跟随者，其产品通常受创新领先企业的市场挤压，只能在市场夹缝中求生存，竞争压力较大（吴延兵、米增渝，2011）。

3.4.3 传承

个体通过语言、文字、影像等符号与别人进行交流，在此过程中来理解其他人通过各种途径建构起来的知识[①]，其中包括人类世代积累下来的文化[②]、知识体系。这可以是学习一种操作方法、对某种现象的解释，也可以是学习一条规范（或曰制度）。这是人类特有的学习活动，人类文化之所以得以继承和发扬光大，在某种程度上，主要依赖于传承（inheritance）。

知识可以借着传承从教师、父母或者其他个体甚至介质（比如影像制品、特定学习场景[③]）获得，再配合原有的经验构成自己的知识库。例如图 3-5，小孩子并未碰过开水，可是教师（或者父

[①] 对于受传人而言，若经由传承获得别人的知识，却没有形成知识建构，那么，其获得的只是信息。

[②] 阿西莫格鲁和罗宾逊（Acemoglu & Robinson，2021）认为，文化和制度更像是兄弟姐妹，相互影响。他们将文化定义为历史上传播的信仰、关系、仪式、态度和义务模式，这些模式为人类互动提供意义，为解释世界、影响预期提供行动框架，约束人们的行为。我认为，阿西莫格鲁等人的定义本身就表明不能将文化和制度对立起来。实际上，不同语境中的文化，含义可能不同：它可以是知识，也可以是非正式制度。

[③] 也包括虚拟场景，比如虚拟现实（VR）、元宇宙环境中。

母）告诉他不要碰，因为会很烫（讯息交换），再加上他曾在大太阳下摸过铁板，被烫得很不舒服（经验库），所以他决定听教师（或者父母）的话（知识库），而不用手碰开水。

图 3-5 知识获取的"传承"模式

从根本上讲，传承是一种以一定介质为基础的符号交往过程，但不是单纯的符号交往，还包括信号再处置，从而实现知识转移。比如，美籍匈牙利数学家波利亚（2011，p.4）在数学课程教学中发现，想要提高学生的解题能力的教师，必须培养学生思维里对题目的兴趣，并且给他们足够的机会去模仿和实践（即前文所说的"干中学"）。其中的模仿和实践，便是信号再处置。

假设两个交往主体：A 和 B，他们各有一个知识库，K_a 与 K_b。A 为知识传递方，B 为知识接收方。A 将自己的知识库 K_a 中的某部分知识 R 传递给 B，并经由 B 的处理，进入 B 的知识库 K_b，成为 B 的知识的一部分。

推广到一般情况，修正汪丁丁（2001）的模型，假设存在主体 i 的知识库 K_i，$i \in I \equiv \{1, 2, \cdots, N\}$。那么，给定 K_i 中的部分知识 K_i^{part}，发送的符号为 S_i^K，则对于接收符号的主体 j，$j \neq i$，$j \in J \equiv \{1, 2, \cdots, N\}$，存在以下考量：

（1）j 获得 S_i^K 的边际成本以 j 的边际负效用来衡量，即：

$$MC_j(S_i^a, M_j^a) = \frac{\partial U_j(S_i^a, M_j^a)}{\partial S_{ij}^a} \qquad (3-4)$$

式中的效用函数 U_j 是符号发送主体的传递能力向量 $S_i^a \equiv$

$\{S_{i1}^a,\ S_{i2}^a,\ \cdots,\ S_{iN}^a\}$ 的减函数，并依赖于主体 j 对符号 S_i^K 的理解能力向量 $M_j^a \equiv \{M_{j1}^a,\ M_{j2}^a,\ \cdots,\ M_{jN}^a\}$，此处 M_j^a 是 j 对符号 S_i^K 的理解与 i 所期望传递符号 S_i^K 的交集。

（2）j 获得 S_i^K 的边际收益，以 i 的边际效用来衡量，即：

$$MU_i(S_i^a,\ M_j^a) = \frac{\partial U_i(S_i^a,\ M_j^a)}{\partial M_{ij}^a} \qquad (3-5)$$

（3）若存在联合投入产出关系 $F(S_i^a,\ M_j^a) \equiv 0$，则下式成立：

$$\max_{M_j^a} U_{ij}(S_i^a,\ M_j^a) > 0 \qquad (3-6)$$

可见，传递能力、接收能力等因素，制约着知识的传承效率与效果。（1）对于知识的接收能力，汪丁丁（2001）认为是"理解"①，即没有两个主体对同一符号的理解是一样的，理解上的差异导致了理解的成本，而且主体并非总能从加强对其他主体的理解中获得收益。从我们日常的观察可见，就同一班级而言，教师讲授的是同样的内容，学生们的学习成绩却存在必然的差异。当然，汪丁丁的观点不严密，因为理解与接收能力并不等同。从学术界的研究看（胡玮玮、温碹，2018），知识的接收能力，包括吸收能力、解码能力、运用能力、知识挖掘能力、学习能力等。（2）对于传递能力而言，是知识提供者或传递方传达知识给潜在的接收者的能力。胡玮玮、温碹（2018）归纳发现，学者们将知识传递能力概括为：表达能力、知识转化能力、评估知识接收者需求与能力的能力、编码能力。这些能力，其实可以归结为一种：叙事能力。叙事，本质上是讲故事。罗伯特·希勒（2020）研究了流行叙事对经济社会和人的行为的影响，表明塑造和影响叙事和话语对于传递经

---

① 作为符号交往行为的理解，其成本与收益可以归结为理解的主体在效用上的支出与收益。

济学知识，影响经济决策等具有重要意义。（3）传递的介质。知识传递的介质，包括语言、文字、数字或其他媒介。不同介质传递知识的侧重点不同，从而，适用的范围不同。胡玮玮、温廼（2018）总结认为，显性知识可以通过书籍等媒介来转移；而内隐知识需通过人际互动过程来实现转移。实证分析发现，无论是哪一类知识，在传递的过程中，介质的选择，很重要。西尔瓦尼（Silvani，2020）发现，教授高二年级的学生写作技巧时，使用动画电影作为教学媒体，平均分数从前测的 75.68 上升到第一周期后测的 78.71 和第二周期后测的 83.55。而赫伯特等人（Hébert et al.，2020）则发现，即便是考虑了叙事问题，不同的介质和方式，也有差别。他们测试了不同叙事类型的培训视频（新闻视频、戏剧视频和动画视频）对知识获取的影响。结果表明，与对照组相比，三类视频都显著提高了知识水平，但提高的程度有差别：新闻视频为 12.31%，戏剧视频为 20.58%，动画视频为 18.91%。（4）知识传承过程中，可能存在干扰因素，比如教师传授知识的时候，受当局审查、传承场所的噪音、知识的内隐程度、传递者和学习者的意愿等影响，学生对于知识的接收受到干扰。（5）还存在其他因素，比如知识传承中，由于传递链条的延伸，导致知识数量和质量的衰减；还比如，由于边际效用递减，群体的偏好发生转移，对于知识传承的形式与结构等发生改变，故存在这种说法："凡一代有一代之文学，楚之骚，汉之赋，六代之骈语，唐之诗，宋之词，元之曲，皆所谓一代之文学，而后世莫能继焉者也。"（王国维，2014，"自序"）

与其他两种学习方式相比，传承式的学习具有以下优势：（1）概括性：它能超越具体情境的限制，从现实中抽象出来，形成对事物或现象的一般化概括，掌握基本的原理（即解决问题的"工具"）；（2）系统性：借助语言、文字、影像等符号，学习者可以系统地学习各种学科的知识，把握其知识体系，甚至形成自己的知识体系；（3）高效性：它有可能大大缩短个体知识获得的过程，而不必花费大量时间去探索。

当然，以上所说的这些优势只是一种可能，是潜在的、有条件的，这个条件就是学习者自己的建构活动，不注意这一条件的限制，一是传承性学习将有教条化、简单化和形式化的危险。约翰·杜威（1991）曾对这种危险作过精辟的阐述：首先，用符号来代表意义有个前提，这就是学习者要有与之相关的实际经验，否则文字就无法理解，只是对知识有了字面的了解，只是具有重复警句、时髦名词、熟知命题的能力，就沾沾自喜，自以为学富五车，从而把心智涂上一层油漆的外衣，使得思想再也无法进入，这比真正的无知更危险；其次，人们由于懒惰而接受流行的观念，而不做调查和验证，从而以在语言中体现出来的别人的观念代替了自己的观念，阻碍了新的探究和发现；再次，如果只是要求学生背诵知识，套用公式，这会使他们养成机械的学习态度，而且以文字代替了对事物意义的探究。二是传承功效失灵，即受教育者所获得的东西不能转化为解决问题的能力，只是一种存入头脑中的"符号"。就如印度电影《三傻大闹宝莱坞》（3 Idiots）所描述的，初中生都学过"盐水具有强导电性"的知识，却很少有人会用，但兰彻（Rancho）灵活运用这一知识，制作了一个简易的导电装置，让那位羞辱大学新生、向新生宿舍门口撒尿的学长受到教训；又比如，教授提问"什么是机械"，大多数人只会按照教科书上的定义予以背诵，只有兰彻明白机械的真正含义，说"凡是节省人力的东西都是机械"，甚至举例子说，裤子上的拉链也是机械。

需要强调的是，有的传承可能具有"误导性"。一些不切合实际的或者具有负面作用的知识，可能经由传承而得到流传，进而束缚或者禁锢人们的思想。譬如中国传统的专制思想，传承近两千年，到了近代经过"洋务运动""五四运动"等近百年的现代化运动，尚未根除，在某些领域依然发挥作用①。

其实，中国古人早就有过高度精练的概括："读万卷书，行万里路"，或者"尽信书不如无书"，"纸上得来终觉浅，绝知此事须躬行"。甚至有寓言故事"点拨"世人，如"郑人买履"，讽刺某些读书人只会按照书本知识向现实套。

3.5 学习与认知盲区的消除

如前文所给的界定，认知盲区是指人类所需要的知识与已经掌握的知识之间的差或者说认知盲区是已知知识的补集，从而，认知盲区的消除意味着缺乏知识的人们通过学习获得了所需要的知识。其中，"学习"强调的是过程；"认知盲区的消除"，包括过程和结果。

假设其他条件都不变，学习成果与遗忘程度直接相关。

学习（特别是传承）离不开记忆，一切学习活动都是从记忆开始的。记忆是人脑对过去经验（知识）的保持和提取。19 世纪末，德国心理学家艾宾浩斯（Ebbinghaus）开创了对记忆的实验研究，他对实验的结果进行数量分析，从中发现了保持和遗忘的一般规律。艾宾浩斯首先对遗忘现象做了系统的研究，他以自己为被试，用无意义音节作为记忆的材料，进行了为期 31 天的记忆测试。实验结果制成一条曲线，称为艾宾浩斯遗忘曲线②，见图 3 - 6。

该研究结果显示，在记忆初始阶段，记忆保有量接近 100%；

---

① 更多论述参见刘正山（2007）。

② 汪丁丁（2002）认为，"干中学"以及由分工和专业化引起的全部学习过程，都可以表述为"通过重复同一定做来克服遗忘曲线"的学习过程。他认为，专业化程度越深，遗忘曲线的影响越小。我认为，这是形成专用性人力资本的后置措施之一。换言之，人力资本专用性导致分工，分工反过来加深了人力资本专用性，甚至导致某种程度上的"锁定"。

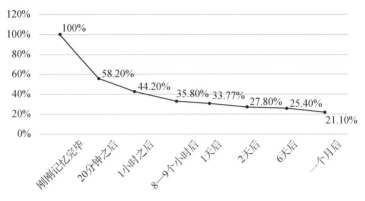

图 3-6　艾宾浩斯遗忘曲线

20 分钟后，记忆保有量锐减到 58.2%；一小时后，降至 44.2%；一天后，只剩 33.7%，两天后，剩下 27.8%，一个月后，只有 21.1%。

　　艾宾浩斯遗忘曲线表明了遗忘发展的一般规律：遗忘进程不是均匀的，在识记的最初时间遗忘很快，后来逐渐缓慢，而一段时间过后，几乎不再遗忘了。即遗忘的发展是"先快后慢"[①]。

　　进一步的研究表明，除了受时间因素制约以外，记忆还受其他因素制约。比如，就识记材料的性质而言，一般来说，熟练的动作遗忘得最慢，就如我们从小学习骑单车，长大之后，即便是多年不骑车，也不会忘记骑车的技能。又如，熟记了的形象材料也容易长久保持。有意义的文字材料，如诗歌要比无意义的材料保持得多，

----

　　① 有人根据遗忘曲线的启示设计了半月的词汇复习方案，以"学困生"为实验，复习牛津英语教材，每册英语书有八个单元。用 Unit1—Unit8 表示。第一天复习 U1，第二天复习 U2，第三天复习 U1 和 U2；第四天复习 U3，第五天复习 U4，第六天复习 U3 和 U4，第七天则复习 U1 至 U4 四个单元。因此，15 天内可以复习完全册的八个单元。这样每个单元在 15 天内可以再现 4 次，其间隔分别是：1 天—3 天—7 天—15 天。结果显示，参与实验的"学困生"，平均分超过了班级平均分，参与实验的学生还有进入前十名的。参见姚春苗（2021）。

遗忘得慢；歌曲又比诗词更容易记忆。

关于学习对于消除认知盲区的作用，可改进蔡惠京、吴晓红（2001）的知识增长模型描述如下：

假设，$A=\{a_1, a_2, \cdots, a_m\}$：人类的一部分，其中 A 中的元素表示个体的人；$k(A, t)$：群体 A 在 t 时刻的知识拥有量。当 $A=\{a\}$ 时，记 $k(A, t)$ 为 $k(a, t)$。当 $A=\{$全人类$\}$ 时，记 $k(A, t)$ 为 $k(t)$。

$k_1(A, \Delta t)$：群体 A 在时间段 $[t, t+\Delta t]$ 内通过学习（包括干中学、模仿、传承）获得的知识量；

$k_2(A, \Delta t)$：群体 A 在时间段 $[t, t+\Delta t]$ 内遗忘掉的知识量；

α：群体 A 的学习能力；

γ：群体 A 的知识遗忘速率；

那么，在时间段 $[t, t+\Delta t]$ 内，群体 A 的知识增长量 $\Delta k(A, \Delta t)$ 为：

$$\Delta k(A, \Delta t)=k(A, t+\Delta t)-k(A, t) \qquad (3-7)$$

另外，$\Delta k(A, \Delta t)$ 还可以写成：

$$\Delta k(A, \Delta t)=k_1(A, \Delta t)-k_2(A, \Delta t) \qquad (3-8)$$

那么，在时间段 $[t, t+\Delta t]$ 内，群体 A 的平均知识增长率 $\overline{k}(A, \Delta t)$ 为：

$$\overline{k}(A, \Delta t)=\frac{\Delta k(A, \Delta t)}{\Delta t} \qquad (3-9)$$

则 $\qquad k'(A, t)=\lim_{\Delta t \to 0}\overline{k}(A, \Delta t) \qquad (3-10)$

$k'(A, t)$ 就是群体 A 在 t 时刻的知识增长率。

定义 $\alpha(A, \Delta t)$，$\gamma(A, \Delta t)$ 分别为群体 A 在时间段 $[t, t+\Delta t]$ 内的平均学习能力和平均知识遗忘速率。

其中，
$$\alpha(A, \Delta t) = \frac{k_1(A, \Delta t)}{k(A, t)\Delta t} \tag{3-11}$$

$$\gamma(A, \Delta t) = \frac{k_2(A, \Delta t)}{k(A, t)\Delta t} \tag{3-12}$$

令
$$\alpha(A, t) = \lim_{\Delta t \to 0}\alpha(A, \Delta t) \tag{3-13}$$

$$\gamma(A, t) = \lim_{\Delta t \to 0}\gamma(A, \Delta t) \tag{3-14}$$

则它们分别为群体 A 在 t 时刻的知识学习能力和知识遗忘率。为简单起见，把它们分别记为 α，γ。

由定义知：α，$\gamma \geqslant 0$

由（3-8）、（3-11）、（3-12）式，（3-9）式可以写成：

$$\bar{k}(A, \Delta t) = [\alpha(A, \Delta t) - \gamma(A, \Delta t)]k(A, t) \tag{3-15}$$

再由（3-12）、（3-13）、（3-15）式，（3-10）式可以写成：

$$k'(A, t) = (\alpha - \gamma)k(A, t) \tag{3-16}$$

（3-16）式就是知识增长方程。

因为 α、γ 不仅与时间变量有关，还与知识量 $k(A, t)$ 有关，所以知识增长方程一般为非线性的。一般地，求解知识增长方程是比较困难的。

当 $A = \{a\}$ 时，知识增长方程为：

$$k'(a, t) = (\alpha - \gamma)k(a, t) \tag{3-17}$$

因为 $k(a, t) \geqslant 0$，所以要使个人知识增长率 $k'(a, t) > 0$，当且仅当 $\alpha - \gamma > 0$。$k'(a, t) < 0$，当且仅当 $\alpha - \gamma < 0$。

所以，可以得出结论：在 $\alpha - \gamma > 0$ 的时间段内，个人的知识量呈增长趋势，在 $\alpha - \gamma < 0$ 的时间段内，个人的知识量呈减少趋势。所以，要想保障知识量呈增长趋势，应该提高个人的学习能力，减少知识遗忘速率。

如果当 $t \in [t_0, T]$ 时，$\alpha = 0$，$\gamma > 0$ 为常数，那么知识增长方程为：

$k'(a, t) = -\gamma k(a, t)$，设 $k_0 = k(a, t_0)$ 为初始知识量，可以解得：

$$k(a, t) = k_0 e^{-\gamma(t-t_0)} \qquad (3-18)$$

上述该模型只是从理论上说明，人类知识的增长在于通过学习，消除认知盲区；但由于遗忘等因素的存在，认知盲区在某种程度上具有不可消除性。

需要强调的是，盲区之不可消除性，并不仅仅在于遗忘，在很大程度上也与前文所述的传承所面临的三个约束条件有关，即传承性学习或有教条化、简单化和形式化的危险；传承功效可能失灵；有的传承可能具有"误导性"。在某种程度上，这三个条件甚至比遗忘更为重要，导致认知盲区不断复制甚至滋长。正如艾伦和莱塞（Allen & Lesser，2018）所说，在人类社会中，无知允许学习，但学习会产生新的无知。

4 认知盲区的消除、专用性
人力资本与分工的起源

自亚当·斯密 1776 年出版《国富论》以来，关于分工与专业化的经济理论伴随着经济学的发展，经历了由经济学研究的核心问题到逐渐在主流经济学框架中消失，再到重新引起部分学者的重视和得到某种程度发展的过程[①]。但是，到目前为止，对于分工的起源、主流经济学的分析范式为何忽视分工等问题，缺乏有力的解释；经济学家们对劳动分工的决定因素仍知之甚少（Depetris-Chauvin & Özak，2020）。反倒是生物学家对微生物和动物的分工研究较多（Cooper & West，2018；Dragoš et al.，2018）。本章将对分工的内涵，分工研究的历程，分工、认知盲区与专用性人力资本的关系等予以分析。

4.1 分工的内涵探析

亚当·斯密在《国富论》中并没有给出"分工"的定义。所

[①] 需要特别提及的是，这种"重新重视"，也只是杨小凯、黄有光等少数学者，分工问题尚未进入当前主流经济学，也没有引起主流经济学的足够关注与重视。从文献检索可以看到，截至 2022 年 5 月，除了追随杨小凯、黄有光等的华裔学者，海外主流经济学界对劳动分工的关注并不多。这方面的研究综述，也可参考经济科学出版社 2016 年出版的《新帕尔格雷夫经济学大辞典（中文第二版）》第 2 卷第 460—467 页的"劳动分工"词条。

以，德国经济学者弗里德里希·李斯特（1997，p.132）说："'分工'这个说法是欠明确的，势必由此发生错误或模糊的见解。"马歇尔在《经济学原理》中同样没有给出分工的定义，也没有区分不同形态的分工，例如他在该书第四篇第九章中，把企业组织内部的分工与组织外部的一般性社会分工混淆。杨小凯、黄有光等学者的分工理论，依然存在对不同分工形态的概念混淆。如杨小凯并没有给出分工概念的确切定义（赵志君，2018），把分工产生的效率笼统地表述为"专业化经济"；他研究的是一般性和特殊性的社会分工，却用企业组织内部的分工来说明问题（杨小凯，1999）。至于杰克和琼斯-杨（Jakee & Jones-Young，2021）的研究，也只是重复了杨小凯的分工观点，此不赘述。总之，从各种著作看，分工具有不同的形态。但是，这些分工形态往往被混淆，需要加以区分。

4.1.1　社会分工与组织内部分工

按照马克思的观点，社会分工是指社会生产力的发展而引起的单一的生产群体分化为互相独立而又互相依赖的部门。社会分工既包括不同部门之间的分工，如工业、农业、商业的分工，也包括部门或组织内部的分工，如工业中冶金业、机器制造业、纺织业等的分工。

恩格斯在《家庭、私有制和国家的起源》中提出人类社会的三次社会大分工，"游牧部落从其余的野蛮人群中分离出来——这是第一次社会大分工；第二次大分工：手工业和农业分离；分工的进一步扩大是生产和交往的分离，是商人这一特殊阶级的形成"。

在马克思和恩格斯的基础上，谢长安、程恩富（2016）提出，"可以将由科学、教育、文艺、卫生、体育、旅游等生产的特殊形态所构成的广义文化部门（亦称大文化部门）的出现，看作一次社会大分工——第四次社会大分工；将以计算机为核心的信息部门的出现称为第五次社会大分工"。

至于组织（如企业）内部的分工，早期是在工场手工业发展阶段产生的。亚当·斯密在《国富论》第一篇中论述的劳动分工，实际上是组织内部的分工。斯密以扣针制造业为例，说明在 18 种操作分别由 18 个人承担的条件下，劳动生产率大幅度提高。

钱书法和李炳炎等（2011）提出，20 世纪中叶以来，作为社会内部分工、企业内部分工相互融合、相互替代的产物，一种新的社会分工形态——企业社会性分工（亦称"企业网络分工"）开始出现。所谓"企业社会性分工"，即若干家企业在一定空间或产业领域以某种或某几种联系方式组成一个相互依赖的企业簇群，进而合作生产最终产品的社会分工形式。但我认为，所谓企业社会性分工，并非新的分工形式，它是社会分工的一种，是不同部门之间的分工。

4.1.2 劳动分工与知识分工

古典经济学所说的分工，实际上是劳动分工。劳动分工，一般被定义为这样一种生产方法：劳动者在经济活动中各有其专门从事的某些工作，然后合并起来。如果同一个生产过程由不同的个人或组织协同完成，至少是由两个人或组织完成，那么分工就产生了。分工就是两个或两个以上的个人或组织将原来一个人或组织独立完成的生产过程分为不同的生产环节或职能，每一生产环节或职能分别由每个人或组织完成。这样，每个人或组织专门进行某一生产环节或职能就是生产或劳动的专业化。

哈耶克认为，除了劳动分工，知识①的分工甚至更重要。在哈耶克看来，知识分工"至少是与劳动分工同等重要"的问题，甚至

---

① 哈耶克所说的知识，有时候指的是信息。

是经济学中的"中心问题"。他分析说，既然个人只能掌握部分知识，要达到"均衡"状态，需要对拥有不同知识的个人进行协调。显然，每个人只能根据自己拥有的知识行动。一旦与行动有关的外界情况发生了变化，或者个人在行动过程中发现了一些新信息，则行动者就可能会改变其行动。因此，"为了达到均衡，一个人所必须拥有的那种相关知识，乃是根据他的原初状况而注定能够获得的那种知识以及他在当时制定的那些计划"（哈耶克，2003，p. 77）。把掌握不同知识或信息的行动者协调起来，价格机制作为人类社会最伟大的发现，担当着这一职能。与马歇尔不同的是，哈耶克认为人们不需要知道某种产品的详细的生产情况，不需要知道需求者对该产品的偏好，也不需要知道这种产品的原材料的稀缺程度，该种产品在市场中的价格传递了足够的信息，这些信息指导着企业家们是增加对这种产品还是减少对这种产品的生产；同时指导着消费者增加或减少对商品的购买。显然，哈耶克分析的重点，并非真正或单纯的知识分工，而是强调每个人知识或信息的占有不同，从而计划经济体制是不可行的。

4.1.3　自发性分工与强制性分工

我在《银行的本质》（刘正山，2004）一文中，将分工界定为：分工指按不同技能或社会要求分别做各不相同而又互相补充的工作，包括分工安排的过程（包括不同工作、产业和产业组织的安排）与分工安排的结果（即分工的结果是各种专业化的产业和产业组织的产生）。

关于分工的类别，我将之区分为两种：强制性分工和自发性分工。所谓强制性分工，指的是经济社会中的分工是人为地、强制地安排的，即各种工作类别、产业和产业组织等都是有意设计的，而不是在自发的演化和参与者通过公平竞争与产权的自愿交易的交互作用中出现的。与强制性分工相反，自发性分工指的是社会经济中的分工是经济活动中参与各方，通过公平博弈和自愿选择的结果。

4.1.4 主观分工与客观分工

德国学者弗里德里希·李斯特在《政治经济学的国民体系》（1997，p. 132）中提出，分工可以划分为主观分工和客观分工。客观分工，指的是同一个人把他的工作划分了一下，例如，一个未开化时代的人在同一天打猎或者捕鱼、砍伐树木、修补房子、制作渔网、制作衣服。主观分工，指的是几个人分担一种事物的生产工作，例如，亚当·斯密列举的制针工业的不同操作中，由 10 个人分司其事。

这两种分工的意义不同。与主观分工相比，客观分工阻碍生产力的进步。也就是说，建立在协作生产上的分工，才是阿林·杨格所说的经济增长的源泉。譬如亚当·斯密列举的制针工业的案例，10 个人联合起来比每个人单干时的产量扩大了数十乃至数千倍。如果我们检查一下会发生这种现象的原因时，就会发现这种商业动作上的划分，要是没有生产力朝着一个共同的目的时的联合，在生产上的推动作用就很小。从文献看，李斯特的分工理论没有引起学术界的关注。

4.2 分工理论研究的评析

早在公元前 380 年，柏拉图（Plato）就论述了专业化、分工对增进社会福祉的意义，认为分工是市场和货币的基础。17 世纪末，威廉·配第也认识到专业化对生产力进步的作用，认为荷兰人之所以有较高的商业效率，在于他们使用专用的商船来运输不同的货物。此外，威廉·配第（1960）还举了一个表厂的例子来说明分工的好处。

　　真正开始对分工进行系统而深入的经济分析的是亚当·斯密。正如熊彼特（1996，p. 285）所说："无论在斯密以前还是在斯密以后，都没有人想到要如此重视分工"。亚当·斯密在《国富论》中对分工理论的研究主要集中在前三章，它们分别从分工之于生产力的推动作用、分工产生的缘由以及分工受市场范围限制三个角度阐述了分工。对于分工的重要性，斯密在这本书的开篇首句便说道："劳动生产力上最大的增进，以及运用劳动时所表现的更大的熟练、技巧和判断力，似乎都是分工的结果。"[①] 在其他作品中，斯密提出了一些假设：市场容量由运输效率决定；分工水平由市场大小（或范围）决定；资本是迂回生产活动中提高分工的工具。他还提出了相当于现代理论中内生比较优势的观点，并认为相同条件的个人之间的生产率差别是分工的结果，而不是分工的原因[②]。

　　亚当·斯密之后，又有一些古典经济学家着重研究了分工与专业化问题。大卫·李嘉图（1962）采用了不同的方法来研究专业化与分工。他强调外生比较优势与分工的关系。按照大卫·李嘉图的理论，只要存在比较优势，即使没有绝对优势，仍可能存在贸易的好处。因此，许多经济学家认为大卫·李嘉图的比较优势概念比起亚当·斯密的分工经济理论是一个进步。但是，按照亚当·斯密的定义，分工产生于个人生产率的事后差异，因而，比较利益可能存

---

　　① 这一观点颇具洞察力。当然，不同类型的分工形式，效果差异很大。从历史看，真正起到飞跃式发展的分工模式是装配流水线。一个典型的案例是："1914 年，亨利·福特（Henry Ford）推出了革命性的汽车装配流水线，使得汽车生产的规模大幅度提高，成本下降，人类历史上首次开始生产普通劳动者能买得起的汽车。"参见官阳（2020）。但也有文献认为，1769 年，英国人乔赛亚·韦奇伍德开办埃特鲁利亚陶瓷工厂，是装配流水线的开端。总体而言，当这种装配流水线（assembly line）的分工模式被引入各个领域，对产出的提升是几何级的。这是分工的重大意义。

　　② 当然，本书不同意这种看法。参见后文的分析。

在于所有个人事前相同的场合，而按照大卫·李嘉图的定义，在这种情况下比较优势不可能存在，也就没有贸易产生的动因，只有个人生产率的事前差异产生分工。大卫·李嘉图的比较优势概念使得经济学家的研究重心从涉及经济组织问题的内生比较优势转向与资源配置问题联系密切的外生比较优势。

不过，亚当·斯密等古典经济学家关于分工的概念并没有被近现代的主流经济学家所重视。斯蒂格勒（Stigler，1976）说："在我看来，斯密的例子同今天我们看到的关于专业化作用的例子具有同样强的说服力。但据我所知，迄今还没有证据表明在他之后分工理论取得过显著的进步，从而专业化也就没有成为现代生产理论中不可分割的一部分。"

按照杨小凯和张永生（2000，p.23）的观点，造成这种结果，应该归功于马歇尔。1890年马歇尔《经济学原理》的出版，标志着新古典经济学的形成。这本著作有两部分，其中，第8章至12章是没有数学模型的对专业化和分工问题的洞见，而另一部分是用边际方法分析供给和需求，成功地将古典经济学中相对不太重要的有关资源配置问题数学化。这里，资源配置问题就是指在给定的稀缺度和给定的分工模式和水平条件下，确定不同产品最优的相对数量以及生产这些产品的最优相对要素数量。相反，组织问题则是给定相对生产和消费量，分工规模水平和生产力是怎样由分工的好处与交易成本之间的两难冲突所决定。

杨小凯和张永生的观点似有偏颇。实际上，马歇尔并不认为分工是普遍重要的。马歇尔声称，在低级工作上，极端专门化能增大效率，而在高级工作上，则不尽然。在科学研究中以下一点似乎是一个正确的法则：研究的范围在青年时代应当广泛，而随着年事日增，就应当逐渐缩小。马歇尔举例说，一个医师总是专门研究某一种疾病，而另一个医师靠了较广的经验来研究这种疾病与一般健康的关系，然后逐渐越来越多地集中于这种疾病的研究，因而积累了丰富的专门经验和精细的本能，在这种情况下，前者即使对他的专门问题的意见，恐怕会不及后者那样高明。①

但无论如何，分工理论在马歇尔之后逐渐淡出主流经济学。新古典综合派的代表人物萨缪尔森，在 1948 年出版的《经济学》教科书中，对于分工与专业化只是略有提及，而在他之后，分工与专业化、经济组织问题就在主流经济学中彻底地被边缘化了。新古典经济学的分析框架包括两个部分，微观经济学就是马歇尔的供求分析；宏观经济学则是凯恩斯经济学，它试图解释马歇尔不能预见到的许多经济现象。自 20 世纪 50 年代后，萨缪尔森的著作成为教科书的样板，它不再强调专业化和分工的问题。此后的经济学教科书都只是象征性地仅用一段文字描述专业化和分工的古典思想。在一般教科书中，斯密的内生比较优势概念没有被发展成个人专业化水平内生模型，可是大卫·李嘉图的外生比较优势模型却能见到②。

对于经济理论日益忽视分工、经济组织问题的倾向，一些经济学家表示了忧虑和不同见解。阿林·杨格（1996）对分工进行了深入分析。为了发展斯密的思想，阿林·杨格从庞巴维克那里借用了"迂回生产"这个概念，但与奥地利学派的资本理论不同，阿林·杨格的迂回生产不取决于利率水平，而取决于市场规模的大小。在斯密定理③的基础上，阿林·杨格提出的迂回生产理论把分工理论向前推进了一步。阿林·杨格用三个概念来描述分工：个人的专业化水平，这种专业化水平随个人活动范围的缩小而提高；间接生产

① 更多论述，参见［英］马歇尔（2011，p. 301）。
② 林毅夫构建的新结构经济学，本质上是比较优势理论的发展。参见刘正山（2012）。
③ 斯密定理（Smith theorem），即市场范围决定分工。

链条的长度；此链条上每个环节中产品种类数。后人认为杨格定理的命题由三个部分组成[1]：递增报酬的实现依赖于劳动分工的演化；不但市场的大小决定分工程度，而且市场大小由分工的演化所制约；需求和供给是分工的两个侧面。

在对斯密定理的发展上，阿林·杨格首先定义了市场和市场规模："用一种包容的观点来看"，市场是作为总产品的输出口，"市场规模是由生产的数量决定和确定的"；"根据这种广义的市场概念，斯密定理可以改写为分工一般地取决于分工……这绝不是同义反复……这意味着不断战胜走向经济的均衡的力量的反作用力在现代经济体制的结构中比我们通常理解的更广泛和更根深蒂固"[2]。

阿林·杨格认为，新古典均衡理论无法说明这种累积因果的变化过程。相反，非均衡则是其基本特点，变化过程是经济系统内生的，"分工取决于市场规模，而市场规模又取决于分工，经济进步的可能性就存在于上述条件之中"。阿林·杨格论证了市场规模与迂回生产、产业间分工相互作用、自我演化的机制，使斯密定理动态化，从而超越了亚当·斯密关于分工受市场范围限制的思想。但是，阿林·杨格思想并没有得到主流经济学的重视。杨小凯认为，其原因在于阿林·杨格没有将其思想数学模型化[3]。

阿林·杨格之后，主流经济学的研究核心依然是既定经济组织或制度下的资源配置问题。一些经济学家尝试在现有的框架下对其进行修正，以增加对动态经济发展的说服力。20 世纪 80 年代以来，以贝克尔、杨小凯和黄有光等为代表的经济学家，用超边际分析的

---

① 转引自贾根良（1996）。
② 转引自彭志群（2011）。
③ 我认为，杨小凯所说的并不符合事实，参见后文的讨论。

方法，将古典经济学中关于分工和专业化的思想数学化。在新的分析框架之中，分工的演化是经济增长的一条主线，并可以用来解释贸易、企业、城市化与工业化、产权理论和一系列的宏观问题。他们认为，生产率的提升使人们可以选择较高的专业化水平，而较高的专业化水平反过来加速了经验积累和技能改进，使生产率进一步提高。这样，便出现了良性循环，使分工演化加速进行。然而，提升的专业化水平是否能确实加速人们专业知识的累积速度，还取决于人们对最优分工水平的认识。这种认识和社会试验的效率有关。在缺乏有关组织信息的知识时，社会组织试验往往是从最简单的分工组织试起，因为简单组织的试验费用较低，这也可以解释为什么分工是一个从简单到复杂组织的渐进演化的过程。发展中国家可以通过模仿发达国家的制度而节省这种费用。但是，市场始终是最佳的试验途径，它通过价格制度为人们提供了组织社会试验以获得组织信息的机会。而计划经济只能模仿，缺乏创新，一旦模仿的潜力耗尽，便会走向衰落[①]。

　　贝克尔、杨小凯和黄有光等创建的新兴古典经济学存在四个无法解决的难题[②]：第一，新兴古典经济学的假设前提是"人天生相同"，也就是说，假定人的禀赋相同，无论是历史学家、物理学家、经济学家、农民，抑或工人，都是专业化分工的结果，人的才干都

---

① 这方面的论述，参见刘辉煌、周琳：《关于分工的经济学：历史回顾与近期发展》，《财经理论与实践》2004 年第 4 期。

② 以下内容转引自刘正山（2004）。拙作发表之后，澳大利亚莫纳什大学黄有光教授撰文进行了反驳（参见《中国经济时报》2004 年 8 月 3 日），而且在2004 年 8 月 4 日给我的电子邮件中，黄有光进一步解释说："我们的新框架典型地采纳了相同个体的简化假设，此方法被很多经济分析模型所运用，它不存在逻辑不一致的问题。也许存在一些不明确。当所有（或两个）个体相同，谁应该是农夫和谁应该是这渔夫，是模糊的。但这不是逻辑不一致。"2009 年出版的《站在经济学的高坡上：杨小凯纪念文集》一书，收录了黄有光的文章《我所认识的杨小凯及其贡献》，文中仍表示我的质疑是错的。2014 年 7 月，黄有光的文章《十年后回顾杨小凯的贡献》，继续说我的质疑是错误的。

是"内生"的。这样假定，虽然便于分析，也符合主流经济学范式，但它存在自反逻辑错误：一方面假定人的禀赋相同，另一方面假定人的专业化选择决策具有不同的个人偏好（如风险喜好）。

第二，超边际分析的基础是"文定理"，指的是"最优决策从不同时买和卖同种产品，从不买和生产同种产品，最多只卖一种产品"。为什么？杨小凯先生的解释是："如果买和卖同一种产品，只会增加不必要的交易成本，因而降低他的效用，因此不是最优选择。再如，不同时买和生产同种产品。如果农民生产粮食，他应该用粮食换衣服，而不是用粮食换粮食。"

其实，考虑交易成本，最优决策未必是如文定理所说的那样。现实中也有很多反例，譬如（1）外汇市场和期货市场上的"对冲交易"。外汇期货套期保值交易就是利用外汇现货市场价格与期货市场价格同方向、同幅度变动的特点，在外汇现货市场与期货市场做方向相反、金额相等的两笔交易，以便对持有的外币债权或债务进行保值。（2）在遭遇荒年时，农民生产的粮食连自己都不够，于是从市场上购买粮食。（3）生产货币的中央银行也会发金融债券，调节控制货币市场。

实际上，杨小凯先生自己也部分性地意识到了文定理的缺陷，他说："文定理在有资本或考虑到动态决策时不一定成立"。但遗憾的是，他对这个缺陷没有提出解决办法。

第三，超边际分析是建立在边际效用理论之上的，但边际效用理论存在一些至今也无法解决的难题，杨小凯、黄有光等创立的新兴古典经济学对这些问题依然力不从心。比如说，对不同价值观之间的冲突，效用理论显得束手无策。如果是在橘子和鸭梨之间，可以利用价格作为共同的尺度，每个人再作抉择。然而，在家庭和事业这两种价值之间，却没有共同的尺度可以作类似的转换：在个人层面上，是可以用序数效用论的原理进行主观的评等，做出比较，做出选择；但是就整个社会经济而言，人们的七情六欲占据很大比重，是不能忽视的，怎么进行加总、比较与选择？按照阿罗不可能定理，在任何情况下试图依据个人偏好得出社会偏好的次序是不可能的，也就是说根本不存在一种能保证效率、尊重个人偏好、并且不依赖程序的多数规则的投票方案。简单地说，在通常情况下，当社会所有成员的偏好为已知时，不可能通过一定的方法从个人偏好次序得出社会偏好次序，不可能通过一定的程序准确地表达社会全体成员的个人偏好或者达到合意的公共决策。

第四，对分工的起源问题缺乏解释。其实，不仅新兴古典经济学，自亚当·斯密以来，学术界一直回避分工的起源问题，即使讨论也都一笔带过，即认同亚当·斯密的"源于交换的天性说"。

4.3　分工为何从新古典框架中消逝？

霍撒克（Houthakker, 1956）指出，大多数经济学家将分工视为一个外部共有的场所，正如熊彼特所言，没有任何经济学分支不会因对专业化的深入分析而得益。这意味着，专业化和分工不只是经济学的研究领域之一，更是古典主流经济学的研究核心。但是，新古典经济理论体系中几乎没有了分工的身影，原因何在？

杨小凯和黄有光（1999）认为，新古典之所以逐渐淡忘了分工问题的研究，是受当时分析手段制约的结果。他们认为，对专业化和分工进行数学分析需要能分析角点问题的数学方法，而当时引入经济学的边际分析方法是"以内点解为基础的古典数学规划方法"，它不能分析角点问题。因此，马歇尔在《经济学原理》一书中研究分工和专业化的部分就没有任何数学分析，而"没有数学化的思想因概念定义不严格，不易教学，因而被人遗忘"，故"难以流传下来"①。虽然杨小凯试图从理论使用便利性的角度把自己的解释圆了过来，但这或多或少给人以一种"数学工具崇拜"的感觉。何况，如前文所论，马歇尔实际上对分工理论有所保留甚至带有批评。

贺学会（2001，2002）批评杨小凯将分工思想的"人间蒸发"归因于边际革命混淆了人们的视听。虽然思想史家都知道，边际主义经济学的产生经历了一个渐进和艰难的过程，古诺（Cournot）、杜能（Thünen）、戈森（Gossen）等先驱者的工作功不可没，而杰文斯、门格尔和瓦尔拉斯的工作又并不是像凯恩斯那样有"天时、地利、人和"的鼎力相助（大萧条、身为萧条主要受害者之一的英国、美国总统罗斯福的事实上的配合），但思想史家仍将其视为一场"革命"，其历史穿透力可见一斑。而新古典经济学的集大成者马歇尔本身又是边际革命的参与者之一，甚至还对边际主义经济学的优先权有过质疑，他在边际分析中所倾注的心血当然是毋庸置疑的。而在马歇尔看来，分工思想在斯密的经典著作中所得到的细致分析已经到了无以复加的程度，自然不需要重新深入挖掘了。因此，马歇尔虽然意识到分工理论的重要性而赋之以相当的篇幅，却是只动笔墨不动脑筋，也是再自然不过的事了。而经济学到了萨缪尔森那里，却只被承认形式化了的东西，正是因为萨氏用来"亲吻"经济学的"嘴唇"就是数学（贺学会，2002）。

贺学会的论证中，考据成分太少（刘正山，2004）。我认为，马歇尔之后，分工理论被主流经济学"抛弃"，第一，从马歇尔开始，认为分工在高级工作中的作用没那么重要（见前文的讨论）。而且，分工理论只是"微分法"，在工业上表现为分工、专门技能、

---

① 盛洪在《分工与交易》一书中也表述了类似的观点。他引述了哈耶克的名言——"在社会科学中常常是，碰巧能测量的东西被当作是重要的"——来推演他的如下认识："因为分工和专业化很难（定量）分析……因此大多数经济学家聪明地回避了这一问题"。参见盛洪（1992，p. 68）。

知识和机械的发展等形式。但古典经济学家显然忽视了"积分法"，即工业有机体的各部分之间关系的密切性和稳固性的增加表现为商业信用的保障之增大，如交通工具和习惯的增加等形式。①

第二，是因为他们认为分工与边际主义的均衡分析是不相容的。据约翰·伊特韦尔和默里·米尔盖特等（1996，pp.977 - 982），彼得·格罗尼维根（Peter Groenewegen）认为："分工和收益递增之间的联系，从而供给和成本曲线下降的可能性，对于边际主义的均衡分析来说，产生了一些问题。"边际主义分析方法，从本质上讲，是一种静态（包括比较静态）的分析方法，难以适用分工这个动态的分析方法。分工是一个动态的过程，以及由于分工而导致的报酬递增问题，与稳定的竞争市场供求均衡模型不相容。于是，新古典经济学者在引入边际主义分析方法之后，把注意力转移到供求均衡分析本身，即价格的决定问题。

第三，分工被认为是技术性的问题，从而不是新古典经济学关注的重点，因为，后者是关于"资源配置"的经济学。英国经济学家罗宾斯提出，对"生产工艺"的研究属于工程学而不是经济学的领域，或者以"行为的研究"而论，是属于工业心理学。罗宾斯（2001，p.36）表示："经济学家不关心技术本身，而把技术仅仅视为影响相对稀缺性的一个因素"。这就意味着把分工这样的传统主流从经济学中消除。这在某种程度上继承了西奇威克（Sidgwick）的观点，即从这一主题中消除掉所有技术的方面，只留下纯经济的内容（约翰·伊特韦尔等，1996，pp.977 - 982）。于是，现代主流经济学的阿罗-德布鲁一般均衡范式中，分工理论"无容身之所"。

---

① 详细参见［英］马歇尔（2011，p.288）。

4.4 分工起源于"人类交换的天性"吗?

亚当·斯密(1979,pp. 12 - 13)指出,分工的原因在于人类的交换倾向。他表示:"这种倾向,为人类所共有,亦为人类所特有,在其他各种动物中是找不到的。"其后的学者(包括马克思、阿林·杨格、杨小凯、黄有光等),均接受了这种看法。

按照经济史学家吴承明(1987)的界定①,交换包括三个层次的含义:第一个含义指商品交换,包括它的前驱产品交换。这是通常意义的交换,从自然性质上说,属于物质交换,从历史上说,它出现较晚,最早不超过原始社会末期。第二个含义指劳动交换。从自然性质上说,它属于能量交换。但因所有产品和商品的交换都是物化劳动的交换,把它们和也是商品的劳动力的买卖除外,仅包括其他形式的劳动,其中又主要是与流通有关的各种劳务,尤其是储运、通讯、市场机制和金融。在历史上,劳动交换是与人类共始终的。第三个含义指智能的交换。"智能",即科学技术和组织管理的知识。因而,它出现最晚,它的历史上限不出奴隶社会,下限则与人类共命运。

根据吴承明的考证,从经济史的角度看,上列三种含义的交换的基础都是分工,并随分工的扩大而发展。这正是交换可以独立于生产、有它特殊的发展规律的原因。

据称,人类进入生产经济并未立即开始产品交换,至少有100万年仍然只有劳动交换。产品交换不是源于生产,而是源于第一次社会大分工。近年来学者对第一次大分工的内容不无怀疑,但历次的社会分工造成商品交换则可以肯定。

智能交换,从"智人"出现就开始了,语言便是它的载体。原始人在劳动中互相指点路途、通报情况,自然会增进效率。但是,

---

① 值得注意的是,吴承明将信息与知识混同,未加区分地运用。

真正成为信息的是概念，是人脑抽象思维的产物。原始人能说出许多动植物名称，但没有"兽""树"这种概念，也就没有信息产品。信息产品是在脑力劳动和体力劳动分工后出现的。马克思（中央编译局，1972，p.35）说："分工只是从物质劳动和精神劳动分离的时候起才成为真实的分工"；从这时起人类才能"不用想象某种真实的东西而能够真实地想象某种东西"，才有了理论、哲学和科学。所以，信息交换也是由分工引起的。

对于上述观点，我并不认同。存在分工的经济中，未必存在交换。

第一，按照李斯特（1997，p.132）的观点，在未开化时期，客观分工大量存在，例如，一个未开化时代的人在同一天打猎或者捕鱼、砍伐树木、修补房子、制作渔网、制作衣服。

第二，即使不考虑李斯特所说的客观分工，主观分工程度较高的情况下，也未必存在交换。历史考证（杜丹，1963，pp.16-17）表明：古希腊的荷马时代，出现了金属工业、纺织工业和木材业等等。这一切工业劳动的组织采取两种形态：一种是家庭手工业，一种是专门手工业。在金属工作、建筑和陶工等方面，劳动都是专门化的。譬如《伊利亚特》中提到武器匠台基休斯，《奥德赛》提到金匠雷厄休斯，等等。当时，分工比较活跃，但都是为了地方的需要和目前的需要。为商业交换目的而组织分工生产，从历史记载中看不到痕迹。当时，"制造的物品既不拿来在希腊人中间交换，也不和外国人交换。"

4.5　专用性人力资本与分工的起源

如果说分工并非源于亚当·斯密所说的人类交换的天性，那么，什么原因产生了分工或者说分工的起源是怎样的？

实际上，分工是人们能力优势（即专用性人力资本）伴随交易产生的，马克思（中央编译局，1972，第二卷，p.35）对此有部分性的洞见："分工起初只是性行为方面的分工，后来是由于天赋（例如体力）、需要、偶然性等等而自发地或'自然地产生的'分工。"①

在我看来，专用性人力资本和协作的需要才是分工的主要条件②，其中，"协作的需要"是因为，显性知识与缄默知识的存在、认知盲区的不可消除性等共同定义了认知的异质性，从而需要分工的组合，当然也意味着预期的协作收益或效用。

4.5.1 认知盲区的消除与专用性人力资本的形成

20 世纪 60 年代，舒尔茨和贝克尔创立的人力资本理论，首次将人的知识、技能纳于资本理论的分析框架之中。其后，斯塔德（Sjaastad，1962）开创性地使用"地域专用性人力资本"分析年轻劳动力的移民行为。贝克尔（Becker，1964）提出了"企业专用性人力资本"，对企业内部的专用性培训（构成企业专用性人力资本）和通用性培训（构成通用性人力资本）的经典分析也使得这篇文献成为研究专用性人力资本的基石。

从学术界的观点看，专用性人力资本是指人们具有某种专门技术、工作技巧或拥有其他某些特定知识，这些专门性的知识决定了拥有者在相关领域具有比较优势，离开了这个领域之后，就可能失去这些知识的特定价值。人力资本的专用性，在一定程度上可以解

---

① 更早的时期，即古希腊的色诺芬，通过分析男女之间的生理构造的差异来解释家庭分工这一分工形式："神使男人的身心更耐旱耐热，能够忍受旅途和远征的跋涉，所以让他们做室外工作。而女人呢，由于他使她们的身体对于这种事情的忍耐力较差，所以，我认为，他就让她们做室内的工作。"参见［古希腊］色诺芬（1981，p.24）。

② 性别、地理因素等也会导致分工，限于篇幅，本书不加讨论（参见Matsuura，2006）。此外，我的观点与内生社会分工论也不同。也可参考 Gilles（2018）。

释人力资本的异质性。经济学家们普遍认为，人力资本与非人力资本的本质区别在于边际收益形态上的差异：即在非人力资本的应用过程中呈现出一种边际收益递减趋势，而人力资本则表现为一种较强的边际收益递增趋势①。

学习②，生成了专用性人力资本。正如童蒙读本《三字经》所说："人之初，性本善。性相近，习相远。"亚当·斯密（1979，p.15）也曾说："人们天赋才能的差异，实际上并不像我们所感觉的那么大。"这是真知灼见。刚出生的婴儿，一无所知；经过学习，便具备一定的专用性人力资本，进而可以选择职业。譬如说，某个人学习了英语的语言技能，对于阅读日文书籍帮助极小，学习了舞蹈技能对于软件设计帮助也不大；一位经济学家能用自己的研究成果解释经济问题，但是可能对汽车的工作原理一窍不通，如果让他去修理汽车，和一个不会修车的"技盲"没什么差别。术业有专攻，尤其在今天这样一个社会分工日益细化的时代里，人们在很年轻的时候就接受很专业化的训练以积累这种专用性很明显的人力资本。

现代的一些研究也表明，学习对于人力资本的积累具有重要作用。据李予阳（2004），詹姆斯·赫克曼研究指出：学校教育只是人力资本投资的一部分，占人生受教育生涯的30%左右。赫克曼认为：教育是一个回报率很高的投资行为，根据他的计算，教育的回报可以达到30%至40%。赫克曼表示，英国曾经有过忽视人力投资的教训。19世纪50年代，英国的曼彻斯特是世界制造业中心，新建工厂如雨后春笋般涌现，但英国政府却没有为那些蜂拥而至的工人子弟兴建学校。到了19世纪末，英国变得十分缺乏受过良好教育的劳动者，而在早些年大力投资办学的德国，电力技术、冶金

---

① 该结论可能是对边际收益递减规律的误解。
② 除了主动的学习，还有被动学习，譬如大学中的"非升即走"制度，要求员工积累一定的专用性人力资本，才能晋升或保留职位。

技术和化学技术等日益繁荣起来，英国在技术和生产率方面的领先优势逐渐丧失。加里·贝克尔则关注知识对于人力资本积累乃至经济发展的作用。2005年6月2日，北京大学邀请加里·贝克尔演讲，题目为《知识、人力资本、人口和经济增长》①。加里·贝克尔表示，从历史记录来看，人力资本在各个社会、各个经济中都是这样反映的，知识从一代向下一代转移。在过去200年当中，可以说是系统性地积累知识和信息，然后再对人力进行投资。就像今天我们有了科学革命，大概是从19世纪的知识积累开始。所以有系统地发展科学发展这些应用改善人们的生活，这样使人力资本有了更多更重要的意义，对现代经济的作用越来越大。②

当然，专用性人力资本投资（暂且不讨论"知识"的时效性等问题），具有一定的风险和不确定性。在现代社会，人类知识和学科的细化使得在当代已很少有人可以同时在几个或许多不同的领域取得重大成就或成为专家（譬如经济学者之中，大多数是专才。2009年离世的萨缪尔森，甚至被称为"经济学界最后一个通才"），个人为了在未来取得更大的收益往往会根据市场需求和自己的判断进行专业性很强的专用性投资，这样形成的人力资本具有使用范围的相对固定性、专用性，一旦进入某个行业或职业便很难退出或转向其他行业或职业，即使失误也无法追回，这往往会使投资成本全部"沉淀"或浪费。比如，"VR电影"，将传统电影单向讲述故事的形式加以变革，变为互动叙事，观众可以参与电影之中，于是，传统的电影人的那些拍摄知识便失灵了（田丰、傅婷辉等，2020）。其他如"共享单车"的出现，将大多数修理自行车的

———————

① 此次演讲全文，参见［美］加里·贝克尔（2005）。
② 按照贝克尔和赫克曼的建议，中国应该高度重视人力资本投入。不过，据世界银行的统计数据，2018年，中国的公共教育支出占政府支出的比例为11.45%，中等收入国家的平均水平则是15.74%。

人淘汰了；数字支付手段的发展，将相当一部分银行职员淘汰了，当然也让传统的小偷失业了。

人力资本的这种专用性，也具有"锁定效应"，会产生某种程度上的"路径依赖"：一旦人力资本形成，人们不愿意学习新的知识，哪怕随着"真实时间"的变迁，原有的人力资本不再适应新的形势。因此，有学者（高春亮、李善同，2018）提出"人力资本专用性锁定效应说"，即：人力资本专用性越强，城市建立新生产函数的物质资本与人力资本匹配性越差，因而城市衰退具有累积性。郭于华、常爱书（2005）针对社会转型和当时的制度安排发现，"4050人员"失业之后，由于技能单一等原因，失业一年以上没找到工作的占74%。"技能单一"即是典型的人力资本专用性，导致其无法适应其他工作。

相比较而言，物质资本投资则不同。社会分工的深化，为物质资本投资的退出提供了极大的方便，比如可以通过各种金融创新工具，使物质投资迅速撤出。即便是投资失败，可以通过变卖、租赁等方式收回部分或全部投资，避免更大的损失或投资成本的沉淀。需要说明的是，克莱恩等人（Klein et al.，1978）的论文称，专用性投资，可能面临"敲竹杠"，并列举了一个案例：美国通用汽车公司与费舍公司在1919年签订的契约中规定，费舍公司为通用汽车公司提供汽车车身。为此，费舍公司不得不进行一大笔专用性投资，但是1919年以后，对金属车身的需求迅猛增长，促使费舍公司反过来通过利用较多的劳动密集型技术，并趁机将17.6%的利润附加在劳动和运输成本上，并拒绝将其汽车车身的生产工厂建在通用汽车装配厂附近，从而敲诈了通用汽车公司。但是，科斯（Coase，2006）的考证认为，这个案例是"伪造"的，所谓"敲竹杠"根本不存在。

综上，与物质资本相比，人力资本更不易转移和退出、专用性更强，其投资更具有风险性和不确定性。

当然，专业化之后的学习，也会对人力资本的积累产生重要影响。譬如亚当·斯密（1979，p.15）所说的两个性格极不相同的人，一个是哲学家，一个是街上的挑夫。他们之间的差异，看来是起因于习惯、风俗与教育，而不是起因于天性。他们生下来，在七八岁以前，彼此的天性极相类似，他们的双亲和朋友，恐怕也不能在他们两者之间看出任何显著的差别。大约在这个年龄，或者此后不久，他们就从事极不相同的职业，于是他们才能的差异，渐渐可以看得出来，往后逐渐增大。杨玉梅、宋洪峰等人（2019）认为，人力资本是否存在企业专用性仍然存在一定的争论。[①]

此外，基于认知盲区消除产生了专用性人力资本，并不意味着认知盲区的退出。正如《道德经》所说："知者不博，博者不知"，依然存在知识的分工或认知异质性。而这种异质性，导致人各有比较优势，如《韩非子·说林上》中的"老马识途"，看似无用，仍有大用。所以，基于专用性人力资本的存在和认知异质性，自然需要"人人为我，我为人人"（All for one, one for all），甚至通过"利他"而实现"利己"[②]，分工成为必然。于是，《史记·货殖列传》称："人各任其能，竭其力，以得所欲。故物贱之征贵，贵之征贱，各劝其业，乐其事，若水之趋下，日夜无休时，不召而自来，不求而民出之。岂非道之所符，而自然之验邪？"

4.5.2 专用性人力资本与分工的产生：历史证据

经济学界的主流继承了亚当·斯密的看法，认为分工导致了人

[①] 具体参见杨玉梅和宋洪峰等（2019）。但是，专业化之后的人力资本积累，非本书研究的重点。

[②] 亚当·斯密在《国富论》（1979，p.14）中写道："我们每天所需的食物，并非来自屠夫、酿酒师和面包师的恩惠，而是来自他们对自身利益的关心。我们不是向他们乞怜，而是由于他们的自利心。"但这非单纯的"自利"所能实现。

与人之间的人力资本差别。例如，杨小凯（1997，p.31）认为："假设对于每个消费——生产者只有一个时间禀赋约束。人们在其有限的时间里所能生产的东西只受他们掌握的知识的限制，而知识由分工水平决定。""正因为人们集中精力在自己的专业，所以整个社会掌握的知识比一个春秋战国的社会多很多。在那个古代自给自足的社会，每人所生产的东西与其他人差不多，他们的知识也差不多，由于这种非专业化和信息不对称，结果整个社会掌握的知识反而少。孔子知道他那个时代的大部分知识，而今天一个数学家只知道数学中的很少部分知识。"杨小凯、黄有光（2000，p.32）"由于自给自足时一个人接收的信息与另一人的相同。这两个人或者说整个社会，掌握的信息也就与一个人所掌握的相同。"张帆（2000）认为："人力资本的专用性程度是由社会分工水平决定的"。折晓叶（2004）认为："一般来说，人力资本使用所具有的合作性，是由分工所造成的人力资本的专用性所决定的"。方竹兰（1999）认为："社会分工的客观存在使个体拥有的人力资本具有专用性、片面性特征，限制了个体效用实现的程度。"此外，曲海慧、冯珺（2019）称："具有高人力资本结构特征的劳动者，即意味着其在创新经济情境下，能够面临愈加灵活的分工选择"，但也未明确分工是否由人力资本的不同而导致。陈平（2002）引入生物学中的种群竞争理论，认为劳动分工起源于资源限制下的市场竞争，但我认为，这只是增加了一个"约束条件"而已。

上述假设和命题站不住脚：第一，忽视了个体的差异。譬如杨小凯引用斯密论述人与人之间的差异，认为"许多同种但不同属的动物，得自天性的天资上的差异，比人类在未受教育和未受习俗熏陶以前得自自然的资质上的差别大得多。"但这并不能说明人与人之间没有差异。没有电脑专业知识的人是不可能进行电脑专业化生产的，没有电脑生产的专业化技术就不可能有电脑生产的分工；分工虽能使人们集中精力在自己的专业，但这也与个人的能力有关。不必说后天环境的影响导致的修养差异的大小，单就人的身体素质而言就有很大的差异——每个人都占有一个有别于其他人的基因。有的人高大，有的人矮小；有的人健康，有的人孱弱；有的人愚钝，有的人聪慧。同胞兄弟能力有别，同班同学分数不同，同专业同事有的人有成绩，有的人却碌碌无为。孔子以后几千年，分工水平越来越高，可孔子或相当于孔子的思想家能有几人？

第二，混淆了分工与知识的因果关系。一个人知识的多少，也并不必然是分工的结果，相反可能是分工的前提条件。斯密的这段话——"人们天赋才能的差异，实际上并不像我们所感觉的那么大。人们壮年时在不同职业上表现出来的极不相同的才能，在多数场合，与其说是分工的原因，倒不如说是分工的结果"，并没有证明什么，他只是说明分工对技术的影响。但事实却是这样的，当工程师，首先必须有工程师的知识和能力，而并不是因为没有当上工程师，所以没有工程师的知识和能力。我并不否认专业化对积累经验的重要作用，但其并不能决定人们知识的多少。善于钻研的人（钻研也是"干中学"）有可能创新，不善于钻研的人则创新可能性很小，而从事该专业的研究人员，有成就的也只是一小部分，从老一辈接受的专业技术（"传承"）用一辈子而没有创新的大有人在。

从历史实证的角度看，分工的起源与人们能力之间的差异直接相关。哈伊姆·奥菲克（2004，pp. 48 - 68）的研究表明，在人类社会中，那种在人群内和人群之间的大规模的分工，是根据人们不同的才能进行的，这是商业交换的必要条件。他指出，人类分工之所以对进化有促进作用，是因为它顺应了这样一个基本事实：即人的才能是极不相同的，是多种多样的。约翰·希克斯（John R. Hicks）的考证也表明，分工最初是由上层指导的分工。约翰·

希克斯（2002，p.23）说："从亚当·斯密以来，我们一直习惯于把分工与市场的发展联系起来，所以当人们认识到这不是它的起源时，便大吃一惊。技艺的最初发展与市场无关。它确乎意味着专门化，但它是一种由上层指导的专门化（像一种新工序被引进到现代的一家工厂时发生的情况那样）。"约翰·希克斯表示，在岁入经济社会，职能的专门化，是有效的官僚制度的必需条件。当这种专门化发展的时候，别的专门化也得到发展。统治者无需使自己局限于用自己的岁入区（或领地）供给他的军队和税吏；危机过去之后，便会出现更有吸引力的目标，部分岁入可能被用于这些目标。统治者炫耀自己不仅是为了使自己富有吸引力，而且是维持其权力的一种办法。他容许其臣民"代替他消费"，目的在于"赢得民众的好感"。出于炫耀，君王身旁的仆从中的一些比较有智巧的人，被专门用来从事某些特殊的工作，他们便成为有专门技艺的人；而君王的荣光如果被饰以不可思议的美妙的技艺，其荣光就更加辉煌。最古老的艺术品——埃及金字塔时代的雕塑品，制作者是法老的仆役，他们的才智就是为了王室而发挥，并进入辉煌。

从中国古代的情况看，初期的分工也主要是自上而下的，根据其才能而划定（童书业，2005，pp.6－9）。根据《周礼·冬官考工记》，西周时代的手工业，有金属工、木工、玉石工、陶工、纺织工、皮革工、营造工、武器工等极多门类，各门工人统称"百工"。所谓"百工"，主要是指有官长率领的官府手工业者。从西周的金文（例如"王呼命尹封册，命伊……官司康宫王臣妾、百工"，"司王家内外，毋敢有不闻。司百工，出入姜氏令"）可见，"百工"与"仆驭""牧""臣妾"等分列，则百工似乎不是奴隶，但他们与奴隶并列，可见他们的社会地位并不高。此外，"百工"列在"里君"（小地方官）之后，居于内官之末，则说明他们是自由民身份。"司王家内外"的官也"司百工"，可见这些"百工"属于官府的。

4.5.3 专用性人力资本外生于分工：学界的验证

由于学习导致了专用性人力资本，从而使不同专业学生的就业领域存在差异，进而也使同一专业的不同学生（这些学生投资于本专业的数量和质量不同，于是形成了不同的人力资本存量）在同一就业领域的就业质量存在差异。

通过把大学专业及工作偏好变量纳入大学毕业生性别工资差异的研究框架，并且利用美国 1972 年的时间序列数据进行经验分析，代蒙和安德里萨尼（Daymont & Andrisani，1984）对十种大学专业进行研究后发现，由于男生和女生偏好于不同的职业角色，并且在大学里通常会选择不同的学习领域作为专业，上述两个变量可以解释 1/3 至 2/3 的大学毕业生工作三年后的小时工资差距。这一结果表明，以往的文献忽略了存在于工作偏好和大学专业方面的性别差异，由此导致了对性别歧视程度的过高估计。

在 20 世纪 80 年代的美国，大学毕业生的工资贴水（即大学毕业生的平均工资与高中毕业生的平均工资的差额）大幅度增长：男性大学毕业生与高中毕业生的平均工资差异增加了 15%—30%（Katz & Murphy，1992）。进一步的研究还发现，大学毕业生的收益会因专业的差异而有所不同：平均报酬依赖于大学毕业生在各种专业中的分布情况，而当学生在各专业的分布情况发生变化后，大学生工资水平自然会发生改变。美国在 20 世纪 70、80 年代中期专业的分布发生很大变化：从 1976 年到 1984 年，商科专业从占 16%上升为 24%，工科专业从 5%上升为占 10%，而教育学专业所占比例从 17%下降为 10%。

格罗格和艾德（Grogger & Eide，1995）估计了六种大学专业和读大学前后的能力变化这两个变量对大学生工资贴水的影响，认为不同的专业使大学生具备了不同的技能，天赋能力和大学前教育所获得的能力对大学生工资变化没有影响，而大学期间所获得的知识技能的变化（以专业分布的变化来衡量），则对工资水平的增长具有很强的解释力。甚至当大学生的总体工资水平很低时，不同专业的工资贴水仍然有很大差异。阿尔通吉（Altonji，1993）发现，美国1980年代的大学专业分布发生了很大变化，在这期间有大量的学生从低技能专业向高技能专业转移，专业分布的变化导致了将近25%的大学生工资增长。这项研究反映出不仅大学学位变得更有价值，而且学生正在获得更有价值的大学学位。

纽曼和齐德曼（Neuman & Ziderman，1990）建立回归方程，利用以色列的资料考察了职业教育对就业状况的影响。在回归方程中，被解释变量被设定为工资，解释变量为：（1）职业类型；（2）专业类型（利用8个代理变量反映）；（3）职业—专业匹配程度。研究发现，职业—专业匹配的劳动力的月收入要高出不匹配劳动力的9.6%。

如果用"就业于专业相关领域"指标来衡量就业是否专业对口（即职业—专业匹配程度如何），那么就业于专业相关领域就包括两种情况：（1）该职业领域与本专业领域具有同样的基础内容；（2）该职业领域应用与本专业具有相同职能的技术和训练。赫恩和邦顿（Hearn & Bunton，2001）的经验分析表明，对美国学士学位获得者来说，只有25%左右的毕业生未就业于专业相关领域。这验证了就业领域的选择范围确实对专业选择结果产生了路径依赖。我国的一些实证研究也表明，专用性人力资本积累与职业匹配也具有很大的相关性或因果关系。刘扬（2010）针对21.8万份有效问卷的分析发现，大学生毕业半年后，约68%的人从事与大学专业匹配的工作，32%的人则从事与专业不匹配的工作。而美国、加拿大及欧洲大学毕业生的不匹配比例大多在10%至20%之间。封世蓝和谭娅等（2017）通过对北京大学2008届到2014届毕业生的就业统计数据进行实证分析，发现在公共部门户籍分配有优势的北京，外地生源在公共部门就业时的专业行业匹配度显著低于本地生源，而这一现象在积分落户的上海并不成立。这表明，一方面，专用性人力资本对分工的影响，受到体制性因素（户籍制度、社会资本等）影响；另一方面，大学教育对专用性人力资本的形成度或是需要进一步检验的变量。

除了经济学领域的研究，从生物学的研究可见，分工也是基于"人力资本"的差异[①]。尽管亚当·斯密认为"分工起源于人类交换的天性"，但他也未能否认的一点是，人与人之间的差异是分工的原因之一，他的绝对比较优势理论正是在人与人、国家与国家之间存在差异的前提下建立的（赵志君，2018）。沃德尔等人（Waddell et al.，2021）针对 COVID‑19 以来的家庭观察发现，男女因为性别的差异而产生明显不同的分工。

扩展而言，微生物群体的分工，也与个体的"差异"有关。如库珀和韦斯特（Cooper & West，2018）所发现的，微生物膜（biofilms）存在分工，而分工需要三个基本条件：个体必须表现出不同的表型，表型之间的相互作用必须是合作的，所有个体都必须从这种相互作用中获得包容性的适应性收益。显然，"表型"的不同，是前提条件。德拉戈等人（Dragoš et al.，2018）的研究也发现，微生物通常会成群结队地集体行动，从而对当地环境产生重大影响，为自己谋取利益；其中一些行动涉及分工，而表型特化的克隆亚群或遗传上不同的谱系通过执行互补任务相互合作。

---

① 性别分工是可用资源、生产技术、地理、经济和社会背景、社会规范和人口统计的函数。传统观点认为，由于男女在生物学上的差异，分工是"自然的"。不过，近些年的研究表明，劳动的性别分工是因为确定的生物学和对人力资本的不同投资，导致男性和女性之间的比较优势存在差异。实际上，个体特征可能来自遗传这种"传承"，也可以包含在专用性人力资本之中，这证明了本书的观点。参见 Giddings（2021）。

5 专用性人力资本、分工与企业的性质

既然人们通常认为交换及生产能通过价格机制而自发实现，那么，为什么还会有企业这一组织形态存在？据张建伟、程恩富等（2002），罗伯逊（D. H. Robertson）指出："在无意识的合作海洋中，我们发现了意识力量的小岛。就像是一桶奶油中凝结着的一块块黄油"。海洋中为什么还有孤岛存在呢？企业是什么？企业的边界在哪里？科斯 1937 年发表的论文《企业的性质》，对这些问题做出了开创性的分析，并启发了后来的研究，形成了不同的企业理论体系，如交易成本理论、委托—代理理论、能力理论、知识理论、资源理论等等。这些形形色色的企业理论，对于企业的性质作出了或多或少的有益的探索，但是各有不足。本书试图在前人研究的基础上，对企业的性质重新作出解释。本书认为，企业是需要团队协作生产时，在一定的技术水平条件下，在分工协作的基础上建立的，以利润（无论这种利润是静态的还是动态的）最大化为目标的生产性组织。与前人观点不同的是，笔者认为分工的前提是消除认知盲区所导致的人力资本差异；企业的边界，则取决于对"企业"的界定。

5.1 厂商、企业、公司：语义及其源流考

在汉语中，存在三个意思类似的词语：厂商、企业、公司。而

这三个词语，当前学界一般用以对译英文中的"firm"，如科斯的论文题目 *The Nature of the Firm*，就有至少三种译法[①]：《公司的性质》（庞溟，2015）；《企业的性质》（汪新波，1992）；《厂商的性质》（张军，2014）或《厂商的本质》（范红玉，2015）。

查阅《美国传统英语词典》（*The American Heritage Dictionary*，2001）可见，厂商、企业、公司对译的英文均不相同。公司对译的词语主要有：（1）corporation，即法人：在法律上承认的一个独立的法律实体，拥有不同于其他成员的自己的权利、特权和义务。Corporation 有时又称为 company，具有独立人格的法人，可以拥有资产，举借债务、提出诉讼或成为被告。但在英美法系，corporation 一词系指股份有限公司（company limited by shares）或有限公司（limited company），而 company 则除了以上二者外，尚包括无限公司（unlimited company）及两合公司（limited partnership）。（2）firm，即公司、商号[②]。Firm 源自拉丁词firmus，即结实的、坚固的。在中世纪拉丁语中，firmare 开始取意为"用签名来批准。"从此含义出发，最终有了 firm 这个词——1574 年它首次被记录下来，意为"签名"。Firm 这个词后来增加了两个含义："商行借以办理事务的名称"和"经商的房屋。"发展到现代，firm 指的是二人以上合资所经营的企业组织，不论是否具法人人格，均称为 firm，所以，公司、非独资经营的商号、厂商均属于 firm。（3）enterprise，即商业机构（business organization），从事生产、运输、贸易等经济活动的单位。（4）manufacturer，即制造商：制造某物的人、企业或实体（A person, an enterprise, or an entity that manufactures something）。

---

① 程坦教授给我的信函中称，这是无知（认知不足）造成的混乱。

② 据张五常（2015，p. 863），科斯认为 firm 可能源自法文 fermier，意思是"中间人"或"农民"。

基于上述分析，本书主张使用公司或者企业，而尽量不使用厂商①。

比较了厂商、企业与公司的语义，下文再追溯其源流。这里以"公司"为例。

武忆舟（1998，p. 11）和张五常（2015，p. 863）称，"公司"语出庄子。查《庄子》原文，相关的语句为"丘山积卑而为高，江河合水而为大，大人合并而为公"。这里的"公"，是用来解释包容、协调天地阴阳万物的"道"，而非世俗人事；文中更没有"公""司"二字的合用。

在汉语中，"公"含有无私、共同的意思，"司"则是指主持、管理，二者合在一起，就是无私地主持或从事众人共同事务的意思。

目前所收集的文献中，最早出现的"公司"字样，是1684年福建总督王国安上奏康熙皇帝，报告在厦门扣押了原反清的郑成功政权属下要员刘国轩和洪磊的两艘大船，内载"公司货物"若干。其原文为："册开公司货物铅贰万陆千肆百捌拾斤，苏木壹拾贰斤、锡肆万斤""开明公司货物乳香壹千玖百斤"（罗炤，1995）。至于此处所说的"公司"，究竟是指某种组织，或者是公共或共有的意思，学术界有不同看法。

有学者认为，这里的"公司"，可能是郑成功时期为翻译荷兰东印度公司的名称，吸收公司一词的拉丁文字头"com"（含有公

---

① 根据《现代汉语词典（第五版）》（2005），厂商指"经营工厂的人；厂家（工厂）"。而工厂指的是"直接进行工业生产活动的单位，通常包括不同的车间"。公司指的是"依法设立，以盈利为目的，独立承担民事责任的从事生产或服务性业务的经济实体。"企业指的是"从事生产、运输、贸易等经济活动的部门，如工厂、矿山、铁路、公司等"。可见，中文语境中，厂商的含义比较狭窄，不足以对译"firm"。此外，张五常（2015，p. 863）主张将"firm"译为"公司"。

共、共同的意思）的含义，创造的一个中文新词；而且，郑成功地方政权在与荷兰东印度公司的武装冲突和贸易竞争中，也可能对其加以借鉴，建立了以公司为名的贸易组织或民间会社组织（罗炤，1995）。本书赞同此说。因为，后来"公司"这个词确实由发源于闽南、台湾的民间组织——天地会传承下来，如乾隆时天地会首领罗芳伯在婆罗洲创建"兰芳公司"，自任大总统；新加坡的天地会组织称为"义兴公司"，并在英国殖民当局登记注册。太平天国时，闽南和上海的小刀会（天地会的支流），都打出了"义兴公司"的旗号（罗炤，1995）。

19世纪上半叶，中国的门户被打开，西方国民涌入中国经商，中国人则逐渐使用"公司"一词。对此所作的解释，最早的大概是清代学者魏源对西方的"公司"所作的描述。他写道："西洋互市广东者十余国，皆散商无公司，惟英吉利有之。公司者，数十商辏资营运，出则通力合作，归则计本均分，其局大而联"，实际上是把"平等主体"间的合资经营定义为公司。而在此之前，英国东印度公司于1770年在广州设立的办事处①以及荷兰东印度公司设于雅加达的办事处，都称为"公班衙"，是为英语和荷语中"公司"一词（英 company，荷 compagnie）之音、义结合的译名（《辞海》，1980，p. 280、625）。它与西语"公司"的发音相似，而当时中国人称西洋商船的货长和东印度公司的官员为"大班"，故该词又有"大班之衙门"的意思。当时，关于公司的译名很乱，还有"公班牙、公班卫、公班壹、甘巴尼、康邦宜"等多种关于公司的称谓（《汉语外来词词典》，1984，p. 113、121），表明当时对西方的"公司"没有固定的汉语对译名称。

---

① 一说约在1715年即已设立，见1988年版《中国大百科全书·经济学》（Ⅲ）第1141页。

不过，魏源对公司概念的解释，对后来清朝于 1904 年 1 月颁布的《公司律》和早年的公司法著作，都产生了影响。《公司律》中规定，凡凑集资本共营贸易者为公司；又如王孝通（1912，p. 1）称：“公司者，多数之人以共同经营营利事业之目的，凑集资本，协同劳力，互相团结之组织体也。”

5.2　主要企业理论评述

“企业为什么存在”是企业理论所要回答的最基本的问题。对企业性质的认识是企业理论的逻辑起点，也是导致它们分歧的理论基础。现有的企业理论或多或少地揭示了企业的某些性质，但无法科学地揭示企业的性质；而且，这些理论均局限于传统产品生产企业，对于创意产品的生产缺乏关注。下文评述自斯密以来涉及企业本质的主要理论。

5.2.1　古典的企业理论及评价

从劳动分工的角度看企业，是古典企业理论的主要特点①。亚当·斯密（1979）认为，劳动分工是经济增长的关键，企业是分工与专业化的产物，企业的边界受制于市场范围。承袭斯密的观点，马克思（中央编译局，1972）进一步指出，企业作为一种专业化的合作组织，通过协作能够产生超过个人生产力加总的集体力。马克思还分析了企业内资本家与工人在权利交换中的对立现象，认为资本家按照劳动力的日价值购买了劳动力，因此拥有对工人劳动力的任意使用权利，而工人有权获得自己足够的消费权利和生存权利，这两种相悖的“平等的权利”由于双方力量的悬殊差别而成为阶级

---

① 严格地讲，古典经济学也没有关注和提出系统的企业理论。

对立的根源。马克思认为，由于企业之间和部门之间的竞争，企业的规模最终受制于行业平均利润率。由于身处某个特定的历史阶段，马克思忽略了契约的履行范围，认为资本家可以任意并且无限制地使用工人的劳动力（使用权），而不是从一般竞争性市场的角度来分析资本家与工人之间的契约关系。鲁柏祥（2020）表示，企业是社会分工发展到一定阶段的产物，企业作为社会分工条件下的分工组织的存在，意味着社会分工的收益足以补偿协调社会分工的成本，企业内分工的收益足以补偿协调企业内分工的成本。这与亚当·斯密、马克思等的企业理论基本一致。

对古典企业理论的批评，主要来自科斯。他在《企业的性质》中评价说：这个答案是不完全的。因为市场的功能就是组织劳动分工，既然市场可以组织分工，为何还要企业？科斯认为，市场和企业是两种不同的组织分工的方法，企业的出现一定是因为企业的交易成本低于市场的交易成本，所以，交易成本的差别就是企业出现的原因。

5.2.2　新古典的企业理论及评价

确切地说，新古典经济学的企业理论并不是现代意义上的企业理论，而是价格理论。

新古典经济学主要关注价格配置资源的效率，而疏漏了企业内部效率，只将企业当作一个生产函数。新古典企业理论的基础是新古典微观经济学。传统的新古典微观经济学是研究市场交易的理论，由于新古典微观经济学利用最优决策理论进行了经济分析，它的假设是完全理性和利润最大化，在这种假设下，企业内部的运行被视为一个"黑箱"①，企业唯一的功能是根据边际替代原则对生

---

① 这是科斯的说法。

产要素进行最优组合，从而实现最大的产量或最低的生产成本。企业为了实现利润最大化，必须按边际成本等于边际收益的原则进行单一产品的产量和价格决策。

新古典企业理论实际上不是现代意义上的企业理论，因为它没有回答有关企业的一些基本问题，例如企业为什么会出现，企业内部是如何运行的，企业是选择生产还是从外部市场购买，它仅仅是利用局部均衡分析方法预测企业在输入市场的购买决策和输出市场的供应决策。

由于新古典经济学在本质上是一种静态优化理论，它隐含地假定人的利益是和谐一致的、产权界定清晰、零交易成本等。这些隐含假定决定了新古典企业理论存在一些缺陷，它无法解释企业内部组织及企业范围的整体布局；无法解释企业中的一般契约关系；也无法解释企业绩效与国家经济效益之间的联系。

不过，科斯等学者对新古典的企业理论的批判，需要客观地看。科斯等学者称新古典的企业内部运行是一个"黑箱"，这一点没有错。但是，我认为马歇尔等学者的简化，并非没有合理性。在新古典范式中，产业被定义为"a gap in the chain of substitutes"，把市场定义为"a gap in the chain of alternatives"①，从而企业就是长链条中的节点或者链环了，因此把企业当作一个分析单位或者生产函数，有其合理性。新古典经济学主要构建宏大的经济学框架，没有对一些细节问题进行关注，而正因为这样，才给科斯以及后来者留下了进一步研究的空间。

5.2.3 现代企业理论及评价

无论古典企业理论还是新古典企业理论，基本上都把企业作为

---

① 这是特里芬（Triffin）在 1940 年在哈佛大学出版社出版的著作《垄断竞争与一般均衡理论》中提出的。转引自［日］猪木武德（2005，p. 27）。

一种既定的存在物，没有论证企业是如何产生的，企业的边界或者最佳规模在哪里，因此都不是现代的严格意义上的企业理论。

钱颖一（2003，p.81）认为，对现代企业理论有重要和直接影响的第一篇论文，是科斯的《企业的性质》一文。在该文中，科斯利用交易成本解释了"企业为什么出现"这一问题。科斯认为，市场和企业是两种不同的组织劳动分工的办法（其实是指令替代市场①），二者具有互替性，企业的存在是由于它能节约市场的交易成本，所以交易成本的差别是企业出现的真正原因。但是，企业不能完全代替市场，也不能无限扩大，企业的边界是由企业内部行政管理费用与市场费用相比较来决定的。科斯的理论由此被称为"交易成本学派"。

以阿尔钦和德姆塞茨（Alchian & Demsetz，1972）为代表的产权理论，主要是分析企业内部的激励结构问题，它是科斯在产权、交易成本和外部性等方面研究成果的发展。该理论认为，企业的实质是一种团队生产方式，在团队生产中，一个人工作的努力程度会影响他人的效率，因而一个监管生产的人成为必要。他们提出，企业是一个班组，这是因为生产需要由多人联合完成。在联合生产条件下，每一个参加者都企图"免费搭车"，因此需要有人监督。但是监督人也会偷懒，为了使监督人有积极性，就必须把企业的剩余收入给他。这个获取剩余收入的人，就是企业家，所形成的生产方式，便是资本主义的生产方式。他们由此推断，资本主义生产方式比合作或集体经营方式的效率要高。这个学派强调产权定义的明确性，并把财产所有权等同于对财产剩余索取的权利，同时，又把人的积极性同获得这种"剩余索取权"联系在一起。这个学派

---

① 具体参见《新帕尔格雷夫经济学大辞典（第二版）》第三卷第 360 页"厂商理论"词条。

认定财产私有制度是经济效率的必要前提。

20世纪80年代以后，科斯的交易成本理论出现了两个明显的分支，一是威廉姆森借鉴有限理性的假定，假定人具有机会主义倾向，提出了资产专用性概念，证明事前的契约是不完全的。二是张五常加以发展的间接定价理论，张五常（Cheung，1983）提出，企业并不是用非市场方式代替市场方式，而是用劳动市场代替中间产品市场，或者换言之，是一种契约对另外一种契约的替代。因为中间产品直接定价和直接交易会产生极高的交易成本，而劳动市场的交易成本相对较低，企业的出现就在于用交易成本低的要素市场代替交易成本较高的中间产品市场，中间产品通过企业获取的收益相当于对其进行间接定价。

一、企业契约理论

企业契约论是现代企业理论的重要内容。它主要包括两个重要的基础性理论，即交易成本理论①和委托—代理理论。

（一）交易成本理论

建立在交易成本（或交易费用）上的企业理论，是现代企业理论的主流。交易成本理论包括间接定价理论和资产专用性理论两个重要的分支。

1. 间接定价理论

其核心观点是，企业的功能在于节省市场中的直接定价成本（即较少市场的交易成本）。科斯通过使用市场价格机制下交易成本

①　不过，到目前为止，交易成本的概念依然是模糊不清的，即便是在新制度经济学派内部也缺乏共识。甚至有学者提出："由于交易成本概念过于笼统和逻辑混乱的界定，事实上已经阻碍了经济学制度分析的进一步深化"（方钦，2018）。汪丁丁（2017）提出应从机会成本的角度来处理交易成本理论；在巴泽尔的产权理论里，"交易费用"概念已经不再起主要作用了；起着主要作用的是"公共领域"（public domain）概念。

的分析方法后认为，企业是作为价格机制的替代物而出现的一种机制，其功能在于节省市场中的直接定价成本。企业在"内化"市场交易的同时产生额外的治理与管理成本，当治理与管理成本的增加与交易成本的节省数量相等时，企业的边界趋于平衡。因此，对企业和市场的选择，依赖于市场定价的成本与企业和内部官僚组织的成本间的平衡关系，交易成本限定了企业的规模。

继科斯（Coase，1937）之后，张五常（Cheung，1983）认为，与其按照科斯把企业看作是要素市场对产品市场的取代，不如说是一种要素契约对一种产品契约的替代。企业和市场都是一种契约，两者并无区别。张五常认为，企业描述的只是契约安排的一种方式，关键是这种契约安排方式所节约的定价费用能否弥补由相应的信息不足而造成的损失（代理成本）。件工契约（piece-rate contracts）是理解企业这种组织方式的方便之门，因为计件付酬正好处在市场和科斯所说的"企业"之间。

沿着科斯和张五常的思路，杨小凯和黄有光建立了一个一般均衡模型，将前者的思想数学化。杨-黄模型（Yang & Ng，1995）用交易效率表示不同程度的交易成本，并且引入劳动分工与专业化的思想，在一个更广阔的场景中分析了自给自足、企业和市场三种不同的经济结构。按照他们的理解，企业具有三个特征：剩余索取权、不对称的剩余控制权和劳动力的买卖。劳动分工所产生的分工经济与交易成本是一对矛盾。当交易效率足够低（交易成本足够高）时，人们会选择自给自足；当交易效率足够高，使分工经济超过交易成本时，作为分工形式之一的市场就会出现；在分工的基础上，当劳动的交易效率超过了中间产品的交易效率从而劳动力的买卖代替了中间产品的买卖时，另一种分工形式——企业就出现了。企业委托权的安排取决于要素或产品的交易效率，拥有更低交易效率的要素所有者应该被给予委托权。

杨小凯和黄有光的企业理论不仅是对科斯、张五常思想的数学化，而且将斯密的分工理论融入其中，从而更一般地解释了分工沿不同方向演化为市场或企业的原因，但同样存在较大的缺陷：忽略了经济组织的内在因素——生产因素。正如何志星和叶航等人（2011）所言：交易费用是影响经济组织的一个重要因素，但不是根本原因；经济组织的根本原因只能是生产性的，是报酬递增与互补性。

2. 资产专用性理论

威廉姆森（Williamson，1979）深化了科斯的思想，认为"有限理性""资产专用性""机会主义"和"有限交易频率"是决定交易成本的主要因素。如果交易中存在关系型专用性投资，那么由于垄断或双边垄断的可能性存在，当事人的机会主义行为，例如"敲竹杠"，会导致对专用性资产的事前投资不足①。因此应该用一体化（即企业）的方式来取代市场生产，这样可以节约缔约成本。

资产专用性理论的核心观点是，企业是连续生产过程中不完备合约（即契约）所导致的纵向一体化实体；企业之所以出现是因为当合约不完备时，纵向一体化能够消除或减少资产专用性所产生的机会主义问题。威廉姆森将资产专用性理论建立在人的有限理性和机会主义动机的基本假定之上，把"资产专用性"及其相关的机会主义作为决定交易成本的主要因素。他认为，如果交易中包含一种关系的专用性投资，则事先的竞争将被事后的垄断或买方独家垄断所取代，从而导致将专用性资产的准租金据为己有的机会主义行为。这种机会主义行为在一定意义上使契约双方相关的专用投资不能达到最优，并且使契约的谈判和执行变得更加困难，因而造成现

---

① 我不认同此观点。"敲竹杠"（hold-up）的产生，无外乎三种或这三种因素综合作用或部分性的综合作用的结果：游戏规则不完善或不合理，店家做的是"一锤子买卖"，信息不对称。

货市场交易的高成本。因此，纵向一体化可以用来替换现货市场。不过，我的文章《如何避免"敲竹杠"?》（刘正山，2003）认为，在资产专用性和敲竹杠的基础上推出的企业理论是错误的，因为不会有完备的合约，也不能用合约不完备解释企业的存在性[①]。聂辉华、李金波（2008）的研究也发现，资产专用性不一定导致敲竹杠，敲竹杠不一定导致纵向一体化。

在威廉姆森之后，哈特和格罗斯曼（Hart & Grossman，1986）发展了所有权结构的模型。他们认为，当由于明晰所有的特殊权利的成本过高而使契约不完备时，所有权就具有了特殊重要的意义；有意义的比较不应存在于非一体化和一体化交易之间，而应存在于一种一体化交易和另一种一体化交易之间；一体化虽然能够改变机会主义者的动机和扭曲的行为，但并不能消除这些激励问题。最优的一体化应当将控制权让渡给投资决策相对其他地方更加重要的主体；在投资决策同样重要的场合下，非一体化也许比一体化更为效率。

从总体上看，企业的交易成本理论，存在以下几点不足：（1）认为企业是一种契约对另一种契约的替代，这就模糊了市场与企业的界限，从而使企业重新进入"黑箱"之中。（2）方法论值得商榷：即以企业存在的合理性去解释企业的起源，而企业存在的合理性又是从企业功能方面去认识（即节省交易成本），因此等于单纯地用企业的功能去解释企业产生的原因。（3）科斯的"企业—市场二分法"，已经成为现代企业理论的主流观点。但是，这种"二分法"不符合历史事实。诺斯（2014）曾经分析指出："所有现代新古典文献都把企业看作对市场的一种替代来讨论。对经济史学者来说，这一看法是有效的；不过，其用途有限，因为它忽略了历史

[①] 此文原载刘正山著《幸福经济学》一书（2007）。

的一个关键是：等级组织形式和交易的契约安排都早于定价市场（如柑橘市场）。"（4）在批判古典和新古典经济学的时候，也连同其合理成分一同"倒掉"了，它从经济学分析的一个方面和极端走向了另一方面和极端，即它忘记了企业的职能是生产，节省了生产费用、提高了生产的效率等，而且必定也会受生产的这一自然属性的影响。

（二）委托—代理理论

与交易成本理论的不同之处在于，委托—代理理论将研究的重点从市场的交易成本转移到解释企业内部结构的激励问题（即监督成本）上。委托—代理理论认为，由于企业实质上是一种"团队生产"的方式，单个成员的贡献难以精确分解和观测到，因此团队生产可能导致"偷懒"行为。在这种情况下，专门的监督者就十分必要了。为了保证监督的效率，监督者必须占有剩余权利，掌握修改契约条款及指挥其他成员的权利，同时，为了降低监督的成本，监督者还必须是团队固定投入的所有者。

委托—代理理论认为，"代理成本"① 是企业所有权结构的决定因素，管理者成为完全剩余权利的所有者可以减少或消除代理成本。管理者也可以通过负债融资来获取更大的剩余权益，因此也必须承担这部分代理成本。因此，均衡的企业所有权结构是由股权代理成本和债权代理成本之间的平衡关系决定的。标准的委托—代理理论主要关注雇主和雇员在不同风险偏好下的代理成本问题，并不刻意区分企业和市场这两种不同的组织。然而到了霍姆斯特罗姆和米尔格罗姆（Holmstrom & Milgrom, 1994）那里，这一视角开始有所改变。他们从委托—代理的角度出发，把企业看作是一种激励

---

① 所谓"代理成本"，是指当管理者只享有企业的部分所有权条件下，企业的价值小于其作为完全的企业所有者时的企业价值的部分。

工具。一项任务是采取内部雇佣（make）还是外部购买（buy），取决于不同的任务对不同约束的人所需要的监督成本和激励效果。企业可以采取三种基本的激励方式：绩效激励、产权激励和自由激励，而最佳的激励体系是在不同激励手段之间建立一种合意的平衡。

如果把监督成本视为交易成本的一部分，那么霍姆斯特罗姆和米尔格罗姆关于企业本质的观点，其实与科斯并无本质差别，但他们似乎都没有揭示是何种激励机制导致了企业相对于市场节约了交易成本。

而且，委托—代理理论实际上是局部决策模型，不是完全的企业理论，因为它适用于一般市场契约，而没有企业所独有的特点（杨小凯、张永生，2000，p. 85）。此外，委托—代理理论没有考虑到认知盲区带来的"责备"（blame）问题：由于认知盲区并观察到不好的结果，委托人可能会责怪代理人，从而影响博弈决策（Friedrichsen et al.，2022）。

二、企业的能力、资源与知识论

企业能力理论可以追溯到 1920 年，马歇尔认为，技能、知识和协调的增加推动企业的演化（许可、徐二明，2002）。1959 年彭罗斯出版《企业成长论》，认为资源和能力是构成企业效益的基础。20 世纪 60 年代，乔治·B·里查德森（George B. Richardson）提出了企业的知识基础论。1957 年，菲利普·塞尔兹尼克（Philip Selznick）提出"特殊的自我创造积累论"。之后，能力研究不断深入。1982 年悉尼·G. 温特和理查德·R. 纳尔逊在《经济变迁中的演化理论》中对智力资本进行了分类。同年，斯蒂芬·里普曼（Stephen Lippman）和理查德·卢曼特（Richard Rumelt）提出能力制胜论。1984 年，比格尔·沃纳菲特（Birger Wernerfelt）发表

《企业资源论》，能力理论开始分化为企业能力和企业资源理论两派。1990年，普拉哈拉德和哈默发表了《企业的核心能力》，能力理论进入应用和实践领域。1997年，蒂斯等人（Teece et al.）将演化经济学的企业模型和"资源观"结合起来，提出了一个"动态能力"战略观的框架。2000年，赫尔法特和饶比切克（Helfat & Raubitschek）提出一个知识、能力和产品共同演化的模型，中心思想是企业的产品发展由企业的知识系统和学习系统所支撑，而产品的序列发展又反过来增强企业的知识和学习能力。这个模型进一步深化了对蒂斯、皮萨诺和舒恩所定义的"动态能力"的理解。

可见，企业能力理论和企业资源理论，研究主题是企业持续的竞争优势，认为企业是异质的，企业是资源和能力的动态机制，资源和能力决定企业的边界。但能力派主要是从企业层面研究，资源派则承认产业分析的重要性。这两种理论与企业契约理论相比，只是惊鸿一瞥。能力派至今只有一些大众化且有异议的概念和命题，资源派尚无统一的分析范式。

继承并发展了能力和资源理论的观点之后，彭罗斯、理查德·R. 纳尔逊和悉尼·G. 温特等提出并发展了企业知识理论。彭罗斯研究了企业新知识促进机制和企业知识积累机制。理查德·R. 纳尔逊和悉尼·G. 温特（1997，pp. 83 - 176）认为，企业能像人一样拥有知识，企业的知识存储于"组织记忆"中。知识理论将知识视为企业最重要的资源，发现了企业竞争优势的本质依据，其观点已超越了资源基础的观点，较好地揭示了企业内协调的性质、组织结构、决策权配置、企业边界，以及企业创新等问题。但是，它只讨论了企业的部分要素（知识），不可能解决企业的所有问题。到目前，在目的或规则方面没有达到充分的一致。在一定程度上，企业知识理论还不能称为企业理论。

从本质上讲，企业的（动态）能力理论、资源理论、知识理论都是相似的，都把企业看作某种生产要素的集合，这与主流理论中把企业看作是资产或者权力集合的观点似乎没有什么区别。不同的是，后者以此明确区分了企业和市场，而前者没有明确区分企业和市场。企业的能力理论、知识理论、资源理论，就如何获取、开发和利用资源以提高企业的生存能力和盈利，做了诸多有益探索，但没能揭示出企业的本质，甚至分析问题的方法都不是完全的经济学视角（例如，能力如何界定?），这是此类观点没有进入主流的重要原因。

此外，我们也注意到，中国的一些学者，例如张维迎（1995）、周其仁（1996）、杨瑞龙和杨其静（2001）、黄桂田和李正全（2002）、杨继国（2003）、温军和冯根福（2012）、贺红权和熊风华（2013）等也对企业的性质提出了一些观点，颇受启发，但是这些观点基本上都没有超越上面所介绍的企业性质理论，限于篇幅，本书不再赘述。

综合看，上述各种有关企业性质的解释，均忽略了产品特性。对于传统产品的生产而言，多需要分工协作，团队生产；但是对于某些创意产品而言，比如电影剧本、小说、绘画、作曲、某些设计工作等，独立的创作效率和产品质量或更高。很难想象，梵高的《向日葵》、贝多芬的《命运》、乔伊斯的《尤利西斯》等等，能否（在企业之中）与别人分工创作出来。曹雪芹《红楼梦》的前八十回与后四十回，因出自不同作者之手，风格不同，续作备受诟病。上述这类因素，在分析企业的性质时应当予以考虑。

5.3　分工与企业的存在性

从常识可见，关于企业的起源，首先在于产品的生产需要团队的协作，换言之，该产品由团队协作生产的效率相对更高；其次是团队协作具备可能，包括各类专用性人力资本的存在等等。显然，企业组织不是个体的机械组合，而是组织成员活动及其相互作用的整体和不断演化的有机体，在本质上是以分立的专用性人力资本为基础的组织成员之间专业化生产与协作的组织形式。

5.3.1　企业的性质：从斯密的制针工厂谈起

张五常（2015，p. 872）认为，"公司性质的整个话题是源于斯密的制针工厂"。我们同意这种观点，当然这并不等于否定了威廉·配第在《政治算术》中对纺织生产行业分工的洞见。

企业产生的最初动力来自于完成超过个人能力的复杂工作，只有通过分工协作才能完成这种复杂工作[①]。在进行分工协作时，需要什么人参与到企业中来，人和人之间相互关系如何，这要由两方面因素决定：一方面因素是企业所要完成的特定工作的需要，另一方面因素是人力资本禀赋的特征。人力资本禀赋特征因学习的不同而不同。人力资本的禀赋差异（即专用性人力资本）是分工协作、建立企业的外生变量。当一个企业所要完成的工作确定之后，企业内分工协作的结构也随之确定。企业所涉及的激励结构是附着在分工协作的结构之上的。基于收入分配的考虑对企业结构所进行的设计，只会对分工协作结构进行局部修正，而不可能、也不应当根本改变分工协作结构。

以亚当·斯密在《国富论》中列举的扣针制造案例进行分析[②]：

　　一个劳动者，纵使竭力工作，也许一天也制造不出一

　枚扣针。但分工协作，效率截然不同。譬如，一个小工

---

　　①　或者如肯尼斯·阿罗所说，组织产生的目的是集聚分散的个人力量，以实现个人无法完成的工作。参见［美］肯尼斯·阿罗（2006）。

　　②　当然，亚当·斯密的这个案例不够详细，后文将列举一个具体入微的现代案例进行分析。

厂，只雇佣十个工人，因此在这一个工厂中，有几个工人担任两三种操作。像这样一个小工厂的工人，虽很穷困，他们的必要机械设备，虽很简陋，但他们如果勤勉努力，一日也能成针十二磅。从每磅中等针有四千枚计，这十个工人每日就可成针四万八千枚，即一人一日可成针四千八百枚。

为何分工协作之后，工作效率提高了这么多？亚当·斯密分析说，其原因有三：第一，劳动者的技巧因业专而日进；第二，由一种工作转到另一种工作，通常须损失不少时间，有了分工，就可以免除这种损失；第三，许多简化劳动和缩减劳动的机械的发明，使一个人能够做许多人的工作。

的确，分工之后能够提升劳动者的技巧，即通过"干中学"积累知识，提升专用人力资本。但是，不能否认这一点：专用性人力资本的不同，是分工得以产生并促进效率的前提。"劳动者的技巧因业专而日进"的说法并不完全成立。这一点，前文已做论证，此不赘述。

亚当·斯密所说的情况，属于分工协作的结果，没有讨论分工协作本身，尤其是没有讨论"协作"问题，也就是马歇尔所说的"积分法"。此处的扣针制造工厂，就是一个分工协作的联合生产组织，是一个企业。这个企业的成立，需要具备几个前提条件：第一，未来的工厂主拥有一定数量的资本（或者他可以筹备资本），于是，他可以购置一定的机器工具，可以雇佣一定数量的劳动者（支付工资）；第二，拥有"创意"。这个创意，可以是未来的工厂主想出来的，可以是其他人想出来的。而且，这个制造扣针的创意，预期可以给他们带来利润。也就是说，扣针有市场。第三，市场上有各种专业的劳动者。当然，对于扣针制造这样的简单工艺劳动而言，劳动者不必拥有较强的专业化的知识。假设其他条件都不变，那么，具有上述条件，就可组织一个工厂，协作生产。第四，企业家将工作划分阶段，区分为不同的工种和流程等，并将其组织起来，实现团队协作。第五，产品的生产需要团队协作。这一点往往被学术界忽略。实际上，对于很多"创意"的生产而言，通常不需要"企业"这种组织形式，比如电影剧本、小说、音乐等的创作；还有相当数量的"工作室"（studio），尽管被视为微型公司、微小企业，但基本上不是真正意义上的企业①。

　　实际上，简单地将同样的劳动者放在一起，并不必然提高效率。没有分工协作，这样的群体只不过是乌合之众。日本经济学者河上肇研究了四轮马车的工场手工业。他的调查表明，某四轮马车制造厂由以下手工业者集聚在一起：（1）制造车的手工业者，（2）制造马具的手工业者，（3）以裁缝为业的手工业者，（4）专门制造锁的手工业者，（5）专门制造带的手工业者，（6）旋工，（7）绿饰制造工，（8）玻璃安装工，（9）画工，（10）油漆工，（11）描金工等等。河上肇的研究也指出，如果这些从来独立的手工业者仅仅是聚集在一个工厂里，仍按照以前那样工作，那不过是简单的协作②。所以，提高效率的必由之路是，企业家根据工作划分的需要，组织各种专用人力资本，分工协作。萨缪尔逊讲过一个最佳律师兼最佳打字员的例子③。假设有一个律师，打字的速度是他秘书的两倍，那么，律师在法律和打字上相对于秘书均有绝对优势。然而，由于秘书没有律师证书不能从事法律业务，律师在法律上有更大的绝对优势或有一个相对

---

　　①　在我国当前的法律体系下，工作室一般为"个体工商户"。

　　②　顺便说一句，河上肇的调研也表明，四轮马车制造厂的员工，以前都是各行各业的独立的手工业者，也就是说，他们进入这个工厂之前，都拥有专业手艺，即具有专用性人力资本。这与本书坚持的观点是一致的。参见［日］河上肇（1965，p.135）。

　　③　张五常引用这个案例的时候，将"律师"换成了"医生"。参见张五常（2015，p.343）《经济解释》第二卷第五章第二节"比较成本"。

优势，而秘书在打字上有相对优势。根据比较优势原理，律师应该将所有的时间用在法律上，而让秘书去打字。例如，律师每从事 1 小时法律工作可以获得 100 美元，但必须支付秘书打字费 1 小时 10 美元，那么他如果自己打字，每小时损失 80 美元。原因是每打字 1 小时他可以节约 20 美元（因为他打字的速度是秘书的两倍），但同时损失每从事 1 小时法律工作所得的 100 美元。

由此可见，企业就是企业家①根据需要，将各种比较优势的人才（即具有专用性人力资本）联合起来的一种生产性的协作组织，而所需生产的产品需要由团队协作完成；其中有节约交易成本的考量，但它可能只是副产品。

从实践中不难发现，企业需要有一定教育程度的员工，但通常不会投资国民基础教育来培养所需员工，甚至一般性通用知识的培训企业也不愿意投资，因为，在职培训与研发投入之间存在负向效应，不利于企业创新，于是企业缺乏投资员工技术技能培训的积极性，更为重要的是，企业对员工进行培训具有外部性，员工离职约束小、工作转换频繁将会侵占企业培训投资的部分预期收益，致使企业对人力资本投资的激励严重缺失（孙早、侯玉琳，2019）。

5.3.2 同质人力资本、分工与企业

假设一项工作可以分为由许多需要解决的问题（譬如亚当·斯密的制针案例，可以将扣针的制造分为十八种操作）组成的集合，而这个问题的集合对应着一个用于解决这些问题的必需知识的集合。这两个集合是一一对应的，因此可以视为一个集合，并命名为 W。

把人力资本视为知识集合，记为 K。假设个体之间无差异，则

---

① 有学者（Meramveliotakis, 2018）认为，"企业家充当代理人，通过将创新商业化，提供将知识进步转化为经济增长的传输机制。"

分工协作的目标是使企业的人力资本 K 的集合包含工作 W。设企业共有 m 人，第 i 人的人力资本为 $K_i(i=1, 2, \cdots, m)$，则需：

$$W \subseteq \bigcup_{i=1}^{m} K_i \qquad (5-1)$$

上式表明，完成一项工作，需要包括或者说一定量的人力资本来予以实现，所需人力资本就表现为各个人的人力资本的并集。

很显然，单纯的各个劳动力的人力资本的并集，并不能够保证企业或者团体效率的提升或者工作的有效完成。这就需要对每个人进行分工，以实现至少斯密意义上的三种分工效率。

既然是分工，必然同时有协作，则类似排列组合，相邻的劳动力之间必然存在人力资本的并集和交集。人力资本必有交集和并集，可以表示为（其中，为了对人力资本进行区分，对下标进行了 i 与 j 的区分）：

$$\bigcup_{n=1}^{m} (K_i \cap K_j) \qquad (5-2)$$

从企业内部进行劳动力的人力资本分工协作，乃至产生知识交换、知识益处等各种效率，或者说斯密所谓的分工效率，是企业存在的基本条件，否则，就没有必要组织分工了。换句话说，企业是组织分工的结果。

科斯等学者强调的企业对市场的替代，是说以指挥系统替代讨价还价系统[1]。这种指挥系统，实际上是企业组织分工的条件之一。就企业而言，是协调组织分工的，市场则是协商分工的，后者由于存在多重讨价还价而交易费用[2]更高，且生产费用也更高（存

----

[1] 当然，指挥系统中并不能消除讨价还价。

[2] 也有人认为，交易费用可以视为生产成本的派生："如果将交易成本视为真实成本，就像一般均衡理论家所意识到的，这只不过是标准的新古典生产成本理论的拓展。"参见方钦（2018）。

在规模不经济等因素）。既然是协调组织分工，就需要指挥系统，以便更好地完成分工协作，比如，将各个劳动力（无论是否考虑人力资本同质）安排到不同的岗位上，而不是由着劳动力在企业中进行布朗运动式的分工协作。从而，企业的存在，的确是节约了交易费用，但不仅仅是交易费用。此外，人力资本与土地、资本、技术等其他要素的组合，还会产生熊彼特式创新效率。

至于指挥系统的形成，通常被处理为"资本"与"劳动"之间的"雇佣"问题。较为折衷的看法，是王东京（2021）所说：若资本更稀缺，则资本雇佣劳动，资本所有者成为企业家；若技术更稀缺，则技术雇佣资本，技术所有者是企业家。我认为，这还是局限于交易的观念，没有将指挥系统和分工协作的实质搞清楚。

至于各个劳动力如何分工协作则涉及企业组织问题，且不同类型的组织的效率会有很大的差别，但这并非本书关心的问题。

5.3.3 专用性人力资本、分工与企业

前面的讨论假设人力资本同质，是为了方便分析。从更一般的情况看，学习导致专用性人力资本，那么，每个人具有比较优势，专注于一种活动，不同的人在不同的专业领域积累和创新，使整个社会获取知识和进步的能力大为增强。而且，前文还考虑了具体的结构，即等级结构的企业，这样的结论不具有一般性。下文将问题扩展到一般情况。

如果个体被卷入企业组织的分工，将深化人力资本的专用性。如果将不存在企业情况下，人们通过学习积累的人力资本称为专用性人力资本Ⅰ，那么组建企业之后，在企业分工之中学习所积累的人力资本称为专用性人力资本Ⅱ。

图 5-1 为存在专用性人力资本Ⅰ和专用性人力资本Ⅱ的情况下，两个人 A 和 B 在产品 1 和 2 中的生产情况，B_2A_2、B_1A_1 分别

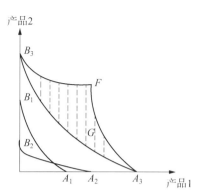

图 5-1　劳动分工与生产可能性曲线

表示两者的生产可能性边界，他们分别在产品 1 和 2 的生产上具有
比较优势。如果不存在专业化分工，总的生产可能性曲线是
B_3GA_3，但如果 A 生产两种产品，B 专业化生产产品 2，总的生产
可能性边界是 B_3F，相反情况的生产可能性曲线是 FA_3，F 点表示
两者的完全专业化分工时的情形，因此图中阴影部分 B_3GA_3F 就是
所取得的分工效率。此时，A 和 B 按照分工联合生产，效率最高。
具体分析如下：

一、仅考虑专用性人力资本 II 时的生产组织

当两个人 A 与 B 选择专业化分工时，如果交易的不是产品而是
劳动，则产品市场就被劳动力市场代替，企业就会形成。在企业
中，A 与 B 不需要对产品定价，而必须对劳动定价。这里分析两种
结构模式：自给自足结构 I 和分工结构 II。

参考杨小凯和黄有光的模型[①]，假设两个人 A 与 B 组成的经济

————————

① 参见［澳大利亚］杨小凯、黄有光（1999，pp. 208 - 212）。这部分的数
学符号大致沿用杨小凯原文，但有修改。此外，本书的假设与其不同。其假设
"人天生相同"，也就是说，假定人的禀赋相同，无论是历史学家、物理（转下页）

活动中，有一种消费品和一种中间产品(或者服务)。消费品与中间产品的自给量分别为 y 和 x。这两种产品在市场上的购买量分别为 y^d，x^d。中间产品是最终产品的投入。

可能的结构模式有四种：自给自足结构 I 和分工结构 II_1、II_2 和 II_3。结构 II_1 表示卖 x 买 y 即 (x/y) 和卖 y 买 x 即 (y/x) 的产品市场分工结构，II_2 是 y 雇佣劳动 l_y 的企业制度结构，II_3 是 x 雇佣劳动 l_y 的企业制度结构。上述四种结构中，每个人有如下生产函数：

$$y + y^s = [(x + ex^d)l_y]^a \quad a \in (0, 1) \quad (5-3)$$

$$x + x^s = l_x^d \quad (5-4)$$

$$l_x + l_y = 1 \quad l_i \in [0, 1], \, i = x, y \quad (5-5)$$

上式 (5-3) 是产品 y 的生产函数，(5-4) 是产品 x 的生产函数，(5-5) 是禀赋约束。x^d 是从市场购得的中间产品数量，e 是交易效率系数，则 ex^d 是个人购买此中间产品时得到的数量。l_x 是生产产品 x 的专业化水平，l_y 是生产产品 y 的专业化水平。消费品和中间品的产出分别为 $(y + y^s)$ 和 $(x + x^s)$。

当模型中引入中间产品时，专业化经济的定义需要加以扩充，即如果一种产品的全要素生产率随着个人生产该产品的专业化水平一同提高，则称其生产函数显示出专业化经济。用于生产产品 y 的全要素为 $(x + ex^d)^a l_y^{1-a}$，y 的全要素生产率率为 $(y + y^s)/(x + ex^d)^a l_y^{1-a} = l_y^{2a-1}$。如果 $a > 1/2$，则它随 l_y 一同增长，即产品 y 的

(接上页)学家、经济学家、农民，抑或工人，都是专业化分工的结果，人的才干都是"内生"的。这样假定，虽然便于分析，也符合主流经济学范式，但本书坚持认为它存在自反逻辑错误：一方面假定人的禀赋相同，另一方面假定人的专业化选择决策具有不同的个人偏好(如风险喜好)。

生产函数显示出专业化经济。

杨小凯、黄有光（1999）用超边际分析方法进行求解，得到以下命题：

命题 1：当交易效率足够低时，无分工结构（或自给自足）是一般均衡，如 A；当交易效率足够高时，分工结构是一般均衡。

命题 2：当劳动交易效率高于中间产品（如 x）的交易效率时，分工通过劳动市场和企业制度来组织。否则分工通过中间产品和最终产品市场来组织，如 D。

命题 3：当企业在一般均衡中出现时，如果用来生产最终产品（如 y）的劳动（l_y）交易效率比用来生产中间产品（如 x）的劳动（l_x）交易效率低时，最终产品专家（如直接生产粮食者）是企业老板，享有剩余权利，如 E。

命题 4：当企业在一般均衡中出现时，如果用来生产中间产品（如 x）的劳动（l_x）交易效率比用来生产最终产品（如 y）的劳动（l_y）交易效率低时，中间产品专家（如管理专家）是企业老板，享有剩余权利，如 F。

命题 3、4 说明企业和非对称剩余控制权、收益权可以将交易效率相对低的活动卷入分工，以避免对这类活动的产出与投入直接定价所形成的高昂交易成本，这类活动价值的大小不由市场定价直接反映而由剩余收益间接反映。

二、兼具专用性人力资本Ⅰ和专用性人力资本Ⅱ时的生产组织

这种情况，杨小凯和黄有光并未关注到。我们假设 A、B 两个人各自从事同一种工作 w，生产同一种产品，综合产出为 Q，且这种工作可以划分为 O_a 和 O_b 两种工序，且不考虑组织的结构。

A 花费 t_a 时间从事工序 O_a，花费（$1-t_a$）时间从事工序 O_b。B 花费 t_b 时间从事工序 O_a，花费（$1-t_b$）时间从事工序 O_b。

θ_{a1}、θ_{a2} 分别为 A 在工序 O_a 和 O_b 上的劳动禀赋；θ_{b1}、θ_{b2} 分别为 B 在工序 O_a 和 O_b 上的劳动禀赋，其中，θ_{a1}、θ_{a2} 与 θ_{b1}、θ_{b2} 的取值，取决于 A 与 B 的专用性人力资本的积累程度。

那么，A 与 B 分工协作，其中 A 从事工序，B 从事工序，则生产函数表示为：

$$Q = f\{t_a\theta_{a1} + (1-t_a)\theta_{a1}, (1-t_a)\theta_{b2} + t_b\theta_{b2}\} \quad (5-6)$$

A 基于专用性人力资本 Ⅱ 带来的收益（即专业化收益）为：

$$s_1 = s_1(t_a); s_2 = s_2(1-t_a); s_1', s_2' > 0 \quad (5-7)$$

则 A 投入到两个工序上的劳动时间和专业化收益的弹性为：

$$e_1^s = \frac{s_1'}{s_1}t_a > 0, e_2^s = \frac{s_2'}{s_2}(1-t_a) > 0 \quad (5-8)$$

假设总的利润为：$\pi = Q - C$，且 C 为劳动成本，不考虑其他成本。那么，边际利润为：

$$\frac{\partial\pi}{\partial t_i} = f_1(1+e_1^s)(s_1 n) - f_2(1+e_2^s)(s_2 n) \quad (5-9)$$

其中，$i \in a$，b；$n \in 1$，2。

A 是否应当专门从事工序 O_a？从整体角度看，取决于是否实现利润最大化。显然，如果一阶导数 $\frac{\partial\pi}{\partial t_a} = 0$，$0 < t_a < 1$，且存在二阶导数 $\frac{\partial^2\pi}{\partial t_a^2} < 0$，则存在极大值点，A 应当专门从事工序，否则兼顾工序 O_a 和 O_b。同样的道理，B 的最优决策也是这样。

由于 A 与 B 均具有专用性人力资本 Ⅰ 和 Ⅱ，对于不同工序各有劳动生产率上的比较优势，譬如，如果 A 专门从事工序 O_a，则 $s_1(t_a) > 0$；$s_2(1-t_a) = 0$。那么存在 $\frac{\partial\pi}{\partial t_a} = f_1(1+e_1^s)(s_1 n) > 0$。

对于 B，分析及结论相同。

可见，对于具有专用性人力资本Ⅰ和专用性人力资本Ⅱ的 A 与 B 而言，按照比较优势从事工作 w 的不同工序，进行分工协作，这样的组织，生产效率比单独完成工作 w 的效率为高。而生产效率[①]是企业这种组织存在的决定性因素。

5.3.4 企业的边界分析

企业的边界究竟在何处？这是科斯试图回答的问题。在科斯看来，交易成本成为决定企业边界的决定性因素（阳镇和陈劲等，2021）。

然而，科斯之后的企业理论，都有一种倾向，即将企业内部关系与外部市场关系加以泛化和同质化，笼统地将它们说成是交易关系或者契约关系。

阿尔钦和德姆塞茨（Alchian & Demsetz，1972）认为，雇主与雇员之间的关系，同店主与顾客之间的关系并无本质之分。换句话说，雇主与雇员之间的内部企业关系，与店主与顾客之间的企业外部关系都仅仅是交易关系，因此，前者根本就不存在权威。如此看来，很难说科斯对于企业与市场的区分有何意义。

张五常进一步认为："我们不知道企业为何物"。张五常将企业外部市场关系与企业内部关系都看作交易关系，他称前者为产品市场，后者为要素市场，这两种交易都是契约关系，只是具体的契约安排方式不同。于是，他认为企业不是科斯所说的那样替代了市场，而是一种契约形式替代了另一种契约形式。张五常（2002）举例说："一九六九年我问科斯：'如果一个果园的主人以合约聘请一

---

① 因此，对于某些创意产品而言，不参与企业组织分工，生产效率更高，也就不需要纳入企业体系之中。至于应对风险和不确定性等，乃至积累知识，或许是企业存在的副产品。

个养蜂者以蜜蜂传播花粉，增加果实，那算是一家公司还是两家？'我见他答不出来，就知道公司的界定有困难。"张五常（2002）强调："最正确的看法，不是公司代替市场，也不是生产要素市场代替产品市场，而是一种合约代替另一种合约。因为零碎的生产贡献多而复杂，定价费用烦而高，市场就以其他合约代替。这些代替的合约不全部直接量度生产的贡献而定价，通常以一个委托之量定价处理。公司的成因，是量度生产贡献与厘定价格的（交易）费用高于监管及指导使用的（交易）费用。但公司究竟是何物还有疑问。"张五常继续举例说（这个例子在 1983 年发表的论文《企业的合约性质》中讨论过）："考虑今天的大百货公司吧。在一个多层而大的商场内，数十家商店各有各的名字，各有各的商业牌照。他们租用场地，每店交基本租金加一个总销售量的百分率。是多少家公司？数十家吗？"在《经济解释》（二〇一四增订本）中，张五常仍坚持"公司无界"的说法，并强调"不要把商业注册视作公司界定的划分。"

张五常（Cheung，1983）之后，詹森和麦克林（1998）从单纯的契约关系角度把握企业的性质。由于他们把企业视为"一组契约关系的联结"，而契约关系只是一种法律关系，很自然地，他们得出结论：企业是"一种法律虚构"或者"各种复杂契约形式的合法虚构"。既然企业是契约关系的联结，而市场也是一系列契约关系所构成，于是，在詹森和麦克林看来，"试图区分哪些事情在企业内部（或任何别的组织）'里面'和哪些事情在'外面'，意义不大或者根本没有任何意义。"这一点，与张五常提出的观点并无二致。

张五常提出的"不知道企业为何物"的看法，早在 1990 年遭到了科斯与贝克尔的分别批评。1990 年，在瑞典召开的有关契约经济学前沿问题的研讨会上，针对张五常的发言《关于新制度经济学》，贝克尔说："实际上，并不像张五常所断言的那样，企业的概念是模糊的"。他举例说:"当我们看见一个企业的时候,我们通常就知道了这个企业。"就在这次会议上,科斯也指出张五常所说的不知道企业边界在哪里的观点是"错误的"。科斯表示:"我应该对这种错误在方法上负主要责任"。为什么?科斯解释说:"《企业的性质》一文存在着严重的缺点,这误导了经济学家的注意力。这种缺点来自雇主—雇员关系的企业范式。企业问题的重要性在于,在一定范围内,雇主有权控制雇员的行动。然而,随之引出的问题是,与独立的签约者独立管理的形式相比有什么不同?看起来,企业并没有明确的界限。避免这种困难的方式可以追溯到《企业的性质》的基本命题。如果所有的交易是他们之间契约的话,由行政管理生产要素所节省的东西可能会招致其他方面的数额巨大的交易成本。雇主在企业行使控制权是协调生产要素的行动。为了完成这个任务,要将要素引入管理结构中,包括将它的层级、它的规则和它的管制引入管理结构中。如果要这样做,就存在一种控制权,但它是在一个通常完全不同于独立的签约者的方式上使用的。企业的边界是由管理的结构规定的。我只是感到遗憾,由于我思想的混乱,可能误导了张五常。"①

贝克尔没有给出进一步的说明或论证,我们无法获知他是如何划分企业与市场的界限的。而科斯的上述论述,其实还是不容易让人看懂,他还是没有把企业描述清楚。因为,从管理上也是很难区分企业的。我个人认为,科斯的回答也无法解释清楚上面张五常先生提到的两个案例。

为什么企业的边界难以确定?我认为,原因在于,科斯、张五常等学者讨论的都只是企业存在的原因,如王东京(2021)所说,

---

① 贝克尔与科斯的这些观点,参见张五常《关于新制度经济学》(文后附有加里·S. 贝克尔和罗纳德·H. 科斯的评论),载[美]科斯和哈特等(2003)。

"科斯只是以企业作样本，解释了计划与市场的边界由交易成本决定，并未回答为何出现企业。"科斯讨论的是企业的内在特性，即企业为什么会相对于市场而存在。科斯并没有给企业下一个定义，或者给出企业的涵义，而这个定义也不是他文中需要侧重讨论的。尽管一些经济学家如平新乔（2012）、霍奇森（Hodgson，1998）认为科斯在《企业的性质》中定义了企业的边界，但正如前文所述，科斯自己都承认他思维混乱、没有做明确描述。巴泽尔（Barzel，2001）也表示："科斯没有在《企业的性质》中定义企业"（Coase does not define the firm in "The Nature of the Firm"）。

那么，如何给企业下一个定义，即什么是企业，或者说企业的组成需要满足哪些条件？判断一个组织是不是企业，需要具备以下四个条件（杨小凯和张永生提出了其中三个[①]，我加了一个）：第一，企业由两方组成——雇主和雇员。第二，雇主和雇员二者之间具有不对称的控制权，例如雇主可以在相当程度上支配雇员的劳动。第三，雇主和雇员的收益权不对称，例如在合约中，雇员的收益有明确的规定，而雇主的没有明确规定，也就是说，雇主拥有剩余索取权。第四，雇主按照雇员的专用性人力资本情况组织分工，实现团队协作，生产出特定的产品或服务，而这些产品或服务是为了出售获利，而不是全部由自己享用。

回过头来看张五常所说的果园主与养蜂者之间签订合约的案例。这种契约（组织）是否为企业、是一家企业还是两家？我认为，这不是企业，更不能说是两家企业了。它不能满足上述四个条件中的任何一个条件，因为，这个合约是交叉性合约。果园主人要向提供授粉蜜蜂的养蜂者支付费用，养蜂者也要向提供酿蜜的花粉的果园主人支付报酬，这里面不存在雇佣关系，也没有收益和权威

---

① 　具体参见［澳大利亚］杨小凯、［中］张永生（2000，p.82）。

的不对称关系等问题。

张五常的另一个案例是，一家百货公司或者一个大商场是一个企业还是多个企业？根据上述四个条件判断，第一，如果百货公司或大商场只是一个场所的提供者，里面的一个个的商店，有些有可能是企业（要看是否满足四个条件了）。这个道理很简单。打个比方说：我向你（读者）借钱，尽管产生了契约关系，但我们的契约不能算企业。第二，如果百货公司或大商场作为提供服务的经营组织者，则是企业。

此外，随着"平台"（platform）的崛起，一些学者将经济学意义上的企业与法律意义上的企业和感觉上的企业混为一谈。如阳镇、陈劲、商慧辰（2021）认为："传统企业所链接的单边市场转变为双元市场，在基于双边市场的平台条件下，传统的资源观、能力观以及交易成本理论下的企业边界决定性因素较大程度上被颠覆，无边界组织条件下企业的知识创新能力（平台技术创新）以及商业生态圈下的用户（用户资源与用户网络效应）日益成为决定企业边界扩展的决定性因素。"

追踪文献，可知有各种"平台"。特拉布基和马吉斯崔蒂（Trabucchi & Magistretti，2020）将平台总结为三种类型：（1）内部或产品平台，如索尼基于五种基本架构创建了各种版本的随身听；（2）全行业或创新平台，如 IBM、Microsoft 和 Intel 提供个人计算机，而外部补充程序提供软件；（3）多边或交易平台，如爱彼迎（Airbnb）、优步（Uber）。另有一些学者（Zhao et al.，2020）将平台区分为："制造平台"（manufacturing platforms），多边平台（multi-sided platforms）。不论如何定义，"平台"具有共同的特征：有一个共同的基本结构，可以在此基础上构建更大的东西。这种"即插即用"的能力，在某物之上进行创造被定义为"平台思维"或"平台战略"（Bonchek & Choudary，2013）。

"平台"是一种比较复杂的组织形式，是互联网兴起之后产生的新型组织。我国官方对此的定义是较为狭窄的，局限于交易或服务平台，如按照中国的《国务院反垄断委员会关于平台经济领域的反垄断指南》（国反垄发〔2021〕1号）对平台的定义："平台，本指南所称平台为互联网平台，是指通过网络信息技术，使相互依赖的双边或者多边主体在特定载体提供的规则下交互，以此共同创造价值的商业组织形态。"

其实，各类操作系统（如 MacOS、Windows、Android）、各类网站（如 Twitter、新浪微博、雅虎网）、虚拟平台或元宇宙平台（如游戏开发虚拟引擎、Roblox、Minecraft）、故事平台（如漫威电影宇宙、DC 漫画、X 战警）等，均是"平台"。

由此可见，若"平台"是产品或创意，如虚拟引擎、操作系统、故事平台等，则其并非企业；若"平台"是提供服务或组织生产的组织，如淘宝网（Taobao）、京东商城（JD.COM），则平台本身（即平台经营者，如京东公司）是企业，平台内经营者则只是依附在互联网平台内提供商品或者服务，则平台与依附平台之上的经营者之间属于商业合作，并非组织关系。

那么，平台本身，实际上相当于交易场所，是市场交易类的企业而已，其边界也是非常清晰的。

5.4 企业的性质：一个案例

为了验证本书的观点，我们调查了北京郊区的某企业。该企业于 2004 年 6 月 12 日正式注册。相关介绍与分析参见下文。

5.4.1 企业概况

该企业的注册资本为 60 万元，其来源为：投资者自己积累了 30 万元，从亲戚、朋友那里借款 30 万元。该企业主要生产家庭轿车的坐垫等配套设备。企业拥有者为一对夫妇：张三、李四。

张三、李四注册的企业建在离镇政府不远的一幢店面房内。该房为企业主本人所有，70 平方米。业主几年前购买该房时花费 16 万元左右，估计现在的市值在 20 万元左右，若出租按该区行情可得年租金 7000 元。

该企业的固定生产资料主要有：缝纫机，2 台旧的，2 台新的，共计 2530 元；传真机 1 台，400 元；拷边机 1 台，700 元。

这个企业共 5 个人。除张三、李四外，有雇工三人。

张三曾在某镇属集体企业工作，担任过厂长。后由于单位效益不佳而失业。

李四曾在某汽车制造厂担任推销员。在工作过程中积累了一定经验，且有一定的客户网络。由于该厂效益也不好，李四换过一些单位，也都从事同样的工作，并于几年前独立做生意，即自己到批发市场批发服饰，经由销售获利。

王五，负责裁、剪、配料、服装设计，1000 元固定工资（加班费另计）。胡六与侯七负责缝，为计件工资制，从近几个月的工资发放来看，月收入在 700 元到 800 元上下。其中，王五是某服装学校毕业的中专生，并在某服装企业工作 3 年。

胡六与侯七以前是某服装厂的工人，后来因为改制而"下岗"。据了解，胡六与侯七以前是该镇的农民，后来某服装厂招工而成了工人，进入厂里之后，曾经接受 3 个月的培训，学习裁缝技术。

5.4.2　企业经营情况

该企业迄今为止已生产过五种产品（A、B、C、D、E）。这五种产品的共同点是都与汽车行业有关，原因是企业主李四原先就进行相关产品的销售，对有关的渠道较熟。从销售情况来看不尽相同，产品 C 利润很低，厂方已准备少生产，减少存货。但由于生产过程简单，仍然保留着生产可能。

产品 A 和 E 是利润较高并且销售较好的。尤其是产品 E，由于在邻近地区还无人生产，现已开发出四种型号的产品，并在新的客户中采取提价的措施。

B 和 D 利润和销售均一般，其中当地有生产 B 的厂家，当时的价格在 400 元上下，据说该企业主几年就挣了几百万。现在由于生产厂家多了起来，B 的价格已降到 100 元以内，利润率相对稳定。

企业的成本，除了固定的生产资料、工人工资支付和间接的房租投入外，还有水电费、通讯费、税收、生产原料、差旅费等，如果再加上工资、外加工费、损失的房租、固定资产折旧和汽车折旧等，每月成本总计 14000 元左右。

就现有产品来看，企业大约需要十种原料。这些原料基本上是从离该厂约 30 公里的一个市场上进的。这个市场上不仅有各种新、旧布料出售，也有其他生产所需的名目众多的小东西，如商标。各种各样的商标成品都可在该市场买到。

在一年不到的时间里，该企业现有的销售客户已有近 90 家。这些销售客户有一部分是过去的老客户，但数量不多。大部分客户都是在最近一年中联系的。

基本的销售模式是，销售员即李四带样品至各地的汽车销售公司、百货公司进行推销，如果顺利则发货。货到之后企业从账户入钱（少数）或下一次李四到该销售处索要货款（多数），支付方式中现金交易占了很大比例。

可见，该企业的运作方式：李四将订单发至企业后，张三负责生产一块，包括购进原料、配料等。然后通过物流公司发货。李四在销售的同时也负责货款的回收。

5.4.3　为何组建企业?

从张三与李四的经历看,获利的方式有几种:可以购买成品然后通过销售渠道获得利润,或者购买初级产品、中间产品、固定资产及劳动进行生产然后通过销售渠道赚钱,还可以将一部分产品外包给其他企业生产获得成品后通过销售渠道得到利润。为什么会有这些不同的组合方式? 为何最终选择建立企业的方式来盈利?

按张五常的说法,生产过程中对不同的贡献进行区分的成本是不同的,从而产生了不同的合约方式。张五常指出当"每一类件工的工作都很好计算,可用一套标准化的考核方法检查工作质量"时,计件工资是合理的,而对那些"区分开每一个工人的实际贡献十分困难"的工作,通过代理人用某种替代物定价是较合理的(Cheung,1983)。

这个说法站不住脚。张三与李四组建的企业,由于企业销售忙闲不定,生产数量每月不同。在订单多的月份,仅靠两个雇工远远不够,解决的办法是将配好的原料交由企业外的来料加工处生产。起初,来料加工源不稳定,主要是一些个体裁缝,无法保证质量,加工数量也有限,后来,该企业联系了一家公司,另一家私营企业,有十几个雇工,专门从事来料加工,可以保证质量,加工速度也较快。加工的付费也是计件制,不过和雇工工资相比,价格要略贵一些。如果将雇工工资加上生产资料和水电的分摊,那么来料加工就要省一点。

如果按照张五常的观点,企业为什么不把所有的生产都交由来料加工,而企业只负责销售渠道呢? 或者说将生产纳入企业及某种程度上纳入企业的原因何在?

我认为,张五常的观点乃至现代主流企业理论均忽略了资本(货币资本和专用性人力资本)。货币资本在市场上可以用于任何地方，它可以购买劳动、生产工具、土地等一切生产要素。但是，货币资本在不同人的手中，意义和价值不同。同样数量的资本在 A 手中投资于房地产，而在 B 手中投资于股市；同样数量的资本在 C 手中越变越多，而在 D 手中迅速化为乌有，这才是资本的真正特征。古典经济学家正是因为看到了这一点才认定是劳动形成价值而不是资本形成价值。

选择把资本投向哪里以及投多少是和资本的拥有者（可以是资本的所有者，也可以是资本的使用者，如自己手中的资本均为借贷）的专用性人力资本密切相关。没有人，货币资本不过是一堆废纸，只有货币资本的运用者才能赋予资本作用。当货币资本变成了资产，它便被"锁定"了。但是货币资本的拥有者为什么要心甘情愿让它"锁定"呢，为什么是在这一行业被"锁定"而不是在另一行业呢？李四为什么投资于汽车配件业而不是其他行业呢？我的解释是，资本的拥有者具有专用性人力资本。从本书的案例看，张三和李四均有"经验"（也就是说，他们的专用性人力资本是外生比较优势），所以他们敢于投资。

当然，此处不需要分析资本的来源，资本可以是自己逐渐积累的，可以是借贷的，还可以通过资本市场获取。最关键的是基于专用性人力资本的分工协作。张三、李四及其雇工，都具有专用性人力资本。作为企业主的张三、李四，根据需要和按照专用性人力资本的不同，将工序划分：张三负责生产管理，因为他曾担任过厂长，有管理"经验"，李四负责销售，也是因为她有"经验"，并且具有一定的客户资源，王五负责裁、剪、配料、服装设计，因为她学过，也做过这方面的工作；胡六与侯七负责缝，是因为她们接受过培训，掌握了裁缝技术。

至于企业产权安排，张维迎从非人力资本的可抵押性和易受人力资本的虐待的假定出发，认为企业最优所有权安排是"资本雇佣劳动"（张维迎，1995）。周其仁则从人力资本与其所有者的不可分离性及其人力资本所有者面临激励问题的角度主张"劳动雇佣资本"是最优的企业所有权安排（周其仁，1996）。我认为，无论是"资本雇佣劳动"，还是"劳动雇佣资本"的观点，都不全面。实际上，在逻辑上我们无法确定到底谁雇佣谁。如张五常所说，在存在卸责的情况下，无法确定资本与劳动谁雇佣谁的问题，并列举从前黄河上拉船的纤夫的例子来说明：监工拿着鞭子在后面监督，纤夫依然偷懒。我认为，抛开卸责这个限定条件，即使在一般意义上的公司中，我们同样无法确定谁雇佣谁。假设我应聘到某公司当普通职员，约定每个月工资 6000 元。从这种现象看，我是雇员，即公司（资本）花费了一定的货币，将我（劳动）雇佣了，为其生产产品或劳务。但是，我们可以反过来思考，我支出了一定的劳动，将资本方雇佣了，为我获得一定的货币。这在逻辑上站得住脚。

实际上，如乔治·斯蒂格勒所指出的，在股份公司中，股东对自己的财务资产拥有完全的所有权与管理权，他们通过股票的买卖来管理自己的资产。而企业经理对自己的管理知识也拥有完全的所有权与支配权，他们通过高级劳务市场上的买卖来管理自己的知识资产，这里并没有所有权与经营权的分离，"股份公司只是经理与股东之间一种复杂分工产生的复杂交易形式而已。"基于此，据杨小凯和张永生（2000，p.172），乔治·斯蒂格勒认为："经营权和所有权的分离是一个误导人的概念。"

我认为，与其说"两权分离"，不如说是"两权分工"。考察现代股份有限公司治理结构不难发现，这些企业内部组织均由董事会、监事会、股东大会、经理层（主要由职业经理人组成）构成。股份公司为什么如此设置结构？根本原因在于它可以利用组织分工，减少交易成本。除了提高亚当·斯密意义上的工作效率或生产效率外，公司内部权限的分割与制衡，有利于减少决策失误、避免管理人员以权谋私、玩忽职守。而且，公司内部各部门和有关职位都有明确的权责利界定，有明确的合约或文件说明。例如在美国的很多公司中，职业经理人、所有人（投资方）与工人的活动都有明确的界定，这通常是通过签订一系列契约而实现，例如通用汽车公司，职业经理人同公司签订的契约，长达几百页（瓦尔特·尼科尔森，1996，p. 240）。

5.5 企业的性质：经济史的考察

企业理论发展到现在，相关文献可谓汗牛充栋，但对企业起源理论进行检验的文献却异常贫乏。钱德勒（1997）的著作[①]可能是检验企业起源理论的最好文献[②]。本书在前人研究的基础上，对企业的起源史进行辨析，以检验本书主张的企业理论。

5.5.1 企业发展简史

人类必须解决的经济问题是：如何占有配置有限资源来生产提供尽可能多的经济资源或物品，进而如何分配消费有限经济资源来实现消费效用或福祉的最大化，这也就是现代经济学的最基本的问题（汪祥春，2002，pp. 3 - 4）。而企业就是解决经济问题的基本组织形式。

企业的雏形产生、存在于人类早期的农业文明。随着人类制造工具、生产技术的发展，畜牧业、农业、手工业开始分化独立为不同的产业，可以成为独立的生产、交换和消费单位，这时可以说家庭就开

---

① 而今，钱德勒等学者有关企业发展史的内容，已广泛引入大学的相关教科书，如高程德（2006）、李由（2010）。

② 不过，钱德勒的工作仍旧有很大的局限性，因为他的著作只涉及美、英、德三国的企业史，并且考察的对象局限于现代工商企业的起源与发展。

始成为原始的独资企业形式，独资企业成为企业发展历史的起点。

随着分工、专业化、交易的不断发展，以家庭为主体的手工业制造和冶炼、制陶、纺织等手工工场，专门进行商业的坐商行贾也不断产生，商业范围开始超越家庭的性质，出现了跨行业、跨地区的分工和交易，并最终发展成海上贸易，独家进行的工商业活动或是合伙型的商业机构纷纷出现在东方和西方的文明社会。生产不仅仅是为了自身的消费，生产在分工、专业化、交易的基础上进行，不同形式的企业在专业、规模、连续、协作的经济活动中产生和发展了。

在中国，独资、合伙的企业经营形态可以追溯到春秋战国时期。在司马迁的《史记·货殖列传》等历史文献中，可以看到商人阶层的出现和合伙性的商业、手工业活动。春秋时期管仲与鲍叔牙"同贾南阳"的故事，被认为是合本经营的原初形态。管仲与鲍叔牙的才干不同，也就是专用性人力资本不同，但历史并未记载二人如何分工协作。除管仲、鲍叔牙之例外，郑国贩牛商人弦高、奚施亦可能是合伙经营（刘秋根，2007）。唐宋时代，大规模的手工业、跨地区甚至海上贸易得到了进一步的发展，邸店①、飞钱②等金融服务业也随之繁荣起来。

在西方，独资、合伙的企业经营形态可以追溯到公元前 18 世纪。《汉谟拉比法典》中，就有关于自由民和自由合伙的记载（官欣荣，2007）。古希腊人把各方合伙人的全部财产投入合伙的称为"共同体"，罗马共和国末期以后，商品经济关系空前发达，罗马法上把合伙作为一种无需任何法定形式的诺成契约（consensual contract），罗马人常采取合伙的形式，经营奴隶、粮食、油店。另外，他们还

---

① 兼具货栈、商店、客舍性质的处所，亦称"邸舍""邸阁""邸肆""邸铺""塌坊""塌房"。

② 《新唐书·食货志》记载："（宪宗）时，商贾至京师，委钱诸道进奏院及诸军诸使富家，以轻装趋四方，合券乃取之，号飞钱。"

以"船舶共有"的方式进行航海经商，船舶共有人须对受其委托的航海者在航海经商中所负的债务承担连带责任（陈解，2004）。

中世纪，公司制企业萌芽，并随着贸易和城市的重新繁荣而缓慢生长。其中，合伙制的发展和法人制度的出现对于公司制度的产生和发展具有重要意义。当时地中海沿岸贸易十分发达。海上贸易不仅需要扩大投资规模，而且需要减少或分散投资风险，于是易于集资又分散风险的组织形式就出现了，其中常见的有以下三种（史际春，2008）：（1）船舶共有（joint ownership of ship）。这是延续古希腊和罗马人的经营模式。因为从事海上贸易需要巨额资金且风险很大，人们便共筹资金，共担风险，共同拥有船舶并合伙从事海上贸易，形成船舶共有的企业形式。但也有人认为，船舶共有包括康门达（陈宁，2006）。（2）康门达（commenda）契约或组织。不愿意或无法直接从事海上冒险的人，将金钱或货物委托给船舶所有者或其他人，由其进行航海和交易活动，所获利润由双方按约定的方法分配，委托人仅以委托的财物为限承担风险，免去了承担无限责任的后顾之忧同时也使得受托人获得了资金，得以进行风险投资。这是后来的两合公司或有限合伙的雏形。但是，康门达通常是一次性的合资契约（吴敬琏，1994）。（3）家族经营或家庭企业。在封建社会，身份、血缘关系在社会生活中居于主导地位，家族成员间的合伙，必然优先于异姓间的合伙，也就形成了家族经营体。

上述企业经营形态属于古典企业。按照当今学者的归纳（张晓明，2000），古典企业具有以下基本特征：一是资本所有权高度集中，独资企业的资本所有者只有一个，合伙企业的资本所有者也只有少数几个，而且所有权与控制权合二为一，所有者同时也是经营管理者，古典企业的这一特征决定了企业规模一般较小。二是古典企业是一个存在内部分工协作的统一的经济实体，它将以往通过市场相联结的交易内在化于企业，不同的生产活动在资本家的统一指挥下进行。三是古典企业的组织机构比较简单，管理层级少而管理幅度大，资本家往往直接管理和监督工人，直接进行市场交易和竞争。四是古典企业主由于拥有企业所有权，一般不需要与职业经理分享权力和利润，企业的目标就是所有者的目标，利润最大化是企业的生产函数。五是古典企业所处的市场结构近似完全竞争的市场，单个企业无法以自己的行为影响市场价格，企业的经营机制以市场竞争和价格为导向，只能根据价格调整生产要素组合和产量。

古典企业的特征，决定了其难以得到发展和壮大。显然，家族经营体，由于自有资本有限，资本积累和生产扩张速度较慢，加上企业主的信用和无限责任制度，都制约了企业资本和生产规模的扩大。船舶共有与康门达组织，使各方的谈判、协商等交易成本和管理成本往往很大，合伙的出资或产权也难以流动和退出。

15 世纪时，康门达开始向两个方向发展：一是资本所有人对外不公开隐名，对第三人不负任何责任。这仍只是契约，而非真正的组织；二是资本所有人与经营人使用共同商号，经营人对第三人负无限责任，资本所有人负有限责任。这种模式发展形成了两合公司。

16 世纪的时候，欧洲出现了一种特权组织。当时，为王室服务的大臣没有工资，因而授予特许垄断权是西欧各国君主奖励廷臣的一种普遍做法，廷臣从特许状所授予的特许权中得到实惠。英国曾有一种经皇家颁发特许状设立的团体，成为独立的经营团体，这被称为合伙团体"索塞特"（societas），商人可以自由入股参加，按入股份额分配利润，并以其全部资产承担无限责任。

总体而言，16 世纪以前的企业基本上建立在家庭与合伙的基础上。到了地理大发现时代，为了扩大英国的海外贸易、开辟新的海外市场，商人们需要到更加遥远的领域去探险。但这种贸易的风险加大，管理也更为复杂，传统的个体资金已经无力承担，于是多途径筹措资金的合股公司便应运而生。1553 年，莫斯科公司成立，该公司属于有限责任公司，也是英国第一个商业合股公司（王军，2011）。英国在 1553—1680 年先后颁发特许状（royal charters），建立了 49 个特许贸易公司，专营某一地区的商业。

值得注意的是，1600 年英国设立的东印度公司和 1602 年荷兰设立的东印度公司，已经具有现代公司的一些特点。尤其是荷兰 1602 年成立的东印度公司，与现代公司比较接近：募集股金成立公司，资本总额为 650 万荷兰盾，43.1％的股份向全国募集；公司设立股东大会作为最高权力机构，并由股东大会选出 60 名董事组成董事会，作为公司的决策机构，另选 17 人组成经理会，作为执行机构；公司所得按股分红。

在特许公司获得高额利润的示范下，大量的商人开始模仿特许贸易公司的组织形式，通过发行可转让的股票来吸引投资者，如此组建起来的公司被称为合股公司（joint-stock company）。合股公司不同于特许公司的地方，在于它们没有得到国王或国会的特许批准；不同于合伙企业的地方，在于它的股票可以自由流通，股东只负有限责任，公司由股东授权的经理进行经营。

1720 年，英国发生了一场由一家特许贸易公司"南海公司"引发的股票投机潮。英国议会在南海公司的强烈要求下，通过了《取缔投机行为和诈骗团体法》即《泡沫法》（Bubble Act），禁止没有特许状的公司成立和发行股票，但并没有为合股公司的规范发展提供制度支持。这导致大量私人合股公司的破产。

由于工业和商业的发展，迫切需要创立大型企业组织，商人们很快想出了绕过法律障碍的办法，这就是将两个早已存在的合法组织形式——合伙和信托结合在一起，通过指定合伙人中的某些人作为其他合伙人的财产（股金）托管人、授予他们与其他个人或团体订立合同的权力，将经营权集中到少数人手中，从而使所有其他投资者都能同自由转让公司股票一样自由转让合伙股权。通过这种方式，合股公司得以继续发展。但是，合股公司虽然使商人们能够获得特许公司的某些好处，但仍然被英国的习惯法视为合伙企业，而不是法人实体。

但是，这类企业具有可以筹集较多资本、所有者权益易于转让、经营有连续性和由所有者的代理人而不是所有者本人来管理等优点，深受投资者欢迎。这就推动了法律制度向赋予合股公司以法人地位的方向变化和革新。进入19世纪，法人制度①得到确立，公司制度特别是股份有限公司进入全面发展时期。1825年，英国国会废除《泡沫法》，放松对民间创办合股公司的限制；1834年通过《贸易公司法》，允许通过专利许可证（letters patent）而非特许状成立法人公司，实际上承认了合股公司的法人地位；1844年，颁布了《合股公司法》（*Joint Stock Company Act*），规定建立公司不必事先获得特许，只要通过简单程序就可以建立公司；1855年，英国在吸收其他国家法律的经验上，制定了《有限责任法》（*Limited Liability Act*），承认公司股东的有限责任制度和公司法人制度。

美国独立战争后，各州立法机构将英国式的特许状和公司应用到私人投资，授权私人公司经营运河、港口、银行等准公共项目，并享有一定的特权，这导致特许状常常通过贿赂得到，康涅狄格州于1837年颁布了美国第一部公司法——《康涅狄格州注册公司普通法》，规定了标准的公司注册程序。很快，美国的其他各州也采纳了康涅狄格州的公司法。

进入20世纪之后，一方面形成了许多大型的股份有限公司，另

① 在历史上，英美的法人并不仅仅指营利性的公司法人，公司也并不仅仅指商事公司。以英国为例，市政当局（municipal corporation）、君主、主教等独体法人（corporation sole）、慈善、教育等方面的非营利性公司（non-profit corporation）等，都是公司法人（corporation），而营利性的商事公司只是公司的一种形式。

一方面小企业仍然得到了一定发展，并成为数量最多的企业形式。总体上看，独资企业、合伙企业、有限责任公司等中小企业和大公司（包括"平台"公司）处于并存发展状态。但是，如同 1932 年美国法学家伯利（A. Berle）和米恩斯（G. Mearns）所观察发现的：股份公司的高层经营人员往往不是公司的股东，只是由于其经营管理能力而被代表所有者的董事会所聘用。这种现象被称为"两权分离"论。实际上，这并非"分离"，恰恰是按照专长的分工协作。

5.5.2　分析及结论

前面对企业的产生的历史追溯比较简略，且主要试图描绘一个大致的轮廓。从中可以清楚地看出，企业是分工的产物。这一点很显然，无需赘述。而钱德勒、琼斯等学者所作的进一步分析，更支持了本书的结论。

琼斯（Jones，1987）以 1700—1870 年间英国丝绸业有关技术变迁与产业组织形式变迁的史料，强调了技术在生产方式变迁中的主导作用。他总结道：（1）从史料上看，托马斯·隆贝的 18 世纪早期的作坊是工厂的雏形，这种作坊的建立是为了利用水力及更先进技术所带来的成本节约，他是否也想节约交易成本，没有有力的证据来支持[1]；（2）工厂制的采纳落在捻丝技术和编织技术的重大进展之后，发明和组织变迁的这种时间上的联系，说明了两者之间存在密切关系，即技术变迁的进程决定工厂化生产的采纳速度[2]；（3）在 19 世纪 20 年代之前，丝绸业采用工厂制的地理分布与动力织机的引入密切相关，那些在技术上可用动力织机生产产品的地带，通常采用工厂制进行生产，而那些在技术上难以采用动力织机

---

[1]　这支持了本书对于企业的交易成本理论的批评。

[2]　这也支持了本书的观点。技术进步的实质是知识的进步及其运用的结果。这意味着拥有知识的个体的专用性人力资本的深化，从而深化了分工。

进行生产的地带，保持着传统的生产方式。

在《看得见的手——美国企业的管理革命》这部书中，通过对1840—1919年期间美国企业从"单一单位企业"变迁到现代工商企业的历史考察，钱德勒（1997）观察到：（1）现代工商企业将原来独立运行的经营单位内部化了[①]。这导致了交易的规范化，交易成本以及获得市场和供应来源的信息成本降低了，商品流量在单位之间可以进行管理和协调了，能够更好地利用设备和人员、提高生产率、降低成本[②]。（2）由于许多营业单位的活动内部化到一个企业，管理层级制就必不可少，它成为现代企业的一个显著特征。这种管理层级制与独立的、自主的营业单位的联合体相比较，在于提供管理上的方便，更好地发挥协调功能。（3）各级支薪经理越来越具有技术性和职业化，企业变成了企业家的企业。一方面，企业家的选拔和晋升越来越依靠培训、经验和表现，企业家职业越来越接近于律师、医生和牧师；另一方面，现代企业中所有权越来越分散，股东不具备参与企业高层管理的影响力、知识、经验和义务，若所有者或金融机构不委派代表成为企业的专职经理，它们与企业的关系与一般的股东并无二致，虽然它们还拥有否决权。

从上述史料及钱德勒、琼斯等学者的研究结果可见：

第一，生产技术的变革，使协调生产的方式或组织生产的制度结构发生相应的变革，它在19世纪末使"单一单位企业"演变为现代工商企业。能够统辖在分工合作利益里的因利用新技术新工艺而带来的规模经济和范围经济，即劳动的社会结合的利益，也是组织形式变迁的独立的重要的力量。

---

① 这可以与前文的分析印证，例如，日本学者河上肇所调查的四轮马车制造厂就是这样。

② 这表明交易成本的节约，是分工的结果，而非前提。从而，企业的产生是为了节约交易成本的观点无法自圆其说。

第二，生产的技术条件与组织生产的制度结构之间总是存在着交互作用，作为技术条件与制度结构综合体的企业，其目的在于提高生产率、节约各种费用。将交易成本不为零当作企业出现的唯一的必要条件，企业的出现在于它比市场更能节约交易成本的理论，是片面的，颠倒了因果关系。

第三，企业需要受过专门教育、拥有专门知识和经验的人员来完成生产与分配过程中复杂的组织与协调工作。也就是说，需要先有专用性人力资本作为基础条件。

第四，企业的形式不是一成不变的，它是发展的，随着人的认知深化或认知盲区消除而演化出不同形式。在企业的演变过程中，独资企业是最古老的形式，随后是合伙和合伙企业的产生和发展，最后才是公司的出现和发展。有限责任公司和股份有限公司虽然是出现较晚的企业形式，但它凭借在筹集资本和人力、组织和管理经济活动、分担风险和责任、分配收益等方面的一系列优势，迅速发展壮大起来，成为现代经济中居于主导地位的企业形式。

第五，在一般意义上，可以将企业视为利用分工组织生产、配置资源的方式，即企业是在一定历史条件下，根据需要①，整合各种生产要素，以分立的专用性人力资本为基础的，组织个体之间专业化生产和协作的，以收益极大（最大）化为目标的组织形式（或迂回生产的组织形式）。至于应对风险和不确定性，节约交易成本，或只是企业成立的副产品。

---

① 再次强调，有的"产品"生产不需要团队分工协作，单打独斗式的生产更有效率。

6 认知盲区的消除与社会经济制度的生成

经济学界已有一些论及制度起源的研究，但这些研究尚未形成公允的看法。如约翰·塞尔（Searle，2005）所评价的，制度理论仍处于幼年期，主要是因为对于制度如何产生的问题没有令人满意的解释。桑切斯·帕赫斯和斯特劳布（Sánchez-Pagés & Straub，2010）也表达了类似看法：“所有（现有）著作都描述了已经存在的制度安排，但对于导致这些制度出现的因素却罕有提及。”

解决制度的起源问题，需要将问题推到极致，从常识入手。就最一般的情形而言，个人在为增进自己的福祉而努力的竞争过程中，会坚持运用那些获得成功或者看似成功的行为模式，并将其看作是在某种特定情形下如何行动的准则或参照点。如果其他人观察到这种行为模式，他们就会加以效法。随着模仿持续，以及遵循这种行为模式的人数增多，人们将预期别人也会采取同样的行为，从而更有可能增大合作的收益。一旦模仿作为一种策略被采纳，那么，它将转变为一种日常的惯例或者习俗（埃克哈特·施里特，2005，p.6）。这就是非正式制度[①]。非正式制度是不成文的，是潜

[①] 非正式规则在确保履约中发挥怎样的作用，社会如何通过习俗、激励机制、权威原则、强制和冲突解决机制进行协调，还没有引起足够的重视。参见韩洪云、李寒凝（2018）。

在的规则。正式制度是成文的、显性的规则[1]。正式制度实际上是非正式制度的显性化。从根本上讲，正式制度是对非正式制度的模仿及创新[2]的结果。

6.1 制度的内涵辨析

哈耶克（Hayek，1991）主张"经济学家们应该经常尽可能地挑选出一些学术界有争议的专门术语，如实地追究它们到底是怎么回事"。"制度"就是此类术语。在经济学中，"制度"这个词语的定义由于比较模糊而难以把握和理解[3]。至今，仍如黄凯南（2016）、加列夫和伊莱西娃（Gareev & Eliseeva，2020）所说："有关制度的定义众多，尚未形成广泛的共识。"从而，需要通过"对词的清晰理解来明晰我们对现象的认知"。

在汉语中，"制度"一词早在《易经》中就有："节以制度"。对于"节以制度"，严耕望（2019）认为，其意思是制度可以作为约束社会人群行动的共同规则[4]。《现代汉语辞典（第五版）》则

---

[1] 制度是否完备或完美，不属于本书讨论范围；制度变迁与否，也与制度完备或完美与否不做直接关联。

[2] 在本书中，创新是指知识的发现与更新，从而，创新是消除认知盲区的结果。

[3] 台湾世新大学陈敦源博士认为，学界对于制度定义的模糊，造成新制度论研究的两个应该注意的结果：其一，这种定义模糊的状态事实上是将定义制度研究范围的权力，下放给个别的研究者，因此，打着"新制度论"招牌的研究者，必须花费相当的篇幅来阐述个别研究者所要研究的制度到底是什么，不然，个别制度研究很难为传统上被两大集团瓜分的学界所了解；其二，这种定义模糊的现象也使得学者在两大方法论集团之间，很难找出轻松的第三条路，以至于能够从制度的定义到研究方法上，在两大传统的夹缝之间，找到一条能够"合理化"（justify）其研究重要性与内涵的方法。参见陈敦源（2001）。

[4] 但我认为，《易经》节卦卦辞中的"制度"，是适度限制之意，并非现代的规章制度意义上的"制度"。

把"制度"赋予两重含义：第一，它是指大家共同遵守的办事规程和行动准则；第二，制度是指在一定历史条件下形成的政治、经济、文化等方面的体系（注：这里的"体系"对应的英文单词是system）。

阅读经济学文献，发现有四个英文单词均被翻译为制度：order，regime，system①，institution②。

（1）按照《美国传统英语词典》，"regime"的意思是：A prevailing social system or pattern（即体制：通常的社会系统或模式），或者 A regulated system，as of diet and exercise；a regimen（即生活制度：一个有规则的制度，如饮食和锻炼制度；养生法）。按照《简明英汉词典》（1984），"regime"的意思是：政体，政权，政权制度。按照《牛津高阶英汉双解词典》（*Oxford Advanced Learner's English-Chinese Dictionary*，2018）的解释，"regime"这个词有两种含义："method or system of government"，"prevailing method or system of administration"。

（2）按照《牛津简明英语词典》（*Concise Oxford English Dictionary*，2011），"system"一词源于上古拉丁语和古希腊语，其本义为"the established political or social order"。《美国传统英语词典》将该词解释为"A social，economic，or political organizational form"。《兰登书屋大学词典》（*The Random House College Dictionary*，1980）亦将其解释为"the structure of society，business，politics，etc."按照《简明英汉词典》和《美国传统英语词典》，"system"的意思是：体系、制度、体制、秩序，规律、方

---

① 如［美］阿兰·G. 格鲁奇的《比较经济制度》，英文书名是"*Comparative economic systems*"。

② 如［日］青木昌彦的《比较制度分析》，英文书名为"*Towards a comparative institutional analysis*"。

法。具体到比较经济学这门学科来看，"comparative economic systems"一般被翻译为"比较经济体制"或者"比较经济制度"。

（3）从词源上看，"institution"是"institute"的派生词，其词根"stitute"源于拉丁语，意思是"站立"；该词在中世纪英语中，意为"establish，arrange，teach"。按照《牛津简明英语词典》，在当代英国英语中，"institution"意为"established law，custom，or practice"。然而，将"institution"一词引入经济学领域的是19世纪末20世纪初的美国人，故似应以美国英语为基准。按照《美国传统英语词典》，"institution"的意思是：A custom，practice，relationship，or behavioral pattern of importance in the life of a community or society（即制度，习俗：一个社会或社区生活中的习惯、实践、关系或主要的行为方式）或者 An established organization or foundation，especially one dedicated to education，public service，or culture（即机构：一个已成立的组织或基金，特别是指为教育、公共服务或文化的目的而设立的）。《兰登书屋大学词典》将"institution"一词释义为"an organization or establishment devoted to the promotion of a particular object，esp. one of a public，educational，or charitable character"。《牛津简明英语词典》对"institution"的界定则是："an established law，custom，usage，practice，organization"。综上可见，现代汉语中的"制度"一词不能完全涵盖英文"institution"一词的宽广含义。

（4）"order"，一般被翻译为秩序，即 A condition of methodical or prescribed arrangement among component parts so that proper functioning or appearance is achieved（秩序：有条理地、有组织地安排各构成部分以求达到正常的运转或良好的外观的状态）。但是，根据《美国传统英语词典》，"order"还有两层含义：The established system of social organization（体制：已确定的社会组织系统），

The prescribed form or customary procedure（规则，制度：既定形式和常规程序）。

上述四个单词翻译成中文的时候该如何区分？韦森（2001）给出了一个思路：在西方比较经济学界中，"regime"和"system"这两个词常常是通用的。这主要是因为英文的"system"一词本身就有中文"制度"的含义。正是因为这一点，西方比较经济学家们经常使用"socialist regime"和"socialist economic system"，并且在使用上这两种说法的含义和边界完全重合。然而，我们发现，制度经济学中的"制度"多用"institution"，而很少用"system"，"制度经济学"的译名就是"institutional economics"。原因可能在于，一般认为"regime"和"system"偏向于指较宏观的、有关社会整体的或抽象意义的制度，而"institution"则一般指较微观的、具体的制度。至于"order"，一般被作为规则，特别是市场规则或者企业规则等。

除了"制度"的使用或者翻译问题，不同学者对于制度的含义界定不同。凡勃伦（2009）认为，制度实质上就是个人或社会对有关某些关系或某些作用的一般思想习惯；今天的制度，也就是当前公认的某种生活方式。换言之，制度无非是一种自然习俗，由于习惯化和被人广泛地接受，这种习俗已成为一种公理化和必不可少的东西。制度必须随着环境的变化而变化，是生存竞争和淘汰适应过程的结果。而在康芒斯（1962）眼中，制度无非是集体行动控制个人行动。所谓集体行动的范围很广，从无组织的习俗到有组织的"运营机构"，如家庭、公司、公会、联邦储备银行及政府或国家。一般而言，集体行动在无组织的习惯中比在有组织的团体中还要更普遍一些。进一步讲，集体行动常同所谓的"工作规则"密不可分，后者告诉个人能够、应该、必须做（或不做）什么。拉坦和速水佑次郎（Ruttan & Hayami, 1984）认为，制度通常被定义为一套行为规则，它们被用于支配特定的行为模式与相互关系；一种组织则一般被看作一个决策单位。这是一种没有差别的区分。霍奇森（Hodgson，1998）认为，制度是通过传统、习惯或法律约束的作用力来创造出持久的、规范化的行为类型的社会组织。他特别强调在一个错综复杂、变化莫测的世界中，正是这种持久性和规范性，才使得社会科学有可能运用于一切实践。艾尔斯纳（Elsner）把制度定义为一种决策或行为规则，后者控制着多次博弈中的个人选择活动，进而为与决策有关的预期提供了基础（转引自青木昌彦，2001）。尼尔（Neale）认为，从广义上讲，制度指一种可观察且可遵守的人类事务安排，它同时也含有时间和地点的特殊性而非一般性（转引自青木昌彦，2001）。舒尔茨（1968）认为："我将制度定义为一种行为规则，这些规则涉及社会、政治及经济行为"（转引自 R. 科斯、A. 阿尔钦等，1994）。林毅夫（1994）认为："从最一般的意义上讲，制度可以被理解为社会中个人遵循的一套行为规则"。张宇燕（1994）认为："所谓制度，无非是指那些人们自愿或被迫接受的、规范人类偏好及选择行为的各种规则和习惯。在这里，规则包括法律、规章以及政府政策等等；而习惯则多指文化传统、风俗、禁忌、道德规范等等"。诺斯（North，1991）认为："制度是社会游戏（博弈）的规则，是人们创造的、用以限制人们相互交流行为的框架"，他还将制度和组织进行了区分：组织是博弈的参与者；制度是博弈规则。樊纲（1994）认为："制度的一般定义是制约人们行为、调节人与人之间利益矛盾的一些社会承认的规则"。黄少安（1995）认为："制度是至少在特定社会范围内统一的、对单个社会成员的各种行为起约束作用的一系列规则"。青木昌彦（2001）认为，制度是"关于重复博弈进行的主要方式的共有信念（shared beliefs）的自我维持系统"，"博弈规则是由参与人的策略互动内生的，存在于参与人的意识中，并且是可自我实施的"①。沿用拉坦和速水佑次郎的定义，田国强和陈旭东（2018）认为，制度可以分为制度规则和制度实体。阿西莫格鲁和罗宾逊（Acemoglu & Robinson，2021）对于"制度"的定义，强调的是塑造和调节经济和政治权力的制度安排，这其实沿用了阿西莫格鲁等人（Acemoglu et al.，2005）此前的"制度"定义，政治制度包括宪法、选举制度、政治体制与政治参与、集会和公民权利相关的法律等，还可以包括某些政治行为规范；经济制度包括商法、产权、承包制度等。

尽管制度的定义千差万别，从广义的角度看，其基本思想包括以下几点（盛昭瀚、蒋德鹏，2003）：（1）规范化的组织（从企业到社会团体、商会、大学，一直到国家机构）②；（2）共同的行为方式（从惯例到社会习俗，直到伦理准则）；（3）规范和约束（从道德规范到正式法律）。上述这种归纳，其实是综合了康芒斯等旧制度经济学的观点和演化经济学的观点。

本书认为，对于制度的定义或划分标准，一方面应该将不同的制度形态包含进来，避免遗漏；另一方面，应当便于区分不同类型的制度，确保其边界明确、清晰。于是，对于制度的分类而言：（1）从发挥作用的方式看，制度包括正式制度和非正式制度；（2）从制度的范围看，包括微观层面（如企业等组织）和宏观层面（如一国的经济制度）；（3）从制度系统的角度看，包括制度环境

---

① 类似这样将制度理解为重复博弈中的均衡，可能是较多学者的选择（Greif & Kingston，2011；Elsner，2012；Hindrinks & Guala，2015）。

② 有的学者常常将制度与组织区分开来。一种制度通常被定义为一套行为规则，它们被用于支配特定的行为模式与相互关系。一种组织则一般被看作一个决策单位——一个家庭，一个企业，一个局——由它来实施对资源的控制。然而，如拉坦所说："这是一种没有差别的区分。一个组织（例如一个家庭或一个企业）所接受的外界给定的行为规则是另一组织的决定或传统的产物，诸如有组织的劳工，一个国家的法院体制或一种宗教信仰。"参见［美］V·W. 拉坦（1991）。

（正式制度和非正式制度）、子制度（如企业等不同的组织）。综合而言，制度区分为三种：正式制度（显性规则）、非正式制度（隐性规则，主要是习俗）①、企业等组织。从而，制度变迁，即制度创新（抑或制度演化），主要研究企业组织的形成、变迁，以及社会制度（包括显性规则与隐性规则）的形成与变迁。关于企业的性质，上一章已经作出讨论，本章讨论社会制度（正式制度、非正式制度）的形成。

6.2　三种主要制度起源理论评析

为什么会存在制度，或者说制度是如何产生的？对于社会经济发展来说，制度是内生变量还是外生变量？这些问题归结起来就是制度的起源问题。关于制度的起源，经济学家们提出了多种解释。

就方法论而言，迄今为止的关于制度起源的研究主要分成三类②：第一类是诺斯③等新制度经济学者的方法，即交换形式的发展提出了建立制度的要求；制度研究的第二种方法，即博弈论的方法④，其代表人物青木昌彦（2001）认为：制度是"关于博弈重复

①　诺斯（2014）认为，即使在最发达的经济中，正式制度安排也只是决定选择的总约束的一小部分，人们生活的大部分空间仍然是由非正式制度安排来约束的。参见［美］道格拉斯·诺斯（2014）。

②　其他的某些观点，尽管也有一定的代表性，但是尚未被纳入主流的话语体系，譬如斯维特洛娃（Svetlova，2016）提出的社会制度表演式起源说，可以纳入本书的模仿学习之下。

③　当然，诺斯很关注博弈论。诺斯在《制度、制度变迁与经济绩效》（2014）中提出的制度定义，"制度是一个社会的博弈规则"，在某种程度上使得博弈论逐步成为主流制度分析的标准工具。但是，他与青木昌彦之间关于制度的内涵，是有很大分歧的，主要体现在博弈"规则"与"均衡"的分歧（前文已有揭示）。显然，二人对制度的界定，都是狭隘的。

④　许成钢（2017）认为，制度成为主流经济学理论研究的重点，是由于主流经济学自20世纪70年代以来系统引入了博弈论和机制设计理论。

进行的主要方式的共有理念的自我维持系统"；制度研究的第三种方法是将制度看作社会选择的结果，其代表人物是约翰·康芒斯①。

6.2.1 诺斯的制度起源说②及评价

诺斯的主要观点为：在直接、小范围、重复的交换中，专业化程度低，信息完全，这时生产成本高而交易成本低，制度无关紧要；随着分工和专业化的发展，产品种类增加，市场规模扩大，交换复杂化，信息不完全、信息不对称，这时生产成本低而交易成本高，合作和制度必要③。

诺斯认为，迄今为止，人类社会经历了两类交换形式，即从简单的交换形式到非个人交换形式。在简单的交换形式下，专业化和分工处于原始状态，人们交易的范围（从空间到内容）都很简单，参加交易的人很少，重复率很高，交易的当事人之间拥有对方的完全信息。所以，就不需要建立一套制度来约束人们的行为，减少不确定性。

随着专业化和分工的日趋发达，交换大大扩张，出现了非个人交换形式。在这种交换形式下，交易极其复杂，交易的参与者很多，信息不完或不对称，欺诈、违约、偷窃等行为不可避免。这样，个人收益与社会收益之间就会发生背离，如果个人收入与其投入不相称，他便会失去从事生产性活动的动力，社会效率也难以达到最优。

诺斯认为，斯密所说的"看不见的手"，其所描绘的状态只能是简单交换形式，而说明不了复杂的非个人交换形式。在后一种形

---

① 考夫曼（Kaufman，2017）认为，康芒斯才是真正的制度经济学创始人。
② 从1990年代开始，诺斯转向"人类认知"（cognition）的研究。这一点，前文曾做介绍，特别是诺斯的共享心智模型。不过，诺斯的努力似乎没有受到中国学者的足够重视。
③ 也有人认为，分工产生的交易成本和团队效应是经济组织起源的两种方式。参见高政利（2013）。不过，团队效率本身也与交易费用相关。

式中，会产生"囚徒困境"现象。如图6-1所示。

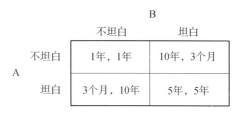

图6-1　囚徒困境

　　囚徒困境表明，在一定条件下，每个人的"自私"不一定就会"自利"，恶性竞争的结果会招致两败俱伤。人们经过类似囚徒困境这样的事例，会逐步发现，合作比"自私"更有利，共同遵从一定的合作规则比通过欺诈获得几次不义之财更有利。这样，制度（合作规则）就会被需求并产生作用。在诺斯等新制度经济学家看来，这种合作精神、"利他主义"，并不是某种道德说教的结果，它同样是符合人们对自身利益追求最大化的经济原则的，只是人们通过对成本—收益的分析比较，发现合作、双赢所带来的利益可能会更大，所以会作出遵守规则、进行合作的选择。他们认为，在个人的效用函数里，既有利己主义，也有利他主义，人们倾向于哪一方面，主要受制度因素的影响。

　　由此看来，制度的作用在于，规制人们之间的交换关系，减少信息成本和不确定性，把阻碍合作的因素减少到最低程度，促进个人收益与社会收益的一致性。制度的产生与否，交易成本未必是最主要的因素，甚至有学者（方钦，2018）称，"未来经济学制度分析的趋势，则是应当抛弃以交易成本为中心的制度解释。"

　　诺斯等学者的制度起源说，运用的是新古典的"供求框架"，难以解释"元制度的起源"。对于制度分析的供求框架的详细讨论，参见本书第7章。

6.2.2 青木昌彦的制度起源说及评价

青木昌彦（2001，p.28）认为：制度是"关于博弈重复进行的主要方式的共有理念的自我维持系统。"在这里，"博弈重复进行的主要方式"等同于博弈规则[①]。但是，"博弈规则是参与人的策略互动内在产生的，如均衡博弈论者所说的那样，它们被参与人所预期，是自我实施的。"

青木昌彦的观点包含了制度研究中经常可以看到的几层意思：第一，制度是自发产生的，换言之，我们无须援引其他制度来解释我们所研究的制度；第二，制度是个体博弈的均衡；第三，制度是自我实施的。

本书认为，上述观点存在以下缺憾：首先，任何时代的人都生活在由制度和文化所织成的社会网络之中，即使是最原始的部落也有着复杂的社会组织和制度。当代的实验经济学的一个重要成果是发现"对等性"（reciprocity）的广泛存在。所谓对等性，就是中国人所说的"以彼之道，还施彼身"或者"以德报德，以怨报怨"。阿马蒂亚·森（2000，pp.82-88）将对等性引入囚徒困境，发现原先难以达成的合作变得容易多了。我认为，囚徒困境对于我们理解人类所面对的合作难题是很有价值的，但是，它毕竟只是对一个抽象的模型，在现实中只对应于人类的蛮荒时代；要理解今天我们所观察到的制度，我们就必须将分析建立在过去的制度之上。

其次，尽管制度也可能是个体博弈的均衡，但是，绝大多数制

---

① 目前，很多制度经济学家也倾向将制度看作一种博弈规则（North，1991），或者将制度看作博弈均衡本身（Schotter，1986；Dixit，2004；Acemoglu，2005），或者将制度看作是一个包含了博弈规则和博弈均衡的系统（Greif，2006）。

度特别是对合作至关重要的规则，都不是个体博弈的均衡，而是由组织或者某几个利益集团来制定和实施的。青木昌彦所倡导的共有理念式的制度如果不是罕见的，也是非常脆弱的。一是和无名氏定理一样，这种制度对待机会主义行为的唯一方法是集体惩罚。集体惩罚意味着一个群体的自行灭亡，但是历史上没有发现哪个群体采用此下策。二是在不存在社会组织的情况下，个人如何能够形成共有理念？在现实世界里，文化的传播是一个非常复杂的过程，其间，像家庭、学校、社会团体乃至国家这样的组织都起到了不可替代的作用。组织的主要作用是使得针对个体的惩罚得以实施，从而大大降低了机会主义所带来的社会成本。同时，通过组织，权威得以建立。权威不仅降低了制度的执行成本，而且为组织的领导者提供了激励。

第三，关于制度的自我实施问题，可以区分两类自我实施：一类是不存在外在执法机构的自我实施，也就是说，每个人都自觉地遵守制度规则；另一类是存在外在的执法机构的自我实施，在这里，执法机构可以看作制度的一部分。青木昌彦所说的自我实施指的是第一类。但是，现实告诉我们，这类自我实施很少见，即使是道德这样长期演化而成的非正式制度，也是需要社会组织（家庭、邻里和宗教团体等）的提倡和监督才能实现的。第二类自我实施已经失去了它字面上的意义，因为外在的执法机构的存在本身已经证明自我实施是很难的。

6.2.3 康芒斯的制度起源说及评价

康芒斯是制度经济学的创始人之一和主要代表人物。但随着新制度经济学的兴起，康芒斯等人所倡行的制度经济学被称为"旧制度经济学"。但这并不意味着"旧制度经济学"是过时的学说。

康芒斯对制度的理解，源于他对人类经济活动的划分。康芒斯

（Commons，1936）认为，人类经济活动可以分为三种交易：买卖交易、管理交易和限额交易（所谓买卖交易，是通过法律上平等的人们自愿地转移财富所有权。管理交易，是用法律上的上级命令来创造财富。限额交易，则由法律上的上级指定、分派财富创造的负担和利益）。这三种类型的交易，合在一起就构成了经济研究中的"运行中的机构"。康芒斯还指出："这种运行中的机构有业务规则使得它们运转不停；这种组织，从家庭、公司、工会、同业协会，直到国家本身，我们称之为'制度'。""有时候一种制度似乎可以比作一座建筑物，一种法律和规章的结构，正像房屋里的居住人那样个人在这个结构里活动，有时候它似乎意味着居住人本身的'行为'。"由此出发，康芒斯认为："制度是控制、解放和扩展个人行动的集体行动。"从某种意义上说，这就意味着人类社会制度是某种集体的有目的的建构，从此也就凸现了其工具理性主义的思维取向。

应该说，"老制度主义从演化的角度来分析制度的形成，以跨学科知识来分析制度的走势，以更广泛的视野来审视社会制度"（朱富强，2015），至今仍有启发价值。康芒斯所引入的"交易"概念，在新制度经济学作为核心概念被接受（冯兴元，2016）。康芒斯关于"立法机关有意识的决定"导致的制度变迁和"习俗、普通惯例以及法院在解决争议时所作的裁决"导致的变迁，为后来拉坦和林毅夫等人的分析奠定了基础（林毅夫，2017）。

但是，由于康芒斯采用的是法律和描述性的方法，他的制度研究没有得到应有的继承，也没有引起应有的重视，尽管康芒斯的观点至今仍被学界关注，仍在被引用，例如阪口（Sakaguchi，2020）、格德斯和杰罗尼莫（Guedes & Jeronimo，2021）。另一方面，20世纪50年代发展起来的社会选择理论也没有对制度研究产生实质性的影响，因为它们主要还是规范性的研究。赫维茨（Hurwicz）试图将康芒斯的理论应用于制度研究，但他所关心的是制度的设计问题（Hurwicz，1993；田国强、陈旭东，2018），问题是，制度设计的观点缺乏认知盲区消除的基础；而且，其研究仍然属于规范层次的研究，缺乏坚实的实证基础。

6.3　社会经济制度的生成：一个分析路径

尽管学术界关注到了学习与制度的关系，但基本上局限在制度产生之后的学习问题，如黄凯南（2016）发现，不同类型的学习行为，对制度收敛及其速度会产生影响；不同的学习行为或规则，对主观博弈规则的收敛及其速度会产生系统性的影响。

其实，制度是学习的结果。每个人都不可避免地面临"认知盲区"，没有人确知未来将会产生什么，也没人确知别人将采取什么样的行为。但是，个人在为增进自己的福祉而努力的竞争过程中，会坚持运用那些获得成功的行为模式，并将其看作在某种特定情形下如何行动的准则或参照点。如果其他人观察到这种成功的行为模式，他们就会加以效法，模仿便成为一种普遍现象。

可以用智猪博弈模型（the boxed pigs game）对模仿行为进行近似描述。

设有两只猪，大猪和小猪。猪圈的一头是食槽，另一头是按键。出食量为 10 个单位，按键的成本为 2 个单位，选择等待的猪优先得到食物。如果大猪按键，则得到 6 个单位食物，小猪得到 4 个单位食物；如果小猪按键，则得到 1 个单位食物，大猪得到 9 个单位食物；如果大小猪均按键，则大猪得到 7 个单位食物，小猪得到 3 个单位食物。支付矩阵见图 6 - 2。

两只猪各自会采取什么策略呢？在这个博弈中，无论大猪选择什么策略，小猪的占优策略均为"搭便车"——等待。而对大猪来

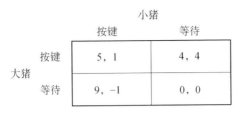

图 6‑2 智猪博弈

		小猪	
		按键	等待
大猪	按键	5, 1	4, 4
	等待	9, −1	0, 0

说，其最优策略依赖于小猪的选择。如果小猪选择等待，大猪的最优策略是按键；如果小猪选择按键，则大猪的最优策略是等待。换句话说，大猪没有占优策略。

由此可见，局中人通过观测其他局中人在过去各期内采取各种行动的概率，来对此做出最佳响应，选择能够给自己带来最大预期支付的行动。即局中人在重复博弈中通过博弈历史的观测，来形成其他局中人未来行动的信念，在给定这个信念的条件下，选择自己得到最大预期支付的行动。

举例来说，如果一个人想使用一种工具，却不知道如何运用它，他可能模仿一个恰好是用这一工具的人的行为。他可以被假设为，一个专业人员已经逐渐形成了使用这一工具的一套良好的办法，并且使得他无须更新为更好的技术工具。耗时、耗力和挫折，仅通过复制已经观察到的行为就可以被避免。这种类型的推理，适用于无论何时一个人都可以确切地假定其他人是更为见多识广的。在这种情况下，顺从或者模仿就是一个明智的策略。只要许多人卷入其中，那么，从众的情形就将是强烈的：没有人相信他比其他人更有见识。

一旦模仿作为一种策略被采纳，成为"共识"，那么，它就可能成为非正式制度。就如鲁迅在小说《故乡》中所说："其实地上本没有路；走的人多了，也便成了路。"那么，当这类非正式制度在一个群体中生发出来，每个在其中的成员都会"粘附"于它。这里并不需要有第三方来通过某种强制维护这种演化稳定态，而是每个成员均会自觉遵从。因而，它是一种自我维系、自我驻存的事态与情形。

弗格森（转引自猪木武德，2005，p. 23）说：人类试图排除不便并获得眼前明确的利益，却达到了一种连他们自己都想象不到的境界。与其他动物一样，他们感知不到那一结果，只是通过那属于他们本性的车辙而行走罢了……人们所有的脚步，所有的运动，即使在那个被称为启蒙时代的阶段，也都是在对未来完全盲目的状态下进行的。而国民却由此创造出了各种各样的制度，这些制度实际上并不是人为设计的实施结果，仅仅是人类行为的结果。按照我的理解，这里所说的"制度"也是"非正式制度"。

实际上，非正式制度和正式制度的起源，遵循不同的机理。前面的分析已经表明，惯例或者习俗这种非正式制度是在自发的模仿互动过程中产生和变化的，它确实是人类行为的产物，但不是任何人为设计的结果（猪木武德，2005，p. 23，p. 50）。非正式制度的产生是一个发生在模仿的社会组织之中的自发的创新和模仿过程。个人对惯例、道德规范和社会规范的遵从促使了社会秩序的形成（社会秩序的形成是个体遵从行为的非意图性的结果）。在联系紧密的团体中，非正式的制度在相当程度上足以稳定预期、提供惩戒或激励，因为维系组织成员的是个人关系。在原始社会中，单纯的非正式制度也能建立起社会秩序，因而通常没必要建立由明确的第三方实施的其他制度。

正式制度实际上是非正式制度的显性化。非正式制度是不成文的，是潜在的制度或"潜规则"。正式制度是成文的，显性的制度。从根本上讲，正式制度是对非正式制度的模仿及创新结果。譬如说，英美普通法体系基本上是建立在从习俗、惯例到先例再到法律制度这样一种内在演化机制基础上的①。作为一个内在于市场型构、生长和扩展过程的规则机制，以遵循先例为生命原则的英美普通法体系本身是随着英美市场的生长、扩展而成熟和发展起来的。英美普通法体系中的财产法、契约法、侵权法等基本上是在自发秩序的社会交往中的产权、民事的侵权行为与纠纷的案例判决中理性地积累起来的，实际上，英美法机制内在于市场运行之中，源于市场中的习俗与惯例，是市场运行中内在制度的外在化，但它作为一种外在化的内在制度和正式约束，又构成了市场运行的规则机制。普通法的产生就是市场运行中内生的交易成本的存在，而普通法的存在和发展本身也是为了减低交易成本。就社会整体而言，只有当内部的法律制度已经达到一种依法而治（the rule by law）的状态并最终进入法治（the rule of law）的阶段时，才是进入了制度化社会。美国法律史学家哈罗德·J.伯曼（Harold J. Berman）通过对欧洲大陆法系的考察，认为实行欧洲大陆法系的国家中，仍然有一个从习俗到惯例，从惯例到法律制度的社会制度的内在过渡过程，"在一定意义上，所有的法律最终都依赖于习俗和惯例"（韦森，2001）。任何法律制度都是对过去的现存事态、习俗和惯例的肯定与否定。根据历史法学派的基本观点，法律是一种调整和规范人们交往与交换的正式制度系统，是从社会现实中人们的行事方式、习俗和惯例中演化而来。

为何将潜规则显性化，或者换句话说，习俗或者惯例为何演变成正式制度（如法律制度）？这是因为，正式制度能够克服非正式制度的一些缺陷。

作为一种非正式约束的习俗或者惯例，一旦经由长期驻存而变成一种显俗，一种大家都遵守的惯例，它就对市场有一种规范与约

---

① 这里的论述比较简略，后文将专门讨论。

束作用，即惯例成了在市场中不断进行着重复交易活动的参与者的共识（即共同知识与共同意识）①，因为大家都这样做，我也应当这样做，甚至有时不得不和必须这样做。加之在大家都这样做的前提下，我亦这样做可能最省事、最方便且风险最小。这样，惯例就成了市场运行的一种纽带，一种保障机制，一种润滑剂。这可以通过一个简单的博弈模型阐明：

假设两个人（一男一女）同时走近电梯，谁先上？如果两个人都选择谦让，让对方先上，则他们将站在电梯口浪费时间；如果两个人都抢着登梯，则他们将相撞。这一交互作用，可以模型化为一个博弈：每个博弈方都有两个选择：谦让、不谦让，并且每个人都必须在预期对方将做什么的基础上做出决策。每一对行动产生一个结果，每一对结果对每个博弈方都产生一个得益支付。支付矩阵见图 6－3。

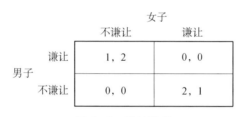

图 6－3　谦让博弈

从图 6－3 中可以看出，在这个博弈中，如果一方先谦让而另一方不谦让是一个社会在长期交往中形成的，并且在人们的一次次交往中得到加强的惯例或者习俗，人们都去遵守的话，就会实现纳什均衡，使男女双方的福祉之和达到最大或者极大。

也就是说，"女士优先"或者"长者优先"作为一种非正式的约束，惯例或者习俗的存在节约了人们之间交往的成本。惯例或者习俗的存在，给了市场活动的参与者一个确定的信息：应该怎样做并有信

①　包括想象中的"共识"。

心地预期到他本人如此行动也会从别人那里获得同样的合作。这样就避免了如上例中采取（谦让，谦让）及（不谦让，不谦让）策略所带来的冲突。再比如，现代市场经济活动中的种种契约的标准形式，也是具有这种特征的一种非正式约束。一般来说，在发达的市场经济中，如租约、房地产买卖的契约、遗嘱及其他商业契约都是一些标准的文本形式。这种标准的文本契约的存在，显然减少了交易双方在每次交易活动之前寻找律师、起草契约、就契约的细节进行讨价还价的交易成本，从而大大便利和促进了市场交易的发展。

但是我们应该看到，这种非正式的约束机制具有一定的局限性。正因为它是一种非正式的约束，人们遵守还是不遵守它存在一定的不确定性（Gross & Vostroknutov，2022）。它只是告诉人们应该如何做事，而不是像法律那样规定强制人们必须如何行事或不可如何行事。因此，法律作为由第三方强制保障实施的正式的约束，就有存在的必要了。从这个意义上讲，法律这种正式制度的作用只是保障人们按照习俗和惯例行事，也就是说，法律的实际作用只是对习俗或者惯例的维系、支持和补救。譬如上面的博弈，如果法律明文规定要"女士优先"，并对不遵守这一规定的人实施惩罚，则男女双方的支付矩阵如图 6-4。

	女子	
	不谦让	谦让
男子　谦让	1, 2	0, 0
不谦让	-2, 0	-2, 0

图 6-4　附加外在约束的谦让博弈

显然，在这种情况下，男子会毫不犹豫地选择"谦让"策略，同时女子会选择"不谦让"策略，而不是如在先前的博弈中还会以一定的概率选择都不谦让或者都谦让的策略。

6.4 社会经济制度的生成：案例分析

对于正式制度和非正式制度的产生，前面提出假说，并通过浅显的模型推理论证得出结论（理论）之后，这里通过两个历史案例进行分析，以图表明非正式制度产生自模仿①，正式制度（如普通法）的产生是对习俗的模仿与创新。

6.4.1 非正式制度的生成："帝"与"龙"的案例

本书 2007 年初稿中，对于非正式制度的生成，采用的是作为制度的"语言"② 的起源分析案例，是采用了仿真模拟结果。

仿真模拟毕竟不等于现实，而且鉴于语言的真正起源基本上难以获得可靠的案例，此处予以放弃，并更换新案例——作为非正式制度的帝王秩序，"帝"与"龙"的概念是如何起源的。

众所周知，中国龙，在传统社会中，是帝王的象征；在当下，是中国的国家象征符号③。如闻一多所说："数千年来我们自称为华夏，历代帝王都说是龙的化身，而以龙为其符应，他们的旗章，宫室，舆服，器用，一切都刻画着龙纹。总之，龙是我们立国的象征。直到民国成立，随着帝制的消亡，这观念才被放弃。然而说放弃，实地里并未放弃。正如政体是民主代替了君主，从前作为帝王

---

① 对于非正式制度的生成而言，无法用其他实践检验的方法，历史案例相对可靠一些。

② 鲁宾斯坦（Ariel Rubinstein）认为，"经济学试图将社会制序（social institutions）解释为从某些函数的最优化过程中所衍生出来的常规性；这一点对语言也是适用的"。参见［以色列］鲁宾斯坦（2004）。从知网检索，也有学者将语言作为制度进行分析的，参见张卫国（2011）。

③ 正是由于"龙"文化成为了非正式制度，当今不少学者纠结于译文，即认为"龙"不宜翻译为"dragon"，否则，影响了我国的国际形象。

象征的龙，现在变为每个中国人的象征了。"[1]

正如施爱东（2013）所说："在中国正统文化中，龙是权力的象征符号，是帝王将相的特权纹饰。中国皇帝是天之骄子，需要依据天命来行使其神圣职权，因此，垄断了沟通天地的龙，也就等于垄断了'奉天承运'的神圣权力。龙因此成为专制皇权的象征资本，这种象征资本具有神奇的魔力。"

问题是，这种龙文化[2]是如何起源的？从根本上讲，非正式制度的起源，模仿是关键。来自动物学的研究成果表明，动物的一个常见的本能行为就是模仿。比如，小猴子会模仿它的母亲，只吃猴子能吃的果实。模仿是动物生存的一个必要条件。有些动物是特别能模仿声音的，我们熟知的譬如鸟类中的八哥和鹦鹉，还有哺乳类的海豚。很多灵长类的动物，包括人，也都是具有模仿的天性的。大家都知道小孩子出生不到几个月就会开始模仿身边大人的语言了。龙文化，也是模仿的结果。

早期的龙，只是作为一种"异兽"而存在。比如，新石器时代的龙，即红山文化地层出土的玉龙，长相颇似小猪。龙，甚至可以吃，如《史记·夏本纪》载："龙一雌死，以食夏后。夏后使求，惧而迁去。"《博物志卷四·物理》载："龙肉，以醯渍之，则文章生。"

但真正被帝王所垄断，作为一种秩序象征的龙，却不是上述的动物"龙"，而是与星宿有关（章也，2008）。

---

[1] 转引自施爱东（2011）。当然，从学理的角度来看，"龙是华夏民族图腾"这个命题是不能成立的。

[2] 这里所谓的"龙文化"，强调的是非正式制度意义上的"文化"，是作为一种"规则体系"或"秩序"。实际上，"文化"在很多时候是作为协调人们行为的秩序而出现的。如 Acemoglu & Robinson（2021）强调，"文化"的价值或作用在于三个方面：（1）试图提供"意义"或一个连贯的框架来解释不同的情况（例如，宗教所做的）；（2）协调群体内的期望和行为，从而实现某些原本不可能采取的行动；（3）鼓励某些行为，同时劝阻其他行为（例如，试图防止暴力、盗窃、通奸或高利贷）。

首先看"帝"。《论语》为政篇称:"为政以德,譬如北辰,居其所而众星共之。"北辰,北极星,是权力的象征。进一步的明示,是在《史记·天官书》中:"斗为帝车,运于中央,临制四乡。分阴阳,建四时,均五行,移节度,定诸纪,皆系于斗。"北斗之所以受到尊崇,正是由于它明显可见,还有个重要原因就是:尽管北天极很重要,却常常通过明显可见的北斗为参照来判断其准确的位置。

"帝"字,源自对于天文的"仰观",即模仿。按照美国天文学家班大为(2008,pp. 328-357)对于公元前2150年前后北天极星象坐标的计算,使用三条纵向线的交点标识,呈现出甲骨文"帝"字的原型实际来自于北天极的星图。皇帝所居住的地方,隋朝和唐朝,称为紫微宫,明清时称之为紫禁城,这是因为北极星即紫微星,乃"中宫天极星",故又称"紫微大帝",而地上的皇帝自诩为天选之子。

再看"龙"字。将苍龙七宿相连,便是其象形字。《史记·天官书》言"北斗七星……杓携龙角"。冯时(2007)研究发现:将殷周古文字中"龙"字与东宫七宿星图经过比较就会惊奇地发现,如果以房宿距星(π Scorpio)作为连接点而把七宿诸星依次连缀的话,无论选用什么样的连缀方式,其所呈现的形象都与甲骨文及金文"龙"字的形象相同。如果龙不是描绘一种已经灭绝的物种的话,通过古文"龙"字的构造,我们看到"龙"的形象来源,只可能是对东宫星宿所呈现的自然图像的复制和艺术化。

一方面,苍龙七宿的运行,跟一年四时循环吻合,龙星便成为天道的象征。其中,角宿是东方苍龙第一宿,代表龙角,也是全天二十八宿的起点。《史记·天官书》说:"大角者,天王帝廷。"于是,龙星成了皇权的象征。另一方面,在农业社会,"龙"是至关重要的。《国语·周语》提到了农业的征兆——农祥(房宿):"农祥晨正,日月底于天庙。"韦昭的注释,解释得很清楚:"农祥,房星也。晨正,谓立春之日,晨中于午也。农事之候,故曰农祥也。底,至也。天庙，营室也。孟春之月，日月皆在营室也。"正是因为房宿（在苍龙星座的中心）与春天的来临以及所有重要的耕作活动起始之间的关联，《说文解字》解释"龙"："春分而登天，秋分而潜渊"。《石氏星经》亦称（转引自郅敏、刘印梅，2018）："角为龙之首，实主春生之权，亦即苍龙之角也。"俗语也有"二月二，龙抬头，大家小户使耕牛"的说法，这里的"龙"也是指龙星的角宿，因为此时"龙"的身子还隐没在地平线以下，只是角宿显露，故称"龙抬头"。

由此可见，作为帝王秩序的"龙"，并非实在物质的龙，而是龙星的模仿物。

6.4.2 正式制度的生成：英国法律起源的案例

笔者的硕士论文《银行的本质》考证了货币的起源，其基本逻辑链条是：模仿——习惯（非正式制度）——货币（本质上也是一种正式制度）。其实，作为市场经济的重要基础条件的法律（正式制度），也是模仿的产物。根据法学著作，法律（正式制度）源自习俗（非正式制度）。这里不打算赘述货币起源的分析，而是选择以英国的法律制度起源为例说明正式制度如何生成①。

现代社会通过特定的权威机构来制定和表达法律的方式，在法律史上只是一个很短暂的阶段，在此之前，绝大多数法律体系的基本要素是习俗。现在保留下来的早期盎格鲁-萨克逊法的法律碎片本质上是

---

① 国外学术界关于英国法制史的专著很多，比如密尔松（Milsom，2014）的《普通法的历史基础》分析了普通法的历史基础；普拉客基特（Plucknett，2001）的《普通法简史》简要叙述了普通法的发展过程；卡内根（Caenegem，1988）的《英国普通法的产生》认为普通法产生具有一些偶然因素，如诺曼入侵等；哈定（Harding，1973）的《英国法律社会史》则分析了法律与社会的互动。中国学者程汉大主编的《英国法制史》（2001），也对英国法制的特点进行了系统的探索。总之，这些著作都从不同的角度探讨了英国法制的一些特点。本文对英国法律的起源参考了上述文献，特别是程汉大主编的《英国法制史》。

习俗，尤其是百户法庭和郡法庭，都宣称习惯法的裁决是从习俗中产生的，这种习俗最重要的特征就是其所具有的弹性和可接受性。这种背景下产生的法律，决定了它具有自下而上的传统渊源。

盎格鲁-撒克逊人的早期社会带有强烈的部族性质，一些特殊的部族按照某种区域的联合组成王国。土地在自由民之间分配，并按他们的等级构成一个十分重要的集团。"土地耕作者"构成了自由民之下的一个等级，他们从自由民那里获得土地，但没有政治权利，奴隶构成了社会的最底层。原始的部落司法由一个选举产生的首脑和他的继承人负责。每个首脑都有一个随从团队，并有责任保护其人民。早期盎格鲁-撒克逊国王基本上还是部族首领，开始都是由选举产生，后来才固定下来成为世袭的国王和君主。这样的国王们不能完全依靠他人来维持王室成员的生存，他们也有自己的土地。但这些国王领地和欧洲大陆意义上的领地并不完全一致，它并不是一个严格圈占的土地，其中的旷野，部分民众也享有某种使用的权利。国王获取一种称之为"feorm"的租金，以维持自己家族的生存。这种食物租金大致为：10 海德（Hide，1 海德等于 120 英亩）的土地每年要交 10 桶蜜，300 棵卷心菜……8 世纪以后情况有一些变化，在一些国王很少巡视的地方，农夫的租金必须以单一的方式交纳，有时甚至要求用现金支付。

一直到诺曼入侵后的很长一个历史阶段，英国的土地分配和占有方式都是一种始终有别于公有制或私有制的形式。

这种典型的农村公社土地制度，可以简言之为"份地制度"，或称为"份地分配制度"。只有社员（或公民、本族人）才有权利取得份地。外邦人（或外来人、外村人）没有取得份地的资格。不仅如此，更显著的特点是社员对份地的权利是天然的不可随意剥夺的社员权利。以后的几个世纪中，英国的土地占有制度发生了一些变化，广大的自由公社社员刻尔（Ceorl），他们以大家庭形式占有份地——海德，已经不见分配，长期占有。但其经济和政治地位是得到充分保障的。

在此社会基础上形成的早期盎格鲁-撒克逊法律一直处在变动之中。法律和司法程序在整个国土上并不统一，地方的司法过程非常复杂。与其他社会一样，商品买卖是盎格鲁-撒克逊社会最重要的活动，大部分暴力犯罪与商业的财产变动有关。因此，国王要求所有的买卖必须在开放市场中进行。在争执中，原告必须正式提出控诉，而被告也必须正式否认指控的罪行。一般来说，当一个人被他的邻居判决有罪时，他将通常受到除死罪以外的若干经济惩罚，即对受伤害的对象及其家庭支付赔款，这种赔款称为 bot，同时需上缴给政府一定的罚款，称为 wite。一个自由人平时价值的估计状况称为 wergeld，如他被人杀死，则罪犯必须按照法律赔偿他的wergeld。具体的数目则由他的社会地位决定，一个国王的估计价值为 30000 先令，大主教为 15000 先令，一般主教为 8000 先令。

值得关注的，是早期盎格鲁-撒克逊社会中的司法细节。百户法庭在所有的司法审判中十分重要，一般每月至少开庭一次。法庭的主要成员为百户长或他的代表，最初的判决应该通过百户区所有的自由民的同意。就其司法过程而言，还保持着十分原始的状态。法庭可以根据他人保证宣告被告无罪，条件是被告必须找 12 个亲戚或关系密切的邻居来为他宣誓作证，盎格鲁-萨克逊把在一个熟知他的邻居和万能的上帝面前的誓言看得异常重要。十家连保制是另一个特色。与被告同族的人最早还必须为被告的一些行为承担集体责任。如果被告被证实犯罪逃跑，这些人就必须支付罚金。

美国的理查德·波斯纳认为，"法律的终极目标是社会福利"（转引自杨吉，2004）而不是什么正义，与早期的盎格鲁-萨克逊法十分吻合。比如，在处理盗窃罪行时，盗窃国王的东西是以 9 倍的价值赔偿，而普通人的东西则以 3 倍的价值赔偿。也就是说，人们要求的是被窃的人应该得到补偿，但并不意味着他们能得到"同样比例"的补偿。这样的规定被视为理所当然，表明了英国早期社会中法律强烈的实用性质。

从表面看，在6—11世纪，盎格鲁-撒克逊的机构几乎是静止的，由于受到丹麦人不断入侵的威胁，不仅使各个王国试图统治更大范围领地的欲望受到制约，而且也使盎格鲁-撒克逊的部落形式成为最基本的作战应敌方式。这些因素，加上直到10世纪还对英格兰勒索赎金的丹麦人，使整个社会处于既分裂又统一的紧张之中。丹麦人的入侵和在自己的占领区内实行丹麦法，对英国法律产生影响的一个重要后果是，法律（law）一词正式由丹麦人传入了英语中。为了对付丹麦人，盎格鲁-撒克逊人只能紧密地团结起来，并促使国王阿尔弗雷德在10世纪统一了英国。阿尔弗雷德对司法有极大的兴趣，他在法律上做了一些积极的工作，发布了三个法典。其中，两个与宗教有关，第一是关于十一税，第二是关于他应该承担的宗教职责，第三则是关于救济品的分发。即便这样一些并不危害到公众利益的国王法典，是否能得到执行，还是有赖于地方社会共同体的好意，这些共同体的代表，包括主教、领主、贵族和自由民。这表明，国王在司法上并没有获得任何强制执法的特权。

在有关盎格鲁-撒克逊的法律信息中，我们可以清楚地发现如下一些原则：他们的法律制订者不是有意识地由一种要建立一个系统的、可以广泛理解的法典的愿望来推动立法的，也不受一种有连续性的一般性法律理论的影响。法律在很大程度上是由习惯的规则和判决来决定的，在其执行方面很大程度上是地方的而不是全国性的，且通常建立在非常口头的传统基础上。要解决的主要问题，如有意识地转移财产，保持公共秩序与和平，民众的基本权利与特权之间的冲突，这些从部族起源的民众权利都是得到民众"司法意识"肯定的，但国王的权利总是试图通过特许的方式或法律来削弱民众的这种权利。不过，国王在司法方面的权限并不大，各种具体的司法活动主要是各个区域自己自治管理，这种自治性质显然限制了国王在这一过程中的影响。当然，国王在司法过程中的重要性也有所显现，阿尔伯特大王就宣布了两项在司法过程中的重要规定：第一，无论什么自由人遭到杀害，杀人者除付给死者以补偿外，还必须支付给国王 50 先令。第二，国王负责召集全体民众的大会，其中对他人构成伤害的人必须给被损害者以双倍的补偿，而国王又可以从中得到 50 先令的罚金。

尽管说习俗与宗教作为一种维持社会的传统的力量比较有效，但并不充分，而司法裁决作为一种强制性的力量，更为有效。譬如说，当一个人拿走了别人的东西，最通常的补偿就是将它拿回来，这也是唯一的补偿。在没有一个强大政府力量或司法控制的情况下，人们只能通过其自身的力量来维护正义。因此，产生司法体系的第一个愿望就是防止血亲复仇和压制私人武装力量，通过提供一种和平的方式来进行替代。社会可以召开一个会议，通过所有人来讨论。当然，其决议没有强制性，如同今天的法庭，但它可以施加压力，使各方接受大多数的意见。也就是说，它提供了一种公认的、所有社会成员的权利都能得到保护的合法游戏规则，法律的权威就建筑在对这种游戏规则的尊重上。正是以这样的方式，英国的法律得以流传并逐步地融入了人们的日常生活之中。依靠公认的法规来处理各种民事事务的传统逐步在民众中扎下了根，而其中隐含对民众权利的保护和对统治者权力制约的因素则为逐步形成法治传统提供了一种观念的基础。

其实，各类的制度生成，路径大体一致。"龙"秩序作为非正式制度，转化为正式制度，与英国的法律形成机理较为一致：如宋政和年间（1111—1118），议礼局规定：正从一品均许用龙，但不得用升龙，只能"青衣画降龙"。

7 认知盲区的消除与社会经济制度的变迁

当前，主流的制度变迁①理论延续的是新古典的供求分析框架。本书认为，供求框架不适用于制度变迁的分析，制度（包括企业组织）变迁的必要条件为剩余，而剩余产生于不确定性，不确定在很大程度上来自认知盲区。变迁的起点，就是认知盲区；变迁的过程就是消除认知盲区的过程。制度演化的充分条件是偏好的变化，而认知盲区的消除将导致偏好的改变。制度的变迁具有多向性和不确定性。

7.1 制度变迁：主流观点及评析②

当前主流的制度变迁理论是新制度经济学派倡导的制度供求分析框架。③ 诺斯（North，1981）的古典国家理论④和速水佑次郎

---

① 需要说明的是，赫维茨及田国强等人认为"制度变迁是内生演化和人为设计共同作用的结果"（田国强、陈旭东，2018）。但我认为，这只是形式上的表现而已，制度变迁的根本机制需要进一步分析。

② 这部分主要参考了本书作者的文章《制度供求分析的困境》，载刘正山著《经济学林论剑》一书（2006）。

③ 杨雷、姚洋（2002）认为制度研究有三种方法，第一种是供求分析；第二种是博弈论；第三种是社会选择。但其分析认为，制度是供给者和需求者之间博弈的结果。这仍是坚持供求分析框架。

④ 值得注意的是，达龙·阿西莫格鲁（Acemoglu）及其合作者约翰逊（Johnson）、罗宾逊（Robinson）等人，继承和发展了诺斯的理论，借（转下页）

（Hayami，1997）的诱导性制度变迁①理论是两个典型。

在诺斯的古典国家模型里，君主是制度的供给者，他对制度的决策取决于他的成本—收益分析。他通过为民众提供所有权保护和激励等制度服务，以换取岁入。民众则是制度的需求者。（1）如果制度变迁的收益小于等于成本，为了维持其统治，君主倾向于制定无效的制度，一个典型的案例是西班牙：13世纪，牧羊人行会与君主达成协议，由牧羊人行会提供岁入来源，换取对所有在王国的畜群管理，并拥有特别的司法权和经济特权。由于对牧羊人行会收税远比对分散的牧羊人收税的交易成本低，国王缺乏变迁制度的积极性，从而在长达几个世纪里，西班牙没有发展出有效的土地所有权。（2）如果制度变迁的收益大于成本，制度变迁成为选择。譬如诺斯认为，"干中学"带来的技术变革，只是工业革命的因素之一，他对于工业革命的解释为：由于清晰地界定了产权（包括专利），改善了要素和产品市场，带来了市场规模的扩大，并引发更大规模的专业化和分工，增加了交易成本；为了降低交易成本而设计的组织变革，不仅降低了交易成本，同时进一步扩大了市场规模和对产权的保护和效率的提升。

拉坦和速水佑次郎（Ruttan & Hayami，1984）也采纳了制度

（接上页）助博弈论和计量经济学，并将政治权力和大样本历史数据加入到制度分析之中，在制度经济学界引起广泛关注。阿西莫格鲁等学者以社会冲突论为分析框架，以承诺问题为切入点，以政治权力为核心，初步构建了一个制度产生、持续或变迁的框架。他们认为，经济绩效由经济制度决定，经济制度由法定的政治权力和事实的政治权力决定，这两者又分别由政治制度和资源分配决定（当期的政治制度和资源分配又分别由前期的政治权力和经济制度决定）。如果事实的政治权力不能挑战而是加强了法定政治权力，那么制度就会持续；反之，则制度可能变迁。通过揭示利益集团冲突过程中的政治承诺问题，并强调了政治权力和制度之间的互动，阿西莫格鲁及其研究团队为制度内生构建了微观基础，这是一个重要贡献（聂辉华，2008）。不过，阿西莫格鲁等学者没有足够重视非正式制度，也没有为集体行动提供理论基础，从而难以有效解释制度变迁。

① 亦称诱致性制度变迁、诱发性制度变迁，或需求主导型制度变迁。

供求分析框架，并提出诱导性制度变迁理论。鉴于诺斯没有试图提供一个制度变迁供给的理论，拉坦（1994）研究了诱致性制度变迁的供给因素——导致制度创新供给变化的集体行动涉及各种既得利益集团之间的斗争，社会科学知识的进步和文化禀赋对制度供给亦有影响。

在诺斯、速水佑次郎和拉坦等人提出的制度供求理论基础上，林毅夫提出了制度变迁二元并存论。林毅夫（Lin，1987）说，制度能提供有用的服务，制度选择及制度变迁可以用"需求—供给"这一经典的理论构架来进行分析。林毅夫将制度变迁分为两类：诱发性制度变迁和强制性制度变迁[①]。他认为，仅仅依靠诱发性过程所提供的新的制度安排将少于最佳的制度供给，需要政府采取强制性的行动来完成制度变迁。

杨瑞龙在林毅夫的"制度变迁二元并存论"的基础上提出了制度变迁三阶段论，即把具有独立利益目标与拥有资源配置权的地方政府引入制度经济学的分析框架，提出了"中间扩散型"制度变迁方式的理论假说。杨瑞龙在《论制度供给》（1993）和《论我国制度变迁方式与制度选择目标的冲突及其协调》（1994）中提出，一个中央集权型计划经济的国家有可能成功地向市场经济体制渐进过渡的现实路径是，1978年中国经济体制改革之初的供给主导型制度变迁[②]方式向中间扩散型制度变迁方式转变，最终过渡到与市场经济内在要求相一致的需求诱致型制度变迁方式。

[①]　林毅夫将这篇论文收入《新结构经济学》中。参见林毅夫（2017，pp. 271 - 303）。难能可贵的是，林毅夫注意到"知识"的作用——"尽管政府有意建立新的制度安排来恢复制度均衡，受社会科学知识不足的限制，政府也可能无法建立一个正确的制度安排"。当然，这与门格尔的思考比较接近，或许属于非意图性后果。

[②]　即强制性制度变迁。

从文献看，制度供给与制度需求框架，在国内学术界广为接受①，参见于旭和张少杰等（2008）、吕东辉和张颖等（2010）、苏庆义（2016）、肖喜明（2018）、尹奎杰和李欣（2021）、丁辉侠（2022）等。此处不一一讨论。

是否可以使用"制度需求""制度供给"等概念，是否可以使用制度供求分析框架？若接受诺斯、速水佑次郎、拉坦、林毅夫等学者的看法将制度看作共用品，那么，必然存在对这种共用品的供给与需求。但是，我认为这种分析框架存在诸多困境。

第一，制度很难说是"生产"出来的"物品"。制度可以是结果，也可以是开始。在很多情况下，博弈开始的时候，我们面临的游戏规则（即制度）往往是给定的，没有选择的余地，只能接受；甚至不知道这个规则是谁制定的。想想看，我们出生的时候，制度已经存在了，并不知道是否需要它，但是，我们被训导着接受它；我们对一些制度不满意的时候，很多时候却没有办法改变它；有时候，譬如当有人落水的时候，需要道德这样的制度时，却没有人能够供应。如果说制度可以供求，那么，作为需求者，我们个体为什么在很多情况下根本无法选择？因为在很多情况下、很多时候，游戏规则是外生的，譬如，张三偏好偷盗，但是法律禁止偷盗，他自然对这样的法律没有任何需求，但是他没有任何的改进办法，他并不能采取措施取消这种法律规定。

不可否认，在一定条件下，制度是内生的，似乎存在制度的供给和需求。譬如一个国家的规章制度的建设，如果是专制国家，制度是极少数人垄断决定的；如果是民主国家，多数人参与投票表

---

① 杨英杰（2021）认为："尽管改革开放以来的中国制度演进，不是新制度经济学中的诱致性制度变迁和强制性制度变迁所能阐释的。"但他试图使用的"合力性制度变迁"以及土地制度变迁的案例，均显示其观点仍局限在新制度经济学的框架之中。

决，但是，制度还是少数人设计出来的，只不过，可以按照某种程度的民意进行修改。譬如弗莱斯曼和索洛扎诺（Fleischman & Solorzano，2018）运用印度中部和墨西哥南部森林管理的案例研究表明，参与式的政策能否成功，取决于三个方面：一是政府给予多少参与机会。正式制度被视为限制和允许人类行为的游戏规则，于是，统治者可能不愿意让公众参与，或者参与性制度只是精英强加于社会的规则，以维持他们的政治和经济统治，或者体制改革者提供的参与机会不足，这都会影响公众参与；二是参与者的动机与兴趣。如果公众参与的空间有限，或者参与的成本太高，都会影响到其参与程度。而且，如果精英的权力受到威胁，可能会阻止公众参与；三是参与者的参与能力，包括时间、金钱和/或特定的技能，参与能力的欠缺可能导致"精英俘获"（elite capture）。

至于非正式制度，就无法设计了，它一般是惯性传递，逐渐发生变化的[1]。谁供应非正式制度，谁需求这样的制度？恐怕谁也说不清楚。

第二，如果应用供求分析框架，需要知道产品、价格、供求方、供求量等有关信息。譬如消费者需求某种水果，我们需要知道消费者的偏好、预算约束、在一定条件下愿意而且能够购买的该种水果的数量等等，需要知道供给者在一定价格下愿意而且能够提供的该种水果的数量。然后，我们才能进行供求分析：均衡价格变动，供求可能如何变动；同理，供求中的任何一项或者同时变动，均衡价格将如何变动。

---

[1]　不同时期的政府都试图"移风易俗"，但多局限于习俗的一小部分，大部分的习俗并不在改变的范围之内；这种改革，基本上以"正式制度"改变"非正式制度"，效果如何，值得观察。例如，殡葬改革（即改土葬为火化）过程中，部分基层政府采取了诸如捣毁棺木、起尸火化、强制平坟等极端行为，激化了矛盾；同时，殡葬行业维持垄断暴利的状况迄今尚未得到实质性改变，墓穴的价格远远高于住房价格，引发质疑。参见蒋悟真（2021）。

按照拉坦、林毅夫等学者的分析，制度的供给方应该是政府，需求者则是除了政府以外的主体。但是，制度供求的均衡价格是什么？要知道，供求分析的核心乃至整个微观经济学的核心是价格，没有价格，供求分析是没有意义的。譬如需求定律说的是，在其他条件不变的前提下，如果价格提高，消费者对这种产品的需求量将减少；反之，增加。如果制度是产品，那么，拿什么作为价格？是制度成本吗？不可以。按照张五常的理解，制度成本包括制度运行的成本与转换的成本，所以，无法用它来衡量制度的价格。用税收作为制度的价格？似乎有点道理，供应者收的税多，这种制度就可以多提供一些，反之，少提供一些；对需求者而言，制度给自己带来的效用越高，可以为其支出的税收越高。但是，这样的分析是让人难以接受的。而且，这里说的制度，无法涵盖非正式制度。

第三，供求是怎样产生的？一般产品的情况，比较容易说明白。不妨举例说明，一个经济体中有两个人，其中一个人专业生产粮食，另一个人专业生产衣服，然后用粮食交换衣服。卖出去的粮食越多，自己留下来消费的粮食越少；但是，粮食卖得越多，换回来的衣服越多。所以，对衣服的需求函数是粮食供应的函数。这说明，需求与供给是分工的两个侧面（阿林·杨格，1996）。

将制度纳入供求分析框架的话，我们也需要知道制度的供给与需求是如何产生的。林毅夫认为，人之所以需要制度，是因为一个理性人能力的有限性，他在作决策时要支付信息费用，并应对生活环境与生产中的不确定性。因而，一方面，人需要用制度来确保生命期的安全，另一方面又需要它来促进他与其他人的合作，将外部效应内在化。但是，从一个国家的范围来讲，恐怕不存在一个总体的制度需求函数；从局部范围看，每个人的需求可能不同，也难以获得一致的意见。这方面，公共选择学派对投票的分析，非常清晰地说明了这一点。至于制度的供给，是如何产生的呢？林毅夫等学者认为的途径有自上而下提供的和自下而上的需求导致的。这在逻辑上，似乎讲得通。但是，制度的供给（如果存在的话）与普通产品很不相同，是否能够继续运用供求定律还很难说。

第四，我们不应该忽略供求分析框架成立的前提。马歇尔对供求关系的综合，形成了广为接受的供求分析框架。如同其他任何的理论分析框架一样，供求分析也是有前提条件的（最基本的是"其他条件不变"），不考虑前提，直接应用供求框架分析问题，容易得出不符合实际的观点。马歇尔强调说："一切科学的学说无不暗含地采用条件的，但这种假设的因素在经济规律中特别显著"，并举例说："'需求律'之不适用于投机者集团之间竞争时的需要，当然是不言而喻的。一个集团要想在市场上抛出大量货物，往往先公开地买进一点。当此物的价格因此抬高时，它就设法悄悄地和通过不熟悉的方面将货物大量卖出。"① 那么，供求分析框架的应用，也是需要考虑前提条件的，比如决定供给与需求的因素应该是相互独立的②。拉坦、林毅夫等学者没有考虑这个"条件"。因为，制度的供应者并不是一个抽象的政府，政府也是由人组成的（包括官员和普通工作人员等），这些人的自身利益同样受到制度的影响。此外，马歇尔的分析是建立在信息对称、信息完全假设之上的，而现实世界中，信息不对称、不完全。所以，约瑟夫·斯蒂格利茨和安德鲁·温斯在《不完备信息市场中的信贷配给》③ 中论证说，供求法则并非绝对适用，并且它也不能被视为竞争性分

----

① 这方面的论述，具体参见［英］马歇尔（2011，p. 41、122）。

② 比如，制定政策的人，最终还是会受到这些被其制定出来的政策约束，那么，这些人既是某政策的供给者，也是该政策的需求者，那么，使用供求框架分析，显然就陷入了困境。参见汪丁丁（1997）。

③ 不完备信息，即不完全信息（imperfect information）。该文的中文版，载谢康、乌家培编《阿克洛夫、斯彭斯和斯蒂格利茨论文精选》（2002，pp. 84 - 120）。

析的一个前提假设，倒不如说它是价格既没有甄别作用也没有激励作用这样的潜在假设的一个结果。将这个观点理论化为一般性结论就是：价格使市场出清是一种特殊的情况，而非市场的一般性质（谢康、乌家培，2002，p.119）。这依然在强调供求框架的应用前提条件。

还有一个问题，如果制度的供求分析框架可靠，那么，在很多情况下，所供应的制度为什么是不完备的或有缺陷的甚至是低效率或无效率，需求者为何为"低劣产品"付费，为何无法"用脚投票"或"用手投票"？达龙·阿西莫格鲁（Acemoglu，2006，2019）将此归结为精英的选择，他认为拥有政治权力的精英群体选择政策来增加收入，并直接或间接地将资源从社会其他部分转移到自己身上；由此，精英阶层可能会追求效率低下的政策，减少对来自经济中其他群体的要素的需求，使其他争夺政治权力的团体陷入贫困。这一点，固然补充了诺斯等人的结论，但无法解释低水平长期均衡的制度安排的存在性问题。

7.2　认知盲区的消除、偏好内生与制度变迁

主流经济学在经济人稳定偏好（外生偏好）的条件下，给定技术和制度约束，只是局限于对可供使用的资源禀赋如何配置进行研究，这种观点不符合现实，也无法解释制度变迁的原因。诺斯、拉坦、林毅夫等套用供求框架，忽略了理论应用的前提条件，同时也延续了新古典的"稳定偏好"，降低了其对于个体与制度、个体与个体之间相互复杂关系的解释力①。

————————

① 诺斯（North，1981）在其早期研究中就发现了新古典经济学理论无力解释国家的起源，认为必须发展一种解释意识形态的制度作用分析理论。

本书认为，由于学习的必然存在，偏好是内生的，从而制度变迁不可避免。当然，这里所指的偏好并不是一般意义上的个人的偏好，而是群体的偏好。即某一集团的共同的爱好、价值观念等。偏好与一个社会占统治地位的意识形态有着十分密切的关系。意识形态与社会性偏好之间存在着互动关系。人们之所以接受某种意识形态往往与该社会由来已久的历史文化传统所造就的社会偏好结构有关，例如有着悠久的国家主义传统的社会较之那些自由主义传统根深蒂固的社会更容易接受集权型的经济体制。

偏好的改变将影响制度变迁，这是由于它改变了人们的效用函数，从而改变了人们的成本—收益比较链条，导致人们的利益判断的变化。这意味着原来符合人们利益判断的制度安排变得不再与这种利益判断相符，制度变迁成为人们改变了的利益判断的客观要求。

7.2.1 外生偏好理论评析

偏好是个体对可能产生的结果的一系列事件所做选择的排序。主流经济学认为，个体的选择行为表现在，假定选择集 X 是 k 维实数空间 R_k 中的一个非负的子集，如果行为主体对集合 X 中的选择束具有偏好关系，而这些偏好关系又能满足自反性、完备性、传递性和连续性的假定，则个体处于理性选择之中[①]。其中，自反性、完备性、传递性分别定义如下：

（1）自反性：集合 X 中任意消费束 x，$x \succsim x$；

（2）完备性：对于 X 中任意两个消费束 x 和 y，或者 $x \succsim y$，或者 $y \succsim x$；

---

① 参见［美］哈尔·瓦里安（2003）。不过，我认为，用偏好定义理性，并不合适。因为，理性指的是人们在约束条件下作最大化利益的选择，偏好属于约束条件之一。

（3）传递性：若 $x \succsim y$，且 $y \succsim z$，则 $x \succsim z$。

同时，由偏好关系 $\succsim$ 诱导出无差别关系及严格偏好关系：如果 $x \succsim y$，且 $y \succsim x$，称 x 与 y 是无差别的，记为 $x \sim y$。如果 $x \succ y$，且不会有 $y \succsim x$，称 x 严格偏好于 y，记为 $x \succ y$。

主流经济学为了使其理论便于数学处理①，在定义偏好关系的基础上进一步定义了效用函数，即对于定义在集合 x 上的偏好关系 $\succsim$，实值函数 $H(x)$ 是体现 $\succsim$ 关系的效用函数，对于任意 x，$y \in C$，存在 $x \succsim y$，则 $H(x) \succsim H(y)$ 成立。则函数关系 $H : C \rightarrow R_k$ 是一个代表了偏好关系的效用函数。

为了将"不确定性"纳入其理论的解释中，在此基础上又定义了期望效用函数，即如果存在实值函数 $U(x)$，则 $\int U(x)\mathrm{d}p(x) \succsim \int U(y)\mathrm{d}p(y)$，当且仅当 $x \succsim y$，其中 p 为概率测度，则 $U(x)$ 是偏好关系的期望效用函数。

可见，主流经济理论把偏好的强度（效用）处理成序数变量而非基数变量。也就是说，行为主体可以说"我偏好商品组合 A 胜过商品组合 B"，而无需说出 A 胜过 B 的数量多少。而在处理风险选择时，必须存在着一种把基数的偏好量函数分配到结果的方法，这种分配方法使得期望效用法则决定了行动之上的个人的偏好次序 $U(x)$。冯·诺伊曼和摩根斯顿（2004）的贡献便是找到这种分配方法，而该法则又是建立在独立公理的基础上的，即对于 x，$y \in C$，若 $x \succ y$，则对于所有的 $z \in C$，有 $ax + (1+a)z \succ ay + (1-a)z$，$\forall a \in (0,\ 1)$。

由此可见，新古典经济学的效用函数及期望效用函数可以从偏

---

① 一般均衡理论、正则形式博弈和锚定效应等均假设偏好外生。但哈耶克有过偏好内生的观点，参见 Dold & Lewis（2022）。

好公理化体系中推出。尽管偏好理论经历了从"基数效用论""序数效用论"到"显示性偏好理论"的发展，但是依旧保留了"可传递性和稳定性"这一内核。特别是"稳定性偏好"，成了经济学的最根本假设之一[①]。例如，张五常（2015，p. 145）说："在需求的分析中，品味或口味（taste）的转变会影响需求，老生常谈。品味的转变，会使整条需求曲线向右移（需求增加）或向左移（需求减少）。我可能是唯一持不同观点的人。我认为如果要以需求定律解释行为，我们应该假设每个人的品味不变。"这里所说的"口味"就是偏好。不过，早在张五常之前，斯蒂格勒（1992，pp. 36 - 37）表达了类似看法："如果消费者的趣味偏好是反复无常、变幻莫测的，我们就不能解释他们所遵守的大部分行为，因为趣味的较大和频繁变化将会淹没价格和收入的影响。其实，人们之所以相信消费者的趣味是合理稳定的，是因为在消费者的购买量与价格和收入之间存在着稳定的关系。"又如，对于加里·贝克尔（2002）而言，稳定偏好的假设是他的经济分析方法的基本假设之一。米尔顿·弗里德曼（Friedman，1976）甚至把外生、不变的消费者偏好看作是经济学区别于心理学和道德学的基本特征，他认为，心理学研究偏好的形成，道德学研究对偏好的评价，而经济学研究的是不变偏好下的消费者行为。

假设个体的偏好稳定不变，不符合实际[②]。譬如说，考察一个

---

① 从马歇尔开始就假设偏好不变。比如马歇尔表示，边际效用递减规律有一个暗含的条件，就是假定，不容许其间有时间使消费者自己在性格和爱好上发生任何变化。参见［英］马歇尔（2011，p. 115）。

② 一些学者如理查德·H. 戴（1996）、阿马蒂亚·森（2000），放弃了稳定偏好的假设，他们认为最好把偏好局限在一个很短的期间内，或者承认"个体偏好为异质性的，可以通过后天学习获得"。参见［美］理查德·H. 戴等（1996，pp. 38 - 40）。

小孩，就不难看出，随着年龄的增长，其偏好处于不断的变化之中①。又如，某种规则（或文化场景）随时间推移改变人们的偏好，如笔者娶妻为回民，自此不吃猪肉，天长日久便对猪肉的味道产生了心理上的"反应"。就一般情况而言，学习使得个体改变了对于文化场景的认知，使得个体塑造或者改变偏好，形成了新的偏好函数。具体分析参见下文。

7.2.2　认知盲区的消除与偏好的内生化

假设学习规则（learning rules）受到三个因素的影响：生存场景（existential situations）、自我评估（self-evaluation）、对他人评估（assessment to others），分别以 ES、SEI 和 SSO 表示。个体的学习规则表述如下：

$$LR = (ES，SEI，SSO) \qquad (7-1)$$

上式中，ES 是个人所处的生存场景，即在长期社会学习形成的一种如 Epstein（2001）所认为的类似个体具有文化意义的认知结构或者心智模型②。ES 反映了个体改变策略的能动情况，就如古人所说的："君子得其时则驾，不得其时则蓬累而行"。ES 值越

---

① 凯恩斯（1997，p. 330）在某种程度上似乎认为偏好只是阶段性可变："一个人到了 25 岁或 30 岁以后，很少再会接受新说，故公务员、政客、甚至鼓动家应用于当前时局之种种理论往往不是最近的。然而早些晚些，不论是好是坏，危险的倒不是既得权益，而是思想。"

② 许多经济学家也强调为了了解个体的心智或者认知必须在发生学的意义上研究个体的学习模型。如诺斯（North，1994）认为，学习建立了识别外界信号的结构，该结构的最初建构是由遗传带来的，随后受到个体的经历的重构。该建构可以理解为产生一个事件空间，该空间用来解释来自环境的数据。Hutchins & Hazlehurst（1992）则认为，个体的经历可以分类为物理环境和社会文化系统中的语言环境。Epstein（2001）表示，事件空间结构由上述分类经过长期（从同年时代）演化形成，最后形成了我们对外界事件的解释。而心智模型和分类也会随着新的经历的产生而演化。

高，表明个体所处的场景有利于创新，从而其创新意识就越强。

SEI 是个体对于自身选择能力或创新能力的估价。SEI 赋值越高，表明个体的自我估价越高，更倾向于按照自己的策略行动。

SSO 是个体对于他人的评估。SSO 值越小，表明个体对他人的评价越低；反之，SSO 值越大，表明个体对于他人的估价越高，倾向于选择模仿他人的策略。

ES、SEI 和 SSO 对于个体选择的影响，可以用个体从自身策略 I 转变为他人策略 J 的概率来描述，如下：

$P(I/J) = \{ES^* (SEI \times U_i + SSO \times U_j)\}$，$\{\}$ 定义为：

$$\{\} = \begin{cases} 1 & \text{当 } x > 1 \text{ 时} \\ 0 & \text{当 } x < 0 \text{ 时} \\ x & \text{当 } 0 \leqslant x \leqslant 1 \text{ 时} \end{cases} \qquad (7-2)$$

其中 U_i 与 U_j 分别表示个体采取的策略 I 和被模仿者采取的策略 J 的报酬。

根据 $|SEI|$ 和 $|SSO|$ 取值的不同，按照本书的界定，可以将学习分为三种，即干中学、模仿以及传承。

当 $|SEI|$ 远远大于 $|SSO|$ 时，无论 ES 是否大于 0，个体对于他人的估价均极低，因此不存在任何的模仿行为。个体的学习规则 $LR = (ES, \infty, SSO)$ 将更多地倾向于"干中学"。

若 $|SSO|$ 远远大于 $|SEI|$，且 $LR = (ES, \infty, SEI)$，那么个体的自我评估极低，将选择"模仿"他人的行为。但若 $ES <$ 0，即所处的生存场景并不利于创新，个体选择"躺平"（couch potato）。

当 $ES > 0$，且 $|SSO|$ 大于 $|SEI|$，可能会存在知识的传承，但前提是他人经由权衡认为可以与个体进行知识的交换。

如果 $|SEI|$ 与 $|SSO|$ 的差值在一个适宜的范围内，则个体的

策略视情况而定。在具体的行为互动中，由于$|SEI|$、$|SSO|$、U_i、U_j取值的不同，个体会对于样本个体数n进行不同的选值。当$LR = (ES, -\infty, +\infty)$时，只需要一个样本个体的$U_j > U_i$，$P(I/J)$就为$1$，个体将选择模仿样本的策略。克希坎普（Kirchkamp, 1999）、布雷姆和埃格纳（Braem & Egner, 2018）等将类似的学习规则称为"见好就变"（switch if better）；当个体觉得一个样本缺乏代表性时，个体就会扩大搜寻范围，依据$|SEI|$、$|SSO|$取值的不同，个体有可能采取"模仿样本中支付最高者的策略"或者"以一定的概率模仿样本中的策略"等学习规则。这如同"刺激—反应"理论所揭示的那样，具备了认知灵活性，就具备快速重新配置人们思想的能力，就可以在不同的策略之间切换。最终，学习的选择和学习的结果，或导致ES取值的变化（即产生改变制度的需要并实现改变），或导致个体对ES值的依赖程度产生变化。

总之，个体偏好与行为的关系不仅仅如显示性偏好理论所认为的"个体对于物品的选择行为就是个体偏好的显示"，从个体偏好到行为反应之间还存在很多关联。面对复杂的生存场景时，个体与他人的各种评估与比较，以及对生存场景的考量，会产生不同的学习规则选择，并改变对于场景的认知，这促使个体建构新的偏好关系。

7.2.3 内生偏好与制度变迁

由于学习行为或消除认知盲区的行为伴随着每一个个体的终生，那么个体的偏好就不可能表现出新古典经济学所说的那种稳定性、有序性，尽管从现实的情况看偏好具有阶段性的稳定性。

偏好内生，意味着：第一，不考虑约束条件，个体从制度的接受者变为制度的改变者，即前文所谓的改变ES取值的需要和ES取值的改变。这里的个体，可以是利益局中人，也可以是利益局外人。

　　作为利益局中人，个体在作为制度的接受者时，可能选择直接遵循，也可能选择道德风险；个体因为学习而产生了偏好的改变，则可能为了自身的利益最大化而采取策略（包括开展"院外游说"）改变现行制度，或者为了群体利益采取相应的策略而改变现行制度。但是，此类行为导致的制度变迁，或许是好的制度，也可能是坏的制度。譬如，通常认为随着认知盲区的消除，个体的知识存量增长，可能会提升治理水平，但是汉农（Hannon，2022）研究发现，不仅没有证据证明知识越多的选民会做出更好的决定，相反，知识最渊博的选民也最有可能以腐败、偏见的方式思考。这类似中国俗语中的一句偏颇说法："仗义每多屠狗辈，负心多是读书人。"

　　作为利益局外人倡行带来的制度变迁，中国的博士后制度是一个典型案例。据刘连军（2021），1978 年中国改革开放之后，国门初开，没有与发达国家学校沟通的渠道，中国派出的留学生很难进入发达国家的一流大学。李政道（1957 年获得诺贝尔物理学奖）发现了这个问题（这就是"干中学"），但这并非他的物理学研究领域。他的偏好改变，即为中国培养高端人才，于是在他的斡旋之下，美国的大学设立了"中美联合物理考试"（CUSPEA）项目。据统计，从 1979 年至 1989 年十年间，从中国选派了 915 名青年优秀学者进入美国一流大学物理学院做博士研究生。但是，很快，李政道发现了一个问题（依然是"干中学"），即如何吸引这些优秀的中国青年回到中国，因为在 20 世纪 80 年代，主要有两个问题：人事制度问题、生活保障问题。李政道研究认为，可以引进国外的博士后制度（"模仿"），以解决留学生回国安置，以及人才流动问题。1983 年和 1984 年，李政道先后给中央领导和政府有关部门递交了在中国实施博士后制度的具体方案。1984 年 5 月，邓小平在北京接见了李政道，专门就在中国实行博士后制度进行了会谈。这项制度很快得到施行。

第二，就一般情况而言，个体"趋利避害"受制于约束条件，如在认知和计算能力上是不充分的，而且在偏好的表达上也是不完全的，不仅会出现计算错误，而且会出现表达错误，后者涉及福祉水平的判断问题。那么，给定个体的偏好不完全，在决策时该个体就面临很高的成本约束，除了和学习相关的成本外，对他人行动规则的判定的不确定性会产生额外的成本，甚至可归结到行为经济学者所谓的心理损失。再加上其他各种约束条件，使得个体不能实现预期的决策结果。那么，个体决策的结果，取决于对他人的行动准则的主观判定。这种主观判定的概率值导致的选择，或许导致不确定的结果，特别是对个体未必有利的结果。个体为了寻求有利的结果，会设法通过某些机制的设计来管理预期。鉴于每个个体都面临约束条件，理性的选择是通过某种"共识"的形成来降低不确定性。这种"共识"的形成，就意味着制度的变迁。因此，制度的变迁，就是随着认知盲区的消除所导致的偏好改变，进而引致的共识的不断变化过程。而共识的变化，也意味着群体偏好的变化。换言之，群体偏好也是内生的。譬如綦晓光、苏京春（2021）所谓的"不同文化背景下的互惠行为，通过不断互动演化，逐渐形成嵌合于该不同文化背景的经济制度"，实际上就是群体偏好导致的制度变迁。

建立在理性假设前提下的偏好内生基础上的制度变迁理论，与诺斯和青木昌彦等学者的理论相比，后者无法分析自利的个人其他可能的行为，而前者可以包容更多的现实行为。比如，很多研究（杨春学，2005；杜丽群、程俊霞，2021；孙丹、韩松等，2021）发现，人们常常按照惯例或者习俗决策（按：这并非"非理性"），而不是精确计算，惯例或者习俗是一种非正式制度（或潜规则），为参与人共同遵守，如果参与人决策时不考虑这些规则，那么不确定性所带来的成本就很高，使得交易无法进行。而参与人在不确定性环境下，甚至连成本计算都无法准确完成，此时按惯例决策就是各参与人最现实的选择。

进一步分析，惯例或者习俗作为共同知识不仅有助于参与人应对不确定性，而且可能通过一种共同语言促进交易，在这种情况下，惯例就具备了生产功能。无需计算的决策还表现在家庭内部的管理上。例如，加里·贝克尔提出了"坏孩子"理论，认为坏孩子可能会伤害其不在乎的家庭成员，家长通过部分利他行为的实施，能够有效弱化"坏孩子"的侵害行为（Bergstrom，1989）。我认为，这种所谓的利他行为的出现并不是经过精确计算的结果，因为如果家庭成员相互之间通过计算进行决策，那么成员就无法感受家庭这种组织特有的好处，如家庭温暖等。家长实际上通过相互赠予的行为的实施，在内部构造了一种非正式制度（或潜规则），以此稳定成员预期，促使成员通过学习形成有利于家庭稳定的偏好。

7.3 认知盲区的消除、剩余与制度变迁

制度（包括企业）变迁的动力来源于剩余。剩余①来自创新。对于创新理论，熊彼特做出了开创性的贡献。但是，创新能力从何而来，创新究竟是什么？熊彼特没有做出回答。后来的研究者从企业、区域和国家层面定义了创新能力，但局限于管理学领域。本书认为，剩余创造所面临的基本问题是行为人对价值领域的"认知盲区"。创新是一个消除认知盲区的过程，创新的知识起点是行为人存在认知盲区，创新的结果是生成进行剩余决策所需要的知识，通

---

① 剩余的另外重要来源是：承担风险和应对不确定性。

过学习对认知盲区进行解决是创新的关键所在。

7.3.1　剩余与制度变迁

剩余，即扣除开支以外的收入盈余额。当然，作为制度创新报酬的剩余，表现形式较为复杂：（1）对社会集团之间关系（由契约描述）的调整，其创新的报酬（即"剩余"）则可能表现为"租"[①]；（2）组织（包括组织内部的规则）创新的"剩余"表现为利润（当然，也可能存在部分"租"）；（3）对于个人而言，有改变制度的动力，也源于"剩余"，表现为超额"收益"或"效用"。

剩余对于行为的产生与变化具有至关重要的意义。如马歇尔（2011，p.150）所说："一个人对一物所付的价格，绝不会超过、而且也很少达到他宁愿支付而不愿得不到此物的价格。因此，他从购买此物所得的满足，通常超过他因付出此物的代价而放弃的满足；这样，他就从这购买中得到一种满足的剩余。"如果没有剩余，消费者可能不购买产品。同样的道理，如果张三开厂设店，雇李四来帮忙，如果张三赚不到利润，李四赚不到工资，这种雇佣关系不会存续。

剩余的产生与创新直接相关。在确定性的情况下，没有创新的经济是没有剩余的。熊彼特（1997）曾描述了一种抽象的静态经济——"循环流转的经济"。每个人都事先准确地知道世界上将要发生的一切事情：面包师知道第二天早上排队买面包的人数和购买量，金匠知道他第二天要接到的首饰订单和所需的黄金数量及当时的价格，农夫知道远在天边的粮食市场秋季对他生产的大豆的需求量。所有这些处于分工中的人并不需要高深的统计知识和预测能

[①]　也可以认为这里的"租"就是社会价值体系受到改革扰动之前和之后的差，是改革者所追求的。

力，日复一日地，不变的经济，可以教会他们所需准备的投入与产出量。周而复始，终会把行为转化成习惯。希克斯（2002）所说的"习俗经济"① 就这样产生了。在一个"循环流转的经济"中没有可能产生剩余（任何用价值表示的产出超过投入的部分）。如果某一生产过程的产出具有比它的投入更高的价值，追求价值最大化的人为什么不把生产的规模扩大到（由于收益递减）使产出的价值最终等于投入的价值呢？所以，在"循环流转的经济"中，剩余是零。

在零剩余的经济中，没有创新。首先是没有必要创新，习惯或者习俗已经是成本最小的非正式制度了，除非出现了不确定性。其次，创新的含义是引进以前没有的一件事。"以前"是指人们习惯了的事的总和。那么这件新事必定会干扰旧的价值体系，因为人们不知道应当怎样与这件新事相处或估计它的价值。这种价值的扰动产生了两个结果：首先，受到扰动，某些生产过程的产出有可能有高于其投入的价值，当然也可能低于其投入的价值，这个价值差就是剩余（或亏损）；其次，如果产生了剩余，大家就会争相模仿从而使剩余最终消失。在这一过程的末了，是新的价值体系的确立，向零剩余经济复归。换言之，创新是对零剩余经济的打破。

所以，剩余不仅仅是创新的可能结果，它实际上是创新的激励。为剩余而创新，剩余（或亏损）成为为减少不确定性所作努力的报酬。鼓励人们追求高剩余的社会因而有更多的机会创新和有更大的几率，在逆境中求得生存，在顺境中求得发展。

---

① 详细的分析，参见［英］约翰·希克斯（2002）的《经济史理论》第二章。

上面所说的创新，不仅指技术创新，同样适用于制度创新①。诺斯曾经说过：制度演变和技术进步之间明显的相似性②。如果无利可图，人们会顺应现行的制度，而不会创新制度，也就不存在社会经济制度的变迁。社会某个团体一旦发现游戏规则变迁的预期收益大于规则变迁的成本，即存在"租"的时候，他们就会竭力推动游戏规则的变迁。当然，作为制度创新的报酬的"剩余"，表现形式较为复杂。有些制度，如企业组织，其创新的报酬表现为利润；有些制度，如生产组织内部的规则，其创新的报酬也表现为利润；有些制度，如社会集团之间关系（由契约描述）的调整，其创新的报酬则可能采取"租"的形式③。

可见，利益集团和政府是两种典型的制度创新主体，表现为利益集团寻租和政府设租；创新结果——剩余的分配，牵涉到非正式制度与正式制度之间的相容问题。

一、利益集团寻租

在所有的国家中，利益集团在公共政策议程中发挥着特别重要的作用。追求利益最大化的利益集团总是力图在给定的（正式）制度约束条件下，谋求预期对自己最为有利的制度安排和权利界定。一旦行为人发现制度的不均衡的存在，就会产生制度变迁的需要。这种需要能否转变为新的制度安排，取决于赞同、支持和推动这种制度变迁的行为主体集合与其他利益主体的力量对比是否处于优势地位。如果力量优势明显，则原有的制度安排和权利界定将被新的制度安排和权利

---

① 熊彼特的创新理论在着重阐述"技术创新"的同时，也提出了"实现任何一种工业的新的组织"这一创新内容，遗憾的是，熊彼特并未就这个问题进行专门论述。

② 这一点比较明显，而且，拉坦等学者的制度变迁理论也是参照技术变迁的路径。详细的分析参见［美］诺斯（1994）。

③ 在本书，严格地讲，"租"是由于不同的制度安排形成的额外收益。

界定所替代，最后使国家通过公共政策，以法律等形式确立有利于占支配地位的行为主体的制度安排和产权规则，获取在原有的制度结构下不能获取的额外收益——租，从而完成制度变迁。

二、政府设租

政府设租是一种强制性的制度变迁，它由政府命令和法律等公共政策来实现。制度变迁的主体是政府，而政府在使用强制力时有很大的规模经济。作为特殊的垄断者，政府可以以低得多的费用提供一定的制度性服务，而且在制度实施及其组织成本方面也有优势，能以最短时间和最快的速度推进制度变迁。

政府设租受许多因素的制约。这些制约包括制度设计的成本、现有的知识积累、实施新安排的预期成本、法律秩序、现存制度安排、规范性行为准则、公众的一般看法和居于支配地位的上层强有力的决策集团的预期净利益（奥斯特罗姆、菲尼等，1992）。

政府提供新的制度安排的能力和意愿是制度变迁的主导因素，而这种能力和意愿主要决定于一个社会的各既得利益集团的权力结构或力量的对比。只要统治者的预期收益高于他强制推行制度变迁的预期成本，政府就会制定公共政策，提供新的制度安排。当然，如果决策者因为认知盲区而未能预期到制度施加的效应，制度变迁可能会失败。譬如，2013 年 1 月 1 日，修订版《机动车驾驶证申领和使用规定》于零时起正式施行。接受媒体采访的公安部交管局有关负责人提出："抢黄灯行为属于违反道路交通信号灯通行，对驾驶人处 20 元以上 200 元以下罚款，记 6 分。"此说引发社会各界强烈反应。最终，公安部交管局专门下发通知，要求各地交管部门对违反黄灯信号的，以教育警示为主，暂不予以处罚。[1]

政府对正式制度安排的变迁具有举足轻重的作用。在公共政策

---

[1] 此事件的具体过程，参见尹丽（2013）。

议程中，其担纲的角色可分为四类（科斯、阿尔钦等，1994）：
（1）任其产生；（2）鼓励其产生；（3）促使其产生；（4）阻止其产生。这主要受制于统治者的偏好、意识形态刚性、官僚政治、利益集团冲突和社会科学知识的局限性[①]、国家的生存危机等。

这方面的典型的案例是北魏的"均田制"[②]。北魏开国皇帝拓跋珪入主中原，发现大量坞堡，"或百室合户，或千丁共籍"，并拥有武装。拓跋珪试图铲平这些坞堡，却遭遇坞堡主卢溥、傅世、仇儒等的武装抵抗，只好作罢。

北魏第二任皇帝拓跋嗣，也曾经想削弱坞堡的势力，但终归失败，不得不采取妥协的策略，承认了坞堡的合法性，建立了所谓"宗主督护制"，承认坞堡主为宗主，是政府的官员，其职责在于督护百姓。对于征税，中央政府自然也采取妥协的办法，将权力下放给坞堡主，具体按"户"征税。

到孝文帝时，版图基本稳定，政权相对稳固，主要精力转为考虑中央财政等问题，这其实就是要争夺"剩余"（即坞堡主占有的百姓和赋税）。正如《魏书·李冲传》所说："旧无三长，惟立宗主督护，所以民多隐冒，五十、三十家方为一户。"可见，在按"户"征税的规则下，坞堡主为了自身的利益而多半选择隐瞒户口、逃避税收，于是中央财政少收了大量的税赋。

到了北魏孝文帝，推行"太和改制"，并非为了百姓的利益，而是为了与坞堡主争夺"剩余"。从其改革的内容看：（1）均田令，意味着朝廷直接跳过宗主，向民众授田，而且，土地产权收归官

---

① 对此，一段经典的论述，来自凯恩斯："许多实行家自以为不受任何学理之影响，却往往当了某个已故经济学家之奴隶。狂人执政，自以为得天启示，实则其狂想之来，乃得自若千年以前的某个学人。"参见 ［英］凯恩斯（1997，p. 330）。

② 这部分内容，引自刘正山（2021）。

府。（2）新的租调制，意味着征税从过去以"户"为征收单位改为以"一对夫妇"作为征收单位。（3）三长制，意味着宗主督护制被取而代之，官府直接与民众建立了关系，原荫附于坞堡宗主的民众成为国家的编户。

尽管史载"事施行后，计省昔十有余倍。于是海内安之。"但实际上，均田制将农户捆绑在土地之上，成为税赋的基本提供单位，并且也确实将"剩余"从坞堡宗主手中转移到"政府"——"国有九年之粮，民有三年之备"。

至于既得利益集团的坞堡宗主，由于"认知盲区"的存在，只看到了眼前的短期利益，接受了均田令，最终导致坞堡的崩溃。我的考证发现，均田令得以推行，主流观点认为当时有大量的无主荒地，从而不必触及既得利益。实际上，当时承平日久，人丁滋生，早就没有多少荒地了。所均分的田地，主要还是坞堡的土地。但问题是，这些既得利益集团怎会同意？原因在于：宗主变为三长，宗主的部曲可以获得土地。"三长"多选包括宗主在内的豪强大户担任，尽管他们的土地被分掉，但只是名义上被分掉，因为奴婢、家仆都是宗主的附庸，奴婢家仆的授田，土地还是在宗主手里。而且，担任"三长"之后，宗主不再是乡野的土皇帝，身份是正式的朝廷命官，还享受免役待遇。但是，改为官员实行任期之后，毕竟难以将官位和待遇传承下去。

三、正式制度与非正式制度相容

政府设租和利益集团寻租，并不等于存在制度不均衡。但制度不均衡的出现，必然导致剩余分配的失衡，出现制度变迁的需要。

从历史案例看，秦灭六国统一之后，"今皇帝并有天下，别黑白而定一尊"，"法令出一"[①]。但是，限于这个"一"的认知盲区，

---

① 此处的"一"，指皇帝。

由一人最终确定制度的设计，必然存在重大缺陷。如管东贵（2010）所说："秦始皇削平诸侯国后，即致力建设国强民安的统一大帝国。他虽用心正当，但在行事方面却有严重失算的地方，因而形成了一些潜在的不利因素。"

废除封建、推行郡县制，并没有充分考量正式制度与非正式制度之间的相容和均衡问题。分封（封建）制的传统，深入人心，存在一定程度上的"路径依赖"；但是，秦始皇不顾众人的反对，没有设置缓冲，搞强制性制度变迁。实际上，制度设计之初，丞相王绾就有过深入的分析："诸侯初破，燕、齐、荆地远，不为置王，毋以填之。请立诸子，唯上幸许。始皇下其议于群臣，群臣皆以为便。"但是，最终，秦始皇对群臣的众论置之不理，采纳了廷尉李斯的观点，强推郡县制。

从根本上讲，秦制，相当于将一诸侯国的成功制度推行到全国，必然存在合成谬误。以戍边为例，分封制下，各个诸侯国的国土面积相对较小，戍边服役的成本相对较小，毕竟路途不算远，三五日即可到达边境。秦统一之后，将戍边制度不加以更改，却没有考虑国土面积倍增的约束条件，且严刑峻法，动辄问斩。如《史记》记载："二世元年七月，发闾左適戍渔阳，九百人屯大泽乡……失期，法皆斩。"[①] 陈胜、吴广等人，要从河南出发，到渔阳（今北京密云）戍边，路途太远，因为下雨道路溃坏，不能按期到达目的地，按法律就当问斩，于是，他们被迫起来造反，最终导致了秦的灭亡。

相比较而言，汉初，采取了灵活的制度安排，实行"郡国并行

---

① 1975 年出土的《睡虎地秦墓竹简》中《秦律十八种·徭律》记载："御中发征，乏弗行，赀二甲。失期三日到五日，谇；六日到旬，赀一盾；过旬，赀一甲。其得殿（也），及诣。水雨，除兴。"一些学者据此否定《史记》中的说法。实际上，《徭律》的规定并不适用于戍卒，秦代"徭"与"兴戍"不同。参见庄小霞（2018）、王子今（2020）。

制"，并逐渐废除封建，从而能够相对长久地安定下去。

7.3.2　制度变迁的起点与过程

认知盲区是剩余创造面临的基本难题。因为，创新就是从旧知识中谋求突破，从而获得新知识和新观念。于是，学习提出了解决问题的方法。

由于人类面临数不清的"盲区"领域，再加上组织（企业、政府或者其他利益集团）面临的是动态变化的环境，变化会造成大量未知领域，导致组织原有知识的"过时"。

除此之外，价值创造的不确定性，也来自于"人类决策交互作用内生地产生的社会不确定性"，如杨小凯（2002）所言："每个决策者不但不知道他人的生产函数、效用函数，而且对有不确定性的参数个数、取值范围及其概率分布一无所知。"

决策者首先要面对"盲区"领域，只有通过学习才能够对"盲区"进行解决，为剩余决策提供必要前提。

一、制度变迁的知识起点：认知盲区

制度变迁（创新）的知识起点是大家原本都未知的潜在价值领域①。

价值创造者决不能满足于已知的外部环境和信息结构，新古典经济学已经证明：大家都已知的东西是不能带来剩余的。价值创造者必须主动地学习、主动地去认知那广阔而未知的价值领域。依据熊彼特的利润理论，利润源于创新，而创新的出现，并非按照概率论的一般原理所预料的那样连续均匀地分布在时间序列之上，而是

---

① 曼察维诺斯和诺斯（Mantzavinos & North，2004）表示，制度变迁的起点必须要说明人类的学习，学习能力的差异是观察到的人类行为具有可塑性的主要原因。但是，诺斯所谓的学习，是一个试错的过程，从而未能揭示学习的本质与路径及其对制度的形成与演化的客观机制。

时断时续，时高时低的，是突变。因此，创新的知识起点必然是大家原本都未知的潜在价值领域，任何一次有价值的创新都是对某个未知价值领域的成功认识。未知无止境，所以创新无止境。

创新的结果是生成进行剩余决策所需要的知识。研究制度创新不能够采取新古典经济学的完全知识假设，在创新过程中，组织尚不具备进行利润决策所需要的完全知识或有限知识。因此，制度变迁的起点必然是认知盲区，这也导致某种程度上的制度变迁方向的非意图性。

二、制度变迁的过程就是认知盲区消除的过程

以企业为例，其创新的核心之一是技术的创新[①]。技术通常是指把投入转化为产出的具体生产流程以及在实施这种转化中采用的构成这些活动的知识和技能的总和（金麟洙，1998），在这个意义上，创新也包括"集成创新"（王保林，2021）。

创新取决于"技术能力"，即企业在持续的技术变革过程中，选择、获取、消化吸收、改进和创造技术并使之与其他资源相整合，从而生产产品和服务的知识（安同良，2004）。其逻辑在于，客户导向和职能间协调是企业的产品创新的两个不同维度的影响因素，而"技术能力"在客户导向和功能协调对产品创新的影响中起"中介作用"（Aydin，2021）[②]。

对于"技术能力"，在不同的研究中，界定有所差别。拉尔（Lall，1992）将技术能力视为通过与环境的相互作用以及企业掌握

---

① 戴维斯和诺斯在《制度变迁与美国经济增长》一书中从两个方面阐明了技术发展对制度创新的促进作用。其一，在规模经济的约束范围内，技术突破引致的生产规模的扩大能够使厂商获得递增收益，从而使与技术进步共生的较复杂的生产组织和经营管理方式成为可能。其二，生产技术的进步引起生产场所的集中，人口密集分布在工业中心的周围，而形成大城市，从而创造了一系列新的盈利机会，企业在追求潜在利益的过程中，往往自觉不自觉地实行了制度创新。

② "技术能力"的这种中介作用，目前文献中的相关研究近乎空白。

的技能和知识的积累来吸收和创造技术知识的持续过程。扎维斯拉克等人（Zawislak et al.，2012）认为，技术能力作为达到更高经济效率水平的一种方式，与技术的吸收和转化相关。

综合学术界的研究，主流观点认为"技术能力"依赖于企业持续有效的学习过程。赖歇特和扎维斯拉克（Reichert & Zawislak，2014）将技术能力理解为公司基于其积累的知识，执行一系列活动的能力，这些活动导致新技术知识的开发，以取得积极的经济成果。番达和拉马纳坦（Panda & Ramanathan，1996），加西亚·梅尼亚和纳瓦斯·洛佩斯（Garcia-Muiña & Navas-López，2007），金和冯·泽特维茨（Jin & von Zedtwitz，2008）认为，学习会引导企业进行创新，从而影响其绩效。因此，他们认为企业需要专注于学习过程才能在市场上获得竞争优势。

这类学习的来源，可以分为三种：（1）引进技术进行学习（即模仿）。可以通过国际贸易进口凝聚着先进知识的资本货品（典型案例是我国改革开放初期的"市场换技术"策略），或者通过购买技术许可证等技术贸易，或者利用外国直接投资带来的技术转移，或者通过商业性的展览、培训、信息交流，或者通过大众媒体以及学术交流等渠道从国外获得先进的技术或者知识。（2）从国内公共科研机构、商业组织或者其他渠道进行学习（即传承）。国际之间的合作①，以及高等院校、科研院所以及上下游企业或者不相关企

---

① 如苏联援助中国问题。据统计，截止到1957年3月，苏联与中国签订了协议的援助项目共有255项。派遣到中国的苏联专家人数也有显著增加，"聘请专家一九五四年比一九五三年增加两倍多，一九五五年比一九五四年可能还要多些"，在聘请专家方面，1954年聘请专家817人，而1955年达到了920人，在"156项"工程的援助上，1954年苏联交图的企业为32个，1955年为48个，交付设备的企业1954年为41个，1955年为74个。"156项"工程一方面构成了我国第一个五年计划的主体，奠定了新中国的工业基础，为我国建立起了独立的比较完整的工业体系和国民经济体系，其深远影响绵延至今。参见张翼鹏（2012）。

业①都可以为企业提供新的知识来源。（3）企业的研发（R&D），即通过"干中学"提高创新能力。尽管也有学者（Coombs & Bierly，2006）称，R&D支出和专利总数不是公司技术能力的有效度量。这可能与企业的性质等约束条件相关，主流的实证研究显示（Reichert & Zawislak，2014），公司在研发上的投资越多，注册的专利就越多，其经济表现就越好。

当然，我们说制度变迁过程就是认知盲区消除过程，并未否认成本—收益比较考量。比如，被称为"中国粮食第一股"的金健米业股份有限公司，自1998年组建上市至今，采取的是"公司＋农户"的组织形式，业绩表现并不理想，已连续亏损13年。从根本上讲，是其存在认知盲区，未能意识到所采用的组织形式的问题。对于现代化企业（产业公司）而言，大工厂大生产这种复杂的组织形式，如果与分散的传统小农直接结合，组织成本无法分摊，反而造成更多的亏损。对此，应当采用"土地股份合作社＋农民＋产业公司"这样链条更为延长、关系更为复杂的组织形式，使位于产业链前端的弱势生产者（农民）分享产业链延长的红利，参与分享加工或销售环节的部分增值收益，以实现农民增收、企业盈利、乡村振兴。②

7.3.3 制度变迁的路径选择：模仿与干中学的权衡③

对于制度变迁而言，有模仿④与干中学两种方式。从经济史上

---

① 典型者如深圳交易所上市公司"横店东磁"，就是从来没有业务关联的横店集团从陕西宝鸡4390厂"传承"的技术，横店东磁建设之时的全部知识，是由4390厂的技术人员传授和培训的。而今，横店东磁已是全球最大的永磁铁氧体生产企业、全球最大的软磁材料制造企业。参见刘正山（2020）。

② 参见刘正山、侯启缘（2022）。

③ 更为详细的分析，参见刘正山（2008）。

④ 当然，多数落后国家和地区在"模仿"先进或看似先进国家或地区的制度之时，往往存在先期"传承"的过程。

看，许多国家进行不同的制度试验（即"干中学"）的过程，对于那些碰巧试验了具有竞争力的制度的国家而言，制度演化有可能是渐进的；但是，对于那些碰巧试验了无效率制度的国家而言，转轨将采取更激进的方式，以便通过"模仿"赶上更具有竞争力的制度的国家。渐进式改革和"震荡疗法"的共存，肯定比两者之一单独存在更有助于大量发生多样性的制度试验。日本明治维新和二战后激进式地转轨到君主立宪制可以被认为是成功的转轨。

从历史经验看，后发国家的制度建设，采用模仿方式的效率高于干中学。譬如，发达国家资本市场的发展是一个自然演化的过程，而新兴国家的资本市场建设则是一个制度模仿的过程。美国从第一个证券交易所的建立，到推出纳斯达克市场，共用了 200 多年的时间，期间建立了全国性的证券交易所、粉单市场（Pink Sheets）、第三和第四市场等等，场外市场贯穿整个资本市场的发展过程。而大部分新兴国家和发展中国家只用了 50 年左右的时间，基本上是在全国性交易所市场的发展经验基础上，直接建立创业板市场。

从中国的情况看，中国的渐进式改革被称为"摸着石头过河"，实际上是"干中学"的制度创新或者变迁的方式。在改革开放①的初期，这种方式起到了不可替代的重要作用，但改革开放至今，应该对"摸着石头过河"有新的认识。

"摸着石头过河"是在改革初期，改革的领导人和一般参与者普遍缺乏现代经济学知识的情况下的一种不得已的选择。当年提出"摸着石头过河"的说法，的确体现了改革初期改革者勇于探索的

---

① 2007 年 12 月，本书作者进行博士毕业论文答辩的时候，高良谋教授提的问题之一是"市场经济制度比计划经济制度优越之处何在"。但本书并非比较制度研究。对于此问题，哈耶克是从"知识分工"角度论证的，认为计划协调的成本太高。从本书的逻辑体系分析，市场经济制度的激励机制更为优越，比如，专用性人力资本强的人，能够更好地体现其"价值"，胜出并获得"准租"。

精神，在封闭的状态下和意识形态的约束下，只知道计划经济的老路不能走下去了，但应该怎样改革、往哪个方向改革，从上到下还心中无数，只能边摸索边改革，走的是与发达国家制度变迁相类似的制度率先创新的路子。这在改革初期具有必然性。

改革初期"摸着石头过河"的合理性，并不意味着现阶段及今后继续具有合理性。因为，干中学的制度创新方式的成本比较高。现代市场制度是一种经过几百年的演变形成的巨大而复杂的系统，要通过改革行动在很短的历史时期内把这一系统从无到有地建立起来，没有对反映这一系统运动规律的现代经济科学的深切把握，没有改革行动的自觉性，这一艰巨的历史任务是不可能顺利完成的。

于是，自 1992 年中国确定建立市场经济体制以来，尤其是 2001 年底加入世界贸易组织（WTO）之后，制度模仿发挥了基础性的重大作用。这既表现在目的上，如直接确立市场经济体制目标，建立现代企业制度；又表现在机制上，如形成市场交易规则和市场价格机制；还表现在手段上，如运用财政政策和货币政策等西方常用的调节手段进行宏观调控。同时制度模仿还体现在非正式制度方面，如在意识领域，人们的效率意识、竞争意识、公平意识、法治意识等都得以大大提高。可以说，没有制度模仿，不借鉴发达国家先进的制度，中国的改革开放就不可能取得今天这样的成就。

从根本上讲，制度模仿是一种合法的"搭便车"行为。搭便车行为在一个封闭区域之内是阻碍制度创新以及导致制度供给不足的重要因素，但对于国与国之间的制度"传承""模仿"而言，搭便车行为则具有明显的正效应，既不会阻碍先发国的制度创新，又成为后发国制度变迁的强大动力。

与技术模仿这种搭便车行为不同的是，率先创新者（干中学者）并不一概反对这种利益外部化的移植，甚至有可能（当然，只是可能）给予一定的支持来鼓励制度的移植，以谋求制度的规模效应，减少全球化过程中的制度性摩擦与摩擦成本。

7.4 制度变迁的博弈模型描述[①]

认知盲区的消除改变了偏好，即改变了人们的效用函数，从而改变了人们的成本—效益比较链条，由此导致人们的利益判断的变化。这意味着原来符合人们的利益判断的制度安排变得不再与这种利益判断相符，制度变迁成为人们改变了的利益判断的客观要求[②]。

与此同时，认知盲区的消除导致了剩余的生成，于是变革现行制度，便具有了动力机制。在学习迁移过程中，如果要求改变现行制度的新兴力量成长到足以改变现行制度（即新兴力量超过维护现行制度的力量），就会发生制度的变迁。

此处参考并改进了罗伯特·博耶和安德烈·奥尔良（Robert Boyer & André Orléan，1992）、毛捷和金雪军等（2005）的模型，对制度变迁的过程进行描述。

（1）假定在一个两人博弈框架里，理性博弈者可以随机地选择两种策略：OI（现制度或旧制度）和 NI（新制度）。其中，选择策略 OI 的概率为 p，选择策略 OI 的概率为 $1-p$。

（2）使用效用函数 $U(x)$ 表示剩余函数 （surplus function）[③]，那么，选择两类策略的效用函数分别表示如下：

---

① 研究混合策略的博弈论建立在概率论基础上，而概率实际上在可以重复的大量实验基础上才可以产生。博弈论中的概率，很大程度上是一种主观概率。这决定了博弈论的分析只是对现实的一种逼近或者模仿。

② 周业安（2004）说："制度的演化即是随着个体偏好的学习过程而引致的共识的不断改变过程"，但他所依据的假设为有限理性。

③ 之所以用效用函数表示剩余函数，是因为，效用最大化与支出最小化（意味着利润或者租金最大化）有相同的解。二者是对偶关系。详细的论证参见［美］哈尔·瓦里安（2003）《微观经济学（高级教程）》第 7 章。

$$U(OI, p) = p \times E(OI, OI) + (1+p) \times E(OI, NI)$$

$$(7-3)$$

$$U(NI, 1-p) = p \times E(NI, OI) + (1-p) \times E(NI, NI)$$

$$(7-4)$$

（3）博弈者存在一个消除认知盲区的过程，即当 $U(OI, p) > U(NI, 1-p)$ 时，选择策略 OI 的概率 p 会增大，而当 $U(OI, p) < U(NI, 1-p)$ 时，选择策略 NI 的概率 $1-p$ 会增大。这也就是说，当 $\frac{\partial p}{\partial t} = G[U(OI, p) - U(NI, 1-p)]$ 时，G 是一个保持符号不变（sign-preserving）的非递减函数。

这一消除认知盲区的过程符合博弈者是理性人的假设，是群体中产生模仿效应的一个重要条件，也是"服从的压力"或者"预期剩余"（即模仿的基础）得以存在的基础。

（4）均衡的条件：$U(OI, p) > U(NI, 1-p)$，$\forall p \to 1$。根据梅纳德和普莱斯（Maynard & Price, 1973）的研究，在这种两人博弈框架里实现均衡的条件是对于所有接近 1 的 p，$U(OI, p) > U(NI, 1-p)$。把（7-3）和（7-4）代入，可以得到：

$$p \times E(OI, OI) + (1+p) \times E(OI, NI) > p \times$$
$$E(NI, OI) + (1-p) \times E(NI, NI) \qquad (7-5)$$

根据（7-5）式，得到实现均衡的具体条件为：

$E(OI, OI) > E(NI, OI)$，且 $(OI, NI) > E(NI, NI)$

或者 $E(OI, OI) = E(NI, OI)$，且 $(OI, NI) > E(NI, NI)$

或者 $E(OI, OI) > E(NI, OI)$，$E(NI, NI) > (OI, NI)$ 且 $\dfrac{E(OI, OI) - E(NI, OI)}{E(NI, NI) - E(NO, NI)} > \dfrac{1-p}{p}$

（5）给出一个具体的支付矩阵：

	现制度	新制度
现制度	U_{OI}，U_{OI}	0，0
新制度	0，0	U_{NI}，U_{NI}

图 7 - 1　制度更替支付矩阵

由图 7 - 1，其中 $0 < U_{OI} < U_{NI}$。

根据（7 - 3）和（7 - 4）式，可以得出：

$$U(OI，p) = p \times U_{OI} \qquad (7 - 6)$$

$$U(NI，1 - p) = (1 - p) \times U_{NI} \qquad (7 - 7)$$

根据均衡条件，即 $U(OI，p) > U(NI，1 - p)$，可以得到在两人博弈框架里，现制度得以稳定存在的条件是：

$$p > p^* = \frac{U_{OI}}{U_{OI} + U_{NI}} \qquad (7 - 8)$$

由（7 - 8）式，当博弈者选择现行制度或旧制度的概率 p 高于某一数值 $\left(\dfrac{U_{OI}}{U_{OI} + U_{NI}} \right)$ 时，现制度就将得以继存存在，由于 $0 < U_{OI} < U_{NI}$，所以这种均衡状态是次优的。而且均衡时的概率 p^* 与 U_{NI} 成正比，与 U_{OI} 成反比，也就是说当选择新制度的效用（U_{NI}）提高时，现制度得以继续存在所要求的均衡概率也会增大，而如果概率 p 维持不变，那么现制度就会被打破，新制度就会侵入并替代现制度；反之，如果选择现制度的效用（U_{OI}）提高了，现制度得以继存所要求的均衡概率 p 会降低，即使概率维持不变，现制度也不会被打破，新制度难以侵入投资者群体并最终替代现制度。

（6）由于存在消除认知盲区过程，只要 $U(OI，p) > U(NI，1 - p)$ 成立，选择现制度的人群数量就会增加，从而增加 p（选择现制度的概率)。当 $p \to 1$，且 $U(OI，p) > U(NI，1-p)$ 时，就实现了制度的均衡，新制度无法替代现有的次优状态。这种由学习过程促成的社会成员之间的模仿效应或者说已有理念的强化机制，阻碍了制度创新的可能。阿罗（1974）赞同这种观点[①]："社会协议最终往往成为我们取得理想价值的障碍……而其中最难以改变的是被我们潜意识接受的那些协议。"

图 7-1 支付矩阵中 $U(OI，NI) = U(NI，OI) = (0，0)$ 的假设低估了新制度的相对效用，事实上那些有可能替代现制度的新制度一般都具有现制度所不具备的优势，因此修改支付矩阵的假设为：$U(OI，NI) = (0，U_k)$，$U(NI，OI) = (U_k，0)$，支付矩阵变为：

	现制度	新制度
现制度	$U_{OI}，U_{OI}$	$0，U_k$
新制度	$U_k，0$	$U_{NI}，U_{NI}$

图 7-2　积累性更替下的支付矩阵

由图 7-2，其中 $0 < U_k < U_{OI} < U_{NI}$。

（7）由于支付矩阵发生变化，博弈者的效用函数变为：

$$U(OI，p) = p \times U_{OI} \qquad (7-9)$$

$$U(NI，1-p) = p \times U_k + (1-p) \times U_{NI} \qquad (7-10)$$

根据均衡的条件，在积累性更替模型下，现制度实现均衡的条件是：

$$p > p_1^* = \frac{U_{OI}}{(U_{OI} - U_k) + U_{NI}} \qquad (7-11)$$

---

① 阿罗 （Arrow，1974） 的原话为："It may be really true that social agreements ultimately serve as obstacles to the achievement of desired values... what may be the hardest of all to change are unconscious agreements...."

比较（7-8）式和（7-11）式，可以发现对于 $\forall U_k > 0$，有 $p_1^* > p^*$，也就是说，在积累性更替假设下，现制度得以存续的难度增大了——所要求的均衡概率增大。事实上，现制度并非一开始就完全抑制新制度的扩散：当 U_k 从 0 不断增加，直到接近 U_{OI} 时，均衡概率 p^* 也不断地增大，从 $\dfrac{U_{NI}}{U_{OI}+U_{NI}}$ 到接近于 1，即当选择新制度的相对效用增加时，现制度维持均衡的难度越来越大，而新制度侵入并替代现有制度的概率也越来越高。

因此，可以将新旧制度的更替过程看成是一个积累性更替的过程①。其中，选择新制度的相对效用不断增加，现制度得以继存的难度不断加大；当群体所有成员接受新制度时，消除认知盲区过程开始变得对新制度的扩散和巩固有利，抑制新制度扩散和新旧制度更替的模仿效应被打破。

7.5　认知盲区与制度变迁的不确定性

认知盲区导致的不确定性，现行学界的制度分析罕有涉及。实际上，无论是借助博弈模型还是运用交易成本与产权学说，学者们都是在试图说明制度变迁的均衡解的存在性和唯一性。郭志仪和毛慧晓（2009）、陈林林（2013）、施丽芳和廖飞等（2014）、肖旭（2017）、邬美红和罗贵明（2021）等学者均将不确定性作为约束条件或者与制度并行的普通变量，认为制度变迁在改变整个社会运作机制的同时，降低了市场的不确定性和交易费用。但事实告诉我们

---

① 新旧制度的更替，可能是一个长期、困难的过程。很多情况下，新制度战胜旧制度是由于信守旧制度的人逐渐死去。这便是一个明证。

的，往往是相反的结论①。

7.5.1 认知盲区下多人随机博弈的不确定性

对于一个人口众多的复杂社会，其中每个个体的权重或影响力通常是微不足道的②，所以，我们可以抽象掉其中的个体差异，假定任一局中人一般只是了解他自己的知识和信息状态，而缺乏关于整个系统状态以及其他局中人的确切知识。这时，局中人不再像新古典模型中的"先知"那样无所不晓、无所不能，而只能根据极其有限、甚至真假难辨的状态信息和知识，在简约化的决策法则之下进行决策。在认知盲区条件下，正如凯恩斯（1997，p.130）所指出的，"除非我们有特殊理由预测未来会有改变，否则我们即假定现存状况将无定期继续下去。"也就是说，稳定的预期其实是依赖于信心、信用等这类惯性的。

同时，人们很容易受到外界环境的影响。同一种行为可能受到不同的对待，而情境因素提供了行为怎样被接受的某种指标。在认知盲区条件下，观察者必须应对由被示范行为和具有不同预测作用的情境因素所传递的或然知识。行为或情境信息的相对价值依赖于他们中间何者是观察到的结果的较好预测者。因而，在可以主观概率测度的不确定性（包括风险）面前，局中人会根据环境的变化来作出缓慢（滞后）的、有限的（认知性）调整，根据对环境因素、尤其是以往对手行动的部分观察，来对系统状态做出判断，并且由此预期他目前的对手很可能会像他以往的对手

---

① 中国有很多俗语，表达了类似的思考："有心栽花花不发，无心插柳柳成荫""播下龙种，收获跳蚤""落花有意，流水无情"等等。

② 这并不排除历史人物在制度变迁中可能发挥极为关键的重要作用，但是，他们的杰出之处是在于他们能够最充分地利用群体或组织的力量来达到自己的目标，而非靠一己之力来扭转乾坤。

那样行事①。

前面章节的论述也表明，当客观现实很模糊时，别人就成为了主要的知识源，甚至对自己情绪的评价也会强烈地受到他人的影响。因而，在认知盲区条件下，我们的选择在很大程度上是建立在过去经验和模仿他人的基础上（从而也不可避免地带有各种偏见）的②。于是，可以假定，每个局中人都依照公平待遇原则，根据别人对待他的态度来对等地对待他们③，并在此基础上按照某种随机决策法则，在他自己的策略空间中选择一种混合策略组合，以使其成本函数达到最小化。

本奈因和希尔胥的多人适应性随机扰动博弈（Benam & Hirsch，1999），可以佐证本书的结论。所谓扰动博弈是指，每个局中人仅仅知道他自己的支付矩阵，面对对手的混合策略，其支付

---

① 这里为了简化问题，我暂时排除了群体或组织决策的模式，因为个体决策与群体决策显然有着非常不同的成本—收益结构。对于个体而言，其日常的决策行为实际上是很少直接涉及收益问题的，因而这里假定个体局中人按照成本最小化法则决策是合理的。但在群体或组织（尤其是经济组织）决策中，收益或效用在决策中的权重就要大得多，难以一概而论了（虽然我们仍然可以在假定其收益不变的情况下运用成本最小化法则来考察多个群体同时决策的问题）。

② 特沃斯基和卡尼曼（Tversky & Kahneman，1971）对于人们在现实环境下的各种简约化决策法则进行了开创性的系统研究，指出人们在不确定条件下对传统的理性决策假说的偏离其实是有章可循的，因而人们的经济行为虽不符合严格的理论假设，却也不是随意的或错误的。

③ 这种原则本身就是局中人追求决策成本最小化的结果。这里其实还隐含着这样一个假定，即局中人能够意识到他自己认知能力的局限性，知道他自己无法以低廉的成本来搜集其每个对手的信息并准确预测他们的行动。显然，仅仅根据他以往所观察到的状态信息来对其目前对手的信息进行主观推断是一种成本最低廉的决策法则。当然，这并不排除在个人的重大决策中，局中人会设法以经济的手段来搜集对手的信息，但这种情况在个体行动中显然是并不常见的，因而可以按照小概率事件来处理。

具有随机扰动的性质①。而适应性扰动博弈则可以视为由一系列独立同分布（IID）的扰动博弈所组成（其状态序列为定义于紧凸集上的非稳定离散时间马尔可夫过程），其中每个局中人都仅知道其支付矩阵及其对手状态的经验频率向量（主观概率分布），并假定对手按照由此确定的一个混合策略行事，他自己则在这些信息和假定下确定他所认为的最佳反应策略。由此可见，这类多人随机动态博弈与本书上面的模型是一致的，为我们刻画和分析不确定状态下局中人的行为及其动态特征提供了有用的支撑。

7.5.2　集群博弈：制度变迁的多可能性

从集群博弈的角度看，可以将力量对比进行区分：（1）食利者集团（vested interests group），包括分利集团（特殊利益集团）②、搭便车者；（2）争利集团，食利集团之外的排他者；（3）观望者。

前文的分析表明，剩余是制度创新的报酬。因此，对于制度的变迁而言，剩余即制度的控制参数，设为 μ。控制状态变量，设为 x_n，则 μx_n 是制度从 n 时刻的状态变迁到 $n+1$ 时刻的状态的驱动因素。可以构建迭代函数如下：

$$
\begin{aligned}
x_{n+1} = f(x_n) &= \mu x_n (1 - x_n) \\
&= \mu(x_n - x_n^2) \text{ 或 } \mu x_n - \mu x_n^2
\end{aligned}
\tag{7-12}
$$

在计算 x_n 的过程中，当公式右端用则 x^* 代入时，若左端又得到 x^*，则表明此时的 x^* 就是随着时间不变化的解，即得到定常解（不动点）：

---

① 其实，更为合乎现实的假设，如莱茵哈德·泽尔腾（Reinhard Selten）提出的颤抖手均衡（trembling hand equilibrium），我宁愿认为这是存在认知盲区下的随机选择。

② 为了简化分析，分利集团中的贪得无厌者并未考虑进来。

$$x^* = 0 \text{ 和 } x^* = 1 - \frac{1}{\mu} \qquad (7-13)$$

那么，在定常状态下，制度不会随着时间而发生变迁。

如果在迭代过程中的某一步，右端用 x_1 代入，左端求得 x_2；再用 x_2 代入右端，左端又得到 x_1，那么，迭代的结果为：x_0，…，x_1，x_2，x_1，x_2，…

于是，就得到周期解。因此，从历史上看，制度的变迁，存在一定程度的周期律。

其实，"剩余"的引入，本身就存在了两种对比力量：驱动力、耗散力。μ 作为制度变迁的控制因素，反映了驱动力和耗散力的相对大小。为了判断这两种力量的对比情况，给定一个定常状态 x^*，并给定一个变化 δx_n，观察其对 x_{n+1} 的作用大小。

显然存在：

$$\delta x_{n+1} = \frac{\partial f}{\partial x}\Big|_{x=x^*} \delta x_n \qquad (7-14)$$

当 $|\lambda| = \left| \frac{\partial f}{\partial x}\Big|_{x=x^*} \right| < 1$，若 n 增加，δx_{n+1} 趋近于 0，即制度的状态维持在定常状态 x^*，这就意味着驱动力小于耗散力，制度创新难以实现。

相反，若：$|\lambda| = \left| \frac{\partial f}{\partial x}\Big|_{x=x^*} \right| > 1$，则表明驱动力大于耗散力，状态就要偏离原来的状态，而转入到另外的状态。而当"剩余"μ 的值相对较大的时候，制度的变迁就是不稳定的。

7.5.3 制度变迁的不确定性：一个案例

通常情况下，人们对博弈论模型的研究都倾向于寻找其唯一的稳定均衡解。而且到目前为止，几乎所有被构造出来用以模拟制度变迁的博弈模型，都能找到这种均衡解①。但事实上，这往往只是因为人们主观上需得到这样的均衡解而构造出相应模型的结果。人们经常为了迁就完美数学形式的这个目标而不得不扭曲现实，人为地假定完全知识和完全信息状态的局中人。但这样一来，理论模型所预测的结果必然与现实相距甚远。尤其是，这使人很难辨别出哪些结果是独立于那些假定、哪些结果又只是人为地假想、设计出来的虚拟环境的产物。

一个典型的案例是"矿难"②的治理。2003年8月初，我们基于风险共担原则，提出可以设计一套机制，"让矿企老板定期或不定期下井去陪同矿工采矿，一起承受生命危险。这样一来，矿企老板们必然能在改善生产安全方面积极作为，减少乃至杜绝矿难的发生。"③这个建议得到国家有关部门的重视。2003年8月27日，国务院常务会议提出加强煤矿安全生产工作的重要措施之一，就是要求"各级政府、有关部门和企业负责同志都要深入一线，下大力气，落实安全生产的各项措施"。2003年9月10日，湖北省副省长任世茂在该省安全生产委员会第三次全会上说，有必要建立矿长和老板下井值班或劳动的制度。2005年5月3日《国务院关于预防煤矿生产安全事故的特别规定》（国务院第446号令）第二十一条规定，煤矿企业负责人和生产经营管理人员应当按照国家规定轮流带班下井，并建立下井登记档案。《国务院关于进一步加强企业安全生产工作的通知》（国发〔2010〕23号）重申："企业主要负责人和领导班子成员要轮流现场带班。"

----

① 即便是强调不确定性的演化博弈，也是"侧重于均衡分析"（黄凯南，2009），甚至可以说，"当下的演化博弈论，仍然以均衡为关键性假设"（张立恒，2021）。

② 采矿过程中发生的事故。

③ 后来此文公开发表在《中国国土资源报》的"经济随笔"专栏上。参见刘正山（2003）。

这一举措的推行，在一定程度上遏制了矿难数据的上升。统计显示，2003 年全国煤矿事故 4143 起，百万吨煤矿死亡率 3.71％；2004 年全国煤矿事故 3641 起，百万吨煤矿死亡率 3.08％；2005 年全国煤矿事故 3306 起，百万吨煤矿死亡率 2.81％；2006 年全国煤矿事故 2945 起，百万吨煤矿死亡率 2.04％[①]。但是，制度的执行中，"上有政策，下有对策"：一些地方突击提拔了一批"煤矿领导"，让这些人下井！如"2011 年朝阳煤矿突击提拔了 7 名矿长助理下井带班，而矿长、副矿长等 5 名主要领导却稳坐办公室。"（薛宝生，2012）这是制度设计之初的认知盲区。

而最终遏制住矿难频发现象的，却是煤矿国有化。2008 年 11 月出台的《山西省人民政府关于加快推进煤矿企业兼并重组的实施意见》（晋政发〔2008〕23 号），以行政命令强制，将所有中小型煤矿都合并到山西地方国有大型煤矿集团，即"参与兼并重组的煤矿企业包括现有山西省境内国有重点煤矿企业、在晋中央煤矿企业、市营煤矿企业和经省煤炭资源整合领导组批准单独保留和整合的市营以下地方煤矿"。当年，有媒体报道称："从 2004 年的私有化到今年的再国有化，山西煤炭矿权改革的根本目标只有一个，就是减少矿难的发生。"（曹海东，2008）但此举受到较多质疑，如有学者（徐滢，2010）称"山西政府本次对私人煤矿实行国有化，从一定程度上扰乱了煤炭行业的市场秩序"。而浙商资本投资促进会则向全国人大、国务院、山西省人大、山西省政府发出一份特快专递，要求对《山西省人民政府关于加快推进煤矿企业兼并重组的实施意见》（晋政发〔2008〕23 号）以及《关于进一步加快推进煤矿企业兼并重组整合有关问题的通知》（晋政发〔2009〕10 号）的合法性、合理性问题进行审查处理（刘华，

---

① 此处的数据引自刘艳亮（2018）。

2009）。然而，实践证明，这种整合，的确减少了矿难。王中庆、王继军（2020）总结发现："经过资源整合与企业兼并重组活动，矿难事故大幅度减少。"2019年我国共发生煤矿事故132起，死亡302人，2020年煤矿事故数量为95起，事故数量首次低于100，死亡人数为172人，2020年与2019年相比，事故数量与死亡人数都大幅度降低①。

当然，这并非制度变迁的终点。2002年到2012年10年间的煤矿产量平均增长率为10%；2013年至2020年，煤炭产量仅由35.1亿吨增长至39亿吨。到了2021年，一方面，煤炭短缺等问题出现了，11月，在山西省朔州市应县能源局发的"民用煤票"成了"硬通货"——凭票可在供应点以政府补贴价购买清洁煤（胡志中，2021）。另一方面，缺电严重，不少地方直接"拉闸限电"，因为煤炭贵，电厂用不起煤。于是，2021年10月22日，国家发改委召集中国煤炭工业协会和部分重点煤炭企业开会，研究保障煤炭价格长期稳定在合理区间的具体措施。

可见，制度的变迁过程中，由于认知盲区的存在，不能保证制度均衡与社会经济制度的唯一性，更不能保证处于均衡状态的任一制度都是有效率的。这一结论，即制度变迁的不确定性或多重均衡性②，与青木昌彦建立在有限理性和主观博弈基础上的制度均衡模型不同。青木昌彦的模型并未涉及认知盲区对于制度变迁的影响，同时其将制度假定为"共同信念"，从而极大地限制了局中人的策

---

① 数据来自张培森、牛辉等（2021）。
② 田国强、陈旭东（2018）也认为，由于现实世界的高度复杂和信息的不完全、不对称，制度变迁也并不总是完全按照初始状态或起初设计的方向演进，可能会由于偶然的外生冲击而改变演进方向。但是，他们由此得出"人为的制度设计和矫正就成为必要"的结论，这一点与本书的观点有所不同。

略空间，人为地导出了制度变迁的纳什均衡解①。

而在经济转型过程中，由于认知盲区导致的不确定性的扰动增强，制度变迁的可能路径和可能的稳定均衡点并不唯一，因而制度变迁的结果并不一定是有效率的稳定均衡②。换句话说，当人们对未来难以把握，无法形成有效的稳定预期时，制度变迁趋于非均衡状态或不稳定均衡的概率迅速地增大了。丁利（2016）声称："社会制度结构是每个博弈者之间的共同知识或共同信念，并且他们共享同一个解理论，从而整个制度阶梯以及在制度约束下人们的行动（在理想状态中）都是自我实施的。"这种观点实属想当然。

认知盲区对于制度变迁的深刻影响，还有待我们作更进一步的深入分析。众所周知，即使是作为一个物理上的现实过程，白噪声（white noise）③ 也是不存在的，它所展示的颇为奇异的特性在任何现实条件下也不会出现④，更不用说复杂多变的人类社会了。

理论力求简单，但现实是复杂的。

---

① 不过，青木昌彦的模型似乎并非建立在严格的数学逻辑基础上的，因而有时前后不一。例如，他在另一个地方指出，"从初始的失衡状态转移到新制度的路径是否唯一，这是不确定的。"而且，假如路径非唯一的话，它们所指向的是否唯一的纳什均衡点呢？可他并未告诉我们。

② 比如中国古代妇女缠足问题。缠足成为一种通行的社会习俗有千余年历史，小脚在那个时代是一种美的体现。它为何由美变丑，并消亡了呢？缠足被刻意进行由美转丑的现代"制作"，清朝末期时分的传教士是始作俑者。他们通过兴办教会学校和成立"不缠足会"来推广不缠足之举。当然，这些举措的作用有限。于是，传教士打着"科学"与"文明"幌子，制造事前的信息不对称，将缠足行为置于一个非科学的、反动的、境地（当然，笔者并没有认为缠足是科学和文明的），促使那些自认为"现代"而"文明"的人们划清与缠足的界限。后来，崇尚和模仿西方的社会精英乃至官员将缠足上升到"国体"的高度加以批判，并严令禁止，最终改变了主流的偏好，导致缠足的消逝。可是，古代的"小脚"消逝了，现代的"小脚"（穿高跟鞋、束腰、整形等）却大行其道了。详见刘正山（2007）。

③ 所有频率具有相同能量密度的随机噪声称为白噪声。

④ 这方面的观点，参见刘式达、梁福明等（2004）。

参考文献

Acemoglu，D.（2006）．A simple model of inefficient institutions. *The Scandinavian Journal of Economics*，108（4），515 – 546.

Acemoglu，D.（2005）．Modeling inefficient institutions. *Proceedings of 2005 World Congress*. DOI 10. 3386/w11940.

Acemoglu，D. & Robinson，J. A.（2001）．A theory of political transitions. *The American Economic Review*，91（4），938 – 963.

Acemoglu，D. & Robinson，J. A.（2019）．Rents and economic development：The perspective of Why Nations Fail. *Public Choice*，181（1），13 – 28.

Acemoglu，D. & Robinson，J. A.（2021）．Culture，institutions and social equilibria：A framework . *National Bureau of Economic Research*，No. w28832.

Acemoglu，D. ，Gallego，F. A. & Robinson，J. A.（2014）．Institutions，human capital，and development. *Annual Review of Economics*，6（1），875 – 912.

Acemoglu，D. ，Johnson，S. & Robinson，J. A.（2001）．The colonial origins of comparative development：An empirical investigation. *The American Economic Review*，91（5），1369 – 1401.

Acemoglu，D. ，Johnson，S. & Robinson，J. A.（2005）．The rise of Europe：Atlantic trade，institutional change，and economic growth. *The American Economic Review*，95（3），546 – 579.

Aghion，P. ，Blundell，R. ，Griffith，R. ，Howitt，P. ，& Prantl，S.（2004）．Entry and productivity growth：Evidence from microlevel panel data. *Journal of the European Economic Association*，2（2 – 3），265 – 276.

Aghion，P. ，Jones，B. F. & Jones，C. I.（2019）．Artificial intelligence and economic growth. In：Agrawal，Gans，& Goldfarb（eds. ），*The*

Economics of Artificial Intelligence: *An Agenda*. The University of Chicago Press.

Akerlof, G. A. (1970). The market for "lemons": Quality uncertainty and the market mechanism. *The Quarterly Journal of Economics*, 84 (3), 488 – 500.

Alchian, A. A. (1950). Uncertainty, evolution, and economic theory. *Journal of Political Economy*, 58 (3), 211 – 221.

Alchian, A. A. & Demsetz, H. (1972). Production, information costs, and economic organization. *The American Economic Review*, 62 (5), 777 – 795.

Allen, P. M. & Lesser, M. (2018). Evolutionary human systems: Learning, ignorance and subjectivity. In: Metcalfe, S. (Ed.), *Evolutionary Theories of Economic and Technological Change* (pp. 160 – 171). Routledge.

Altonji, J. G. (1993). The demand for and return to education when education outcomes are uncertain. *Journal of Labor Economics*, 11 (1), 48 – 83.

Aoki, Masahiko. (2007). Endogenizing institutions and institutional changes. *Journal of Institutional Economics*, 3 (1), 1 – 31.

Argall, B. D., Chernova, S., Veloso, M. & Browning, B. (2009). A survey of robot learning from demonstration. *Robotics and Autonomous Systems*, 57 (5), 469 – 483.

Arora, A. & Gambardella, A. (1994). Evaluating technological information and utilizing it: Scientific knowledge, technological capability, and external linkages in biotechnology. *Journal of Economic Behavior and Organization*, 24 (1), 91 – 114.

Arrow, K. J. (1962). The economic implications of learning by doing. *The Review of Economic Studies*, 29 (3), 155 – 173.

Arrow, K. J. (1974). *The Limits of Organization*. WW Norton & Company.

Arthur, W. B. (1989). Competing technologies, increasing returns, and lock—in by historical events. *The Economic Journal*, 99 (394), 116 – 131.

Arthur, W. B. (2021). Foundations of complexity economics. *Nature Reviews Physics*, 3 (2), 136 – 145.

Atkinson, A. B. & Stiglitz, J. E. (1969). A new view of technological change. *The Economic Journal*, 79 (315), 573 – 578.

Aumann, R. &. Brandenburger, A. (1995). Epistemic conditions for Nash Equilibrium. *Econometrica*, 63 (5), 1161–1180.

Aydin, H. (2021). Market orientation and product innovation: The mediating role of technological capability. *European Journal of Innovation Management*, 24 (4), 1233–1267.

Ayoubi, C. &. Thurm, B. (2020). Knowledge diffusion and morality: Why do we freely share valuable information with strangers. Available at *SSRN* 3685311.

Banerjee, A. V. (1992). A simple model of herd behavior. *The Quarterly Journal of Economics*, 107 (3), 797–817.

Barton, D. L. (1995). *Wellsprings of Knowledge: Building and Sustaining the Sources of Innovation*. Harvard Business School.

Barzel, Y. (2001). A measurement cost based theory of the firm. January, preliminary mimeo. Available at https://www.docin.com/p-1400692747.html.

Bateson, Gregory. (1972). *Steps to an Ecology of Mind*. Ballantine.

Bazalgette, C. (2022). Evolution, neuroscience and embodied cognition. In: Bazalgette, C. (ed.), *How Toddlers Learn the Secret Language of Movies* (pp. 81–102). Palgrave Macmillan, Cham.

Becker, G. S. (1964). *Human capital: A Theoretical and Empirical Analysis, with Special Reference to Education*. Columbia University Press.

Becker, G. S. &. Murphy, K. M. (1992). The division of labor, coordination costs, and knowledge. *The Quarterly Journal of Economics*, 107 (4), 1137–1160.

Beissner, P. &. Riedel, F. (2018). Non-implementability of Arrow-Debreu equilibria by continuous trading under volatility uncertainty. *Finance and Stochastics*, 22 (3), 603–620.

Bell, D. E. (1982). Regret in decision making under uncertainty. *Operations Research*, 30 (5), 961–981.

Benaïm, M. &. Hirsch, M. W. (1999). Mixed equilibria and dynamical systems arising from fictitious play in perturbed games. *Games and Economic Behavior*, 29 (1-2), 36–72.

Bergstrom, T. C. (1989). A fresh look at the rotten kid theorem and other household mysteries. *Journal of Political Economy*, 97 (5), 1138–1159.

Bernheim, B. D. (1984). Rationalizable strategic behavior. *Econome-*

trica：*Journal of the Econometric Society*，52（4），1007 - 1028.

Best，J.（2021）. Varieties of ignorance in neoliberal policy：or the possibilities and perils of wishful economic thinking. *Review of International Political Economy*，1 - 25.

Bilder，R. M. & Knudsen，K. S.（2014）. Creative cognition and systems biology on the edge of chaos. *Frontiers in Psychology*，5，1104.

Binmore，K.，Rubinstein，A. & Wolinsky，A.（1986）. The Nash bargaining solution in economic modelling. *The RAND Journal of Economics*，17（2），176 - 188.

Blonski，M.（1999）. Social learning with case-based decisions. *Journal of Economic Behavior and Organization*，38（1），59 - 77.

Blume，L.，& Easley，D.（2008）. Market competition and selection. *The New Palgrave Dictionary of Economics*，5，296 - 300.

Boisot，M.（1998）. *Knowledge Asserts：Securing Competitive Advantage in the Information Economy*. Oxford University Press.

Bolisani，E. & Bratianu，C.（2018）. The elusive definition of knowledge. In：Bolisani，E.，& Handzic，M.（Eds.），*Emergent Knowledge Strategies*（pp. 1 - 22）. Springer.

Bonchek，M.，& Choudary，S. P.（2013）. Three elements of a successful platform strategy. *Harvard Business Review*，92（1 - 2），1 - 4.

Braem，S. & Egner，T.（2018）. Getting a grip on cognitive flexibility. *Current Directions in Psychological Science*，27（6），470 - 476.

Brenner，T.（1998）. Can evolutionary algorithms describe learning processes. *Journal of Evolutionary Economics*，8（3），271 - 283.

Brian Weatherson.（2004）. *Game playing under ignorance*. Cornell University：Working Paper. Available at http：//brian. weatherson. org/ gpui. pdf.

Brown，J. S. & Duguid，P.（2001）. Knowledge and organization：A social-practice perspective. *Organization Science*，12（2），198 - 213.

Cacciamani，S.（2010）. Towards a knowledge building community：From guided to self-rrganized inquiry. *Canadian Journal of Learning and Technology*，36（1）. Available at https：//www. learntechlib. org/ d/43131.

Caenegem，R. C.（1988）. *The Birth of the English Common Law*. Cambridge University Press.

Camerer，C. F.（2014）. Behavioral economics. *Current Biology*，24（18），867 - 871.

Capello, R. &. Lenzi, C. (2014). Spatial heterogeneity in knowledge, innovation, and economic growth nexus: Conceptual reflections and empirical evidence. *Journal of Regional Science*, 54 (2), 186 – 214.

Chapman, J. M. &. Schott, S. (2020). Knowledge coevolution: Generating new understanding through bridging and strengthening distinct knowledge systems and empowering local knowledge holders. *Sustainability Science*, 15 (3), 931 – 943.

Charness, G. , Samek, A. &. van de Ven, J. (2022). What is considered deception in experimental economics. *Experimental Economics*, 25 (2), 385 – 412.

Chen, B. &. Hong, H. Y. (2016). Schools as knowledge-building organizations: Thirty years of design research. *Educational Psychologist*, 51 (2), 266 – 288.

Cheung, S. N. (1983). The contractual nature of the firm. *The Journal of Law and Economics*, 26 (1), 1 – 21.

Cianciolo, A. T. , Matthew, C. , Sternberg, R. J. &. Wagner, R. K. (2006). Tacit knowledge, practical intelligence, and expertise. In: K. A. Ericsson, N. Charness, P. J. Feltovich, &. R. R. Hoffman (eds.), *The Cambridge Handbook of Expertise and Expert Performance* (pp. 613 – 632). Cambridge University Press.

Coase, R. H. (1937). The nature of the firm. *Economica*, 4 (16), 386 – 405.

Coase, R. H. (2006). The conduct of economics: The example of Fisher Body and General Motors. *Journal of Economics and Management Strategy*, 15 (2), 255 – 278.

Coase, R. H. (2013). The problem of social cost. *The Journal of Law and Economics*, 56 (4), 837 – 877.

Colander, D. (2017). Ignorance and economics. *Forum for Social Economics*, 46 (2), 139 – 144.

Commons, J. R. (1936). Institutional economics. *The American Economic Review*, 26 (1), 237 – 249.

Conlisk, J. (1996). Bounded rationality and market fluctuations. *Journal of Economic Behavior and Organization*, 29 (2), 233 – 250.

Coombs, J. E. &. Bierly III, P. E. (2006). Measuring technological capability and performance. *R&D Management*, 36 (4), 421 – 438.

Cooper, G. A. &. West, S. A. (2018). Division of labour and the evolution of extreme specialization. *Nature Ecology and Evolution*, 2

(7), 1161 - 1167.

Cowan, R. & Foray, D. (1997). The economics of codification and the diffusion of knowledge. *Industrial and Corporate Change*, 6 (3), 595 - 622.

Cowan, R. , David, P. A. & Foray, D. (2000). The explicit economics of knowledge codification and tacitness. *Industrial and Corporate Change*, 9 (2), 211 - 253.

Dahabiyeh, L. , Najjar, M. S. & Agrawal, D. (2021). When ignorance is bliss: The role of curiosity in online games adoption. *Entertainment Computing*, 37, 100398.

Dasgupta, K. (2012). Learning and knowledge diffusion in a global economy. *Journal of International Economics*, 87 (2), 323 - 336.

Davenport, T. H. & Prusak, L. (1998). *Working Knowledge: How Organizations Manage what They Know*. Harvard Business Press.

Davidson, S. , De Filippi, P. & Potts, J. (2018). Blockchains and the economic institutions of capitalism. *Journal of Institutional Economics*, 14 (4), 639 - 658.

Daymont, T. N. , & Andrisani, P. J. (1984). Job preferences, college major, and the gender gap in earnings. *Journal of Human Resources*, 19 (3), 408 - 428.

Debreu, G. (1959). *Theory of Value: An Axiomatic Analysis of Economic Equilibrium*. Yale University Press.

DeMartino, G. F. & Grabel, I. (2020). Irreparable ignorance, protean power, and economics. *International Theory*, 12 (3), 435 - 448.

Demsetz, H. (1997). The firm in economic theory: A quiet revolution. *The American Economic Review*, 87 (2), 426 - 429.

Depetris-Chauvin, E. , & Özak, Ö. (2020). The origins of the division of labor in pre-industrial times. *Journal of Economic Growth*, 25 (3), 297 - 340.

Dibiaggio, L. , Nasiriyar, M. & Nesta, L. (2014). Substitutability and complementarity of technological knowledge and the inventive performance of semiconductor companies. *Research Policy*, 43 (9), 1582 - 1593.

Dixit, A. (2004). Two-Tier market institutions. *Chicago Journal of International Law*, 5 (1), Article 11.

Dixit, A. (2012). An option value problem from Seinfeld. *Economic Inquiry*, 50 (2), 563 - 565.

Dold, M. & Lewis, P. (2022). FA Hayek on the political economy of endogenous preferences: An historical overview and contemporary assessment. *Journal of Economic Behavior and Organization*, 196, 104 – 119.

Dow, S. & Earl, P. (1999). *Economic Organization and Economic Knowledge*. Edward Elgar Publishing.

Dragoš, A., Kiesewalter, H., Martin, M., Hsu, C. Y., Hartmann, R., Wechsler, T., & Kovács, á. T. (2018). Division of labor during biofilm matrix production. *Current Biology*, 28 (12), 1903 – 1913.

Duflo, E. & Saez, E. (2003). The role of information and social interactions in retirement plan decisions: Evidence from a randomized experiment. *The Quarterly Journal of Economics*, 118 (3), 815 – 842.

Edgeworth, F. Y. (1932). *Mathematical Psychics* (1881). Available at https://socialsciences.mcmaster.ca/econ/ugcm/3ll3/edgeworth/mathpsychics.pdf.

Eliasson, G. & Eliasson, Å. (2004). The theory of the firm and the markets for strategic acquisitions. In: Cantner, U. (ed.), *Entrepreneurships, The New Economy and Public Policy* (pp. 91 – 115). Springer, Berlin, Heidelberg.

Ellison, G. & Fudenberg, D. (1993). Rules of thumb for social learning. *Journal of Political Economy*, 101 (4), 612 – 643.

Elsner, W. (2012). The theory of institutional change revisited: The institutional dichotomy, its dynamic, and its policy implications in a more formal analysis. *Journal of Economic Issues*, 46 (1), 1 – 44.

Epstein, J. M. (2001). Learning to be thoughtless: Social norms and individual computation. *Computational Economics*, 18 (1), 9 – 24

Faith, C. K. & Seeam, A. K. (2018). Knowledge sharing in academia: A case study using a SECI model approach. *Journal of Education*, 9, 53 – 70.

Fleischman, F. & Solorzano, C. R. (2018). Institutional supply, public demand, and citizen capabilities to participate in environmental programs in Mexico and India. *International Journal of the Commons*, 12 (2), 162 – 190.

Foster, J. & Metcalfe, J. S. (2001). Modern evolutionary economic perspectives: an overview. *Frontiers of Evolutionary Economics: Competition, Self-organization and Innovation Policy*, 1 – 18.

Foucault, M. (2004). Society must be defended: Lectures at the College of France. *Canadian Journal of Communication*, 29（3/4）.

Freeman, C.（1987）. *Technology Policy and Economic Performance*: *Lessons from Japan*. Pinter Publisher.

Friedman, M.（1953）. *The Methodology of Positive Economics*. University of Chicago Press.

Friedman, M.（1976）. *Price Theory*. Aldine.

Friedrichsen, J., Momsen, K., & Piasenti, S.（2022）. Ignorance, intention and stochastic outcomes. *Journal of Behavioral and Experimental Economics*, 101913.

Fudenberg, D. & Levine, D. K.（2016）. Whither game theory? Towards a theory of learning in games. *Journal of Economic Perspectives*, 30（4）, 151–70.

García-Muiña, F. E. & Navas-López, J. E.（2007）. Explaining and measuring success in new business: The effect of technological capabilities on firm results. *Technovation*, 27（1–2）, 30–46.

Gareev, T. R. & Eliseeva, N. A.（2020）. Institutions and institutional change in the context of game theory. *Terra Economicus*, 18（1）, 102–120.

Gekker, R.（2005）. *On Uncertainty Aversion under Complete Ignorance*: *Some Further Observations on the Impossibility Results*. Working Paper No. 0090. Department of Economics, National University of Ireland Galway.

Giddings, L.（2021）. Gender division of labor among couples. In: Berik, G., & Kongar, E.（Eds.）, *The Routledge Handbook of Feminist Economics*（pp. 293–302）. Routledge.

Gigerenzer, G.（2008）. *Rationality for Mortals*: *How People Cope with Uncertainty*. Oxford University Press.

Gilles, R. P.（2018）. The core of an economy with an endogenous social division of labour. *arXiv preprint arXiv*: 1809.01470.

Grant, S. & Quiggin, J.（2015）. A preference model for choice subject to surprise. *Theory and Decision*, 79（2）, 167–180.

Grassetti, F., Mammana, C. & Michetti, E.（2018）. Substitutability between production factors and growth. An analysis using VES production functions. *Chaos, Solitons and Fractals*, 113（C）, 53–62.

Greif, A.（2006）. *Institutions and the Path to the Modern Economy*: *Lessons from Medieval Trade*. Cambridge University Press.

Greif, A., & Kingston, C.（2011）. Institutions: Rules or equilibria. In: Schofield, N., Caballero, G.（eds）, *Political Economy of*

Institutions, *Democracy and Voting* (pp. 13 – 43). Springer, Berlin, Heidelberg.

Grogger, J. & Eide, E. (1995). Changes in college skills and the rise in the college wage premium. *Journal of Human Resources*, 30 (2), 280 – 310.

Gross, J. & Vostroknutov, A. (2022). Why do people follow social norms. *Current Opinion in Psychology*, 44, 1 – 6.

Gross, M. & McGoey, L. (2015). *Routledge International Handbook of Ignorance Studies*. Routledge.

Grossman, G. M. & Helpman, E. (1994). Endogenous innovation in the theory of growth. *Journal of Economic Perspectives*, 8 (1), 23 – 44.

Guedes, S. N. R. & Jeronimo, R. C. (2021). A concept of two authors: Commons and Williamson on transactions. *Journal of Interdisciplinary Economics*, Available at https://doi.org/10.1177/02601079211037482.

Guilló Alcaraz, G., Massuet i Ardil, M., Orts Sánchez, L. & Sánchez Buixeda, H. (2021). *Behavioral Economics: Implications of Irrational Behavior in Marketing Practices*. Available at https://repositori.upf.edu/handle/10230/46901.

Hamel, G. & Prahalad, C. K. (1990). The core competence of the corporation. *Harvard Business Review*, 68 (3), 79 – 91.

Hannon, M. (2022). Are smarter voters better voters. *The Philosophers' Magazine*, 96 (1), 47 – 53.

Hao, J., Zhao, Q., Yan, Y. & Wang, G. (2017). A review of tacit knowledge: Current situation and the direction to go. *International Journal of Software Engineering and Knowledge Engineering*, 27 (5), 727 – 748.

Harding, A. (1973). *A social history of English law*. Peter Smith Pub Incorporated.

Hart, O. & Grossman, S. (1986). The costs and benefits of ownership: A theory of vertical and lateral integration. *Journal of Political Economy*, 94 (4), 691 – 719.

Hayami, Y. & Ruttan, V. W. (1971). *Induced Innovation in Agricultural Development*. Discussion Paper No. 3, Center for Economic Research, Department of Economics, University of Minnesota.

Hayami, Yujiro. (1997). *Development Economics: From the Poverty to the Wealth of Nations*. Oxford University Press and Clarendon Press.

Hearn, J. C. & Bunton, S. A. (2001) . Economic and social returns of baccalaureate, graduate, and professional degrees. *Policy Brief* 01‐01, Postsecondary Education Policy Studies Center, University of Minnesota.

Hébert, C. , Dagenais, C. , Mc Sween-Cadieux, E. , & Ridde, V. (2020) . Video as a public health knowledge transfer tool in Burkina Faso: A mixed evaluation comparing three narrative genres. *PLoS Neglected Tropical Diseases*, 14 (6), e0008305.

Heckman, J. J. (2015) . Introduction to a theory of the Allocation of Time by Gary Becker. *The Economic Journal*, 125 (583), 403‐409.

Helfat, C. E. & Raubitschek, R. S. (2000) . Product sequencing: Co‐evolution of knowledge, capabilities and products. *Strategic Management Journal*, 21 (10‐11), 961‐979.

Herfeld, C. (2022) . Revisiting the criticisms of rational choice theories. *Philosophy Compass*, 17 (1), e12774.

Hindriks, F. , & Guala, F. (2015) . Institutions, rules, and equilibria: A unified theory. *Journal of Institutional Economics*, 11 (3), 459‐480.

Hodgson, G. M. (1998) . The Coasean tangle: The nature of the firm and the problem of historical specificity. In: Medema, S. G. (Ed.), *Coasean Economics Law and Economics and the New Institutional Economics* (pp. 23‐49) . Springer.

Holmstrom, B. & Milgrom, P. (1991) . Multitask principal-agent analyses: Incentive contracts, asset ownership, and job design. *Journal of Economics and Organization*, 7, 24‐52.

Holmstrom, B. & Milgrom, P. (1994) . The firm as an incentive system. *The American Economic Review*, 84 (4), 972‐991.

Horton Jr, F. W. (1983) . Information literacy vs. computer literacy. *Bulletin of the American Society for Information Science*, 9 (4), 14‐16.

Hou, F. , Triantaphyllou, E. & Yanase, J. (2022) . Knowledge, ignorance, and uncertainty: An investigation from the perspective of some differential equations. *Expert Systems with Applications*, 191 (1), 116‐325.

Houghton Mifflin Company. (2001) . *The American Heritage Dictionary*. Random House Inc.

Houthakker, H. S. (1956) . Economics and biology: Specialization and speciation. *Kyklos*, 9 (2), 181‐189.

Hovenkamp, H. (2021) . Competitive harm from vertical mergers. *Review of Industrial Organization*, 59 (2), 139 – 160.

Huggins, R. & Thompson, P. (2014) . A network-based view of regional growth. *Journal of Economic Geography*, 14 (3), 511 – 545.

Hurwicz, L. (1993) . Toward a framework for analyzing institutions and institutional change. In: S. Bowles, H. Gintis & B. Gustafsson (eds.), *Markets and Democracy: Participation, Accountability and Efficiency* (pp. 51 – 67) . Cambridge University Press.

Hutchins, E. , & Hazlehurst, B. (1992) . *Learning in the Cultural Process.* In: C. G. Langston, C. Taylor, I. Farmer, and S. Rasmussen, (eds.), *Artificial Life II* (pp. 682 – 706) . Addison-Wesley.

Jakee, K. & Jones-Young, S. M. (2021) . Entrepreneurship as complex, bundled decisions: An inframarginal analysis. In: John, A. , Thomas, D. W. (eds.), *Entrepreneurship and the Market Process.* Palgrave Macmillan.

Jin, J. & von Zedtwitz, M. (2008) . Technological capability development in China's mobile phone industry. *Technovation*, 28 (6), 327 – 334.

Jones, C. I. & Tonetti, C. (2020) . Nonrivalry and the economics of data. *The American Economic Review*, 110 (9), 2819 – 58.

Jones, S. R. H. (1987) . Technology, transaction costs, and the transition to factory production in the British silk industry, 1700 – 1870. *The Journal of Economic History*, 47 (1), 71 – 96.

Jost, J. & Li, W. (2014) . Reinforcement learning in complementarity game and population dynamics. *Physical Review Economics*, 89 (2), 022113.

Kahneman, D. & Tversky, A. (1981) . *The Simulation Heuristic.* Stanford University CA Dept of Psychology.

Katz, L. F. & Murphy, K. M. (1992) . Changes in relative wages, 1963 – 1987: Supply and demand factors. *The Quarterly Journal of Economics*, 107 (1), 35 – 78.

Kaufman, B. E. (2017) . The origins and theoretical foundation of original institutional economics reconsidered. *Journal of the History of Economic Thought*, 39 (3), 293 – 322.

Keynes, J. M. (1921) . *A Treatise on Probability.* Macmillan and Company, Limited.

Keynes, J. M. (1937) . The general theory of employment. *The Quarterly Journal of Economics*, 51 (2), 209 – 223.

Kirchkamp, O. (1999). Simultaneous evolution of learning rules and strategies. *Journal of Economic Behavior and Organization*, 40 (3), 295 - 312.

Klein, B., Crawford, R. G. & Alchian, A. A. (1978). Vertical integration, appropriable rents, and the competitive contracting process. *The Journal of Law and Economics*, 21 (2), 297 - 326.

Knight, K., Al-Onaizan, Y., Chander, I., Hovy, E., Langkilde, I., Whitney, R., & Yamada, K. (1996). JAPANGLOSS: Using statistics to fill knowledge gaps. In: *Conference of the Association for Machine Translation in the Americas*. Available at https://aclanthology.org/1996. amta - 1. 31. pdf.

Kolchinsky, A. & Wolpert, D. H. (2018). Semantic information, autonomous agency, and nonequilibrium statistical physics. *arXiv preprint arXiv*: 1806.08053.

Kreps, D. M. (1990). Corporate culture and economic theory. In: J. Alt & K. Shepsle (eds.), *Perspectives on Positive Political Economy* (pp. 90 - 143). Cambridge University Press.

Lall, S. (1992). Technological capabilities and industrialization. *World Development*, 20 (2), 165 - 186.

Langlois, R. N. (1994). *The Market Process: An Evolutionary View*. Edward Elgar.

Langlois, R. N. (2001). Knowledge, consumption, and endogenous growth. In: *Escaping Satiation* (pp. 97 - 113). Springer.

Lev, P. (2021). Introduction: "Nobody knows anything". In: *American Films of the 70s* (pp. xv - xxii). University of Texas Press.

Li, J. (2009). Information structures with unawareness. *Journal of Economic Theory*, 144 (3), 977 - 993.

Lin, J. Y. (1987). The household responsibility system reform in China: A peasant's institutional choice. *American Journal of Agricultural Economics*, 69 (2), 410 - 415.

Lin, J. Y. (1987). *An Economic Theory of Institutional Change: Induced and Imposed Change*. Center Discussion Paper No. 537, Yale University, Economic Growth Center, New Haven, CT.

Lind, N. & Ramondo, N. (2019). The economics of innovation, knowledge diffusion, and globalization. *Oxford Research Encyclopedia of Economics and Finance*. Oxford University Press.

Lippman, S. A. & Rumelt, R. P. (1982). Uncertain imitability: An analysis of interfirm differences in efficiency under competition. *The Bell Journal of Economics*, 13 (2), 418 – 438.

Loasby, B. J. (2001). Time, knowledge and evolutionary dynamics: Why connections matter. *Journal of Evolutionary Economics*, 11 (4), 393 – 412.

Loomes, G. , & Sugden, R. (1982). Regret theory: An alternative theory of rational choice under uncertainty. *The Economic Journal*, 92 (368), 805 – 824.

Lucas, Robert E. (1988). On the mechanism of economic development. *Journal of Monetary Economics*, 22 (1), 3 – 42.

Lucking-Reiley, D. (2000). Vickrey auctions in practice: From nineteenth-century philately to twenty-first-century e-commerce. *Journal of Economic Perspectives*, 14 (3), 183 – 192.

Lundvall, B. A. (1992). *National Systems of Innovation: Towards a Theory of Innovation and Interactive Learning*. Pinter Publisher.

Mantzavinos, C. , North, D. C. & Shariq, S. (2004). Learning, institutions, and economic performance. *Perspectives on Politics*, 2 (1), 75 – 84.

Marengo L. Some. (1999). Elements of an evolutionary theory of organizational competences. In: Foss N (ed.), *The Theory of the Firm: Critical Perspectives on Business and Management*. Routledge.

Mathews, J. (2018). Schumpeter in the twenty-first century: Creative destruction and the global green shift. In: *Schumpeter's Capitalism, Socialism and Democracy* (pp. 233 – 254). Routledge.

Matsumoto, A. & Szidarovszky, F. (2021). Delay Solow Model with a CES Production Function. *IERCU Discussion Paper* No. 340.

Matsuura, K. (2006). A novel hypothesis for the origin of the sexual division of labor in termites: Which sex should be soldiers. *Evolutionary Ecology*, 20 (6), 565 – 574.

Maynard, S. J. & Price, G. R. (1973). The logic of animal conflict. *Nature*, 246, 15 – 18.

McGoey, L. (2020). Micro-ignorance and macro-ignorance in the social sciences. *Social Research*, 87 (1), 197 – 217.

McMullen, J. S. , & Shepherd, D. A. (2006). Entrepreneurial action and the role of uncertainty in the theory of the entrepreneur. *Academy of Management Review*, 31 (1), 132 – 152.

Meramveliotakis, G. (2018). New institutional economics: A critique of fundamentals & broad strokes towards an alternative theoretical framework for the analysis of institutions. *Asian Journal of Social Science Studies*, 3 (2), 50 - 64.

Mills, C. (2007). White ignorance. *Race and Epistemologies of Ignorance*, 247, 26 - 31.

Milsom, S. F. C. (2014). *Historical Foundations of the Common Law*. Butterworth-Heinemann.

Mishra, H. , Shiv, B. , & Nayakankuppam, D. (2008). The blissful ignorance effect: Pre-versus post-action effects on outcome expectancies arising from precise and vague information. *Journal of Consumer Research*, 35 (4), 573 - 585.

Mnih, V. , Kavukcuoglu, K. , Silver, D. , Rusu, A. A. , Veness, J. , Bellemare, M. G. & Hassabis, D. (2015). Human-level control through deep reinforcement learning. *Nature*, 518, 529 - 533.

Mowery, D. C. & Rosenberg, N. (1991). *Technology and the Pursuit of Economic Growth*. Cambridge University Press.

Nabilou, H. & Prüm, A. (2019). Ignorance, debt, and cryptocurrencies: The old and the new in the law and economics of concurrent currencies. *Journal of Financial Regulation*, 5 (1), 29 - 63.

Nelson, R. R. , & Winter, S. G. (1997). An evolutionary theory of economic change. In: Nicolai J. Foss (eds.), *Resources, Firms, and Strategies: A Reader in the Resource-based Perspective* (pp. 82). Oxford University Press.

Nelson, R. R. (1993). *National Innovation Systems*. Oxford University Press.

Neuman, S. & Ziderman, A. (1990). Vocational schooling, occupational matching, and labor market earnings in Israel. *Journal of Human Resources*, 26 (2), 256 - 281.

North, D. C. (1978). Structure and performance: The task of economic history. *Journal of Economic Literature*, 16 (3), 963 - 978.

North, D. C. (1991). Institutions, ideology, and economic performance. *Cato Journal.*, 11 (3), 477 - 496.

North, D. C. (1981). *Structure and Change in Economic History*. W. W. Norton & Company.

O'Driscoll, G. P. & Rizzo, M. J. (1985). *The Economics of Time and Ignorance*. Basil Blackwell.

Oxford Dictionaries. (2011). *Concise Oxford English Dictionary*. Oxford

University Press.

Panda, H. &. Ramanathan, K. (1996) . Technological capability assessment of a firm in the electricity sector. *Technovation*, 16 (10), 561 – 588.

Pawlak, M. (2019) . Tapping the distinction between explicit and implicit knowledge: Methodological issues. In: *Contacts and Contrasts in Educational Contexts and Translation* (pp. 45 – 60) . Springer.

Peels, R. (2010) . What is ignorance. *Philosophia*, 38 (1), 57 – 67.

Penrose, E. T. (1959) . *The Theory of the Growth of the Firm*. Oxford University Press.

Perumal, S. &. Sreekumaran Nair, S. (2021) . Impact of views about knowledge and workplace relationships on tacit knowledge sharing. *Knowledge Management Research and Practice*, 1 – 12.

Peters, O. (2019) . The ergodicity problem in economics. *Nature Physics*, 15 (12), 1216 – 1221.

Plucknett, T. F. T. (2001) . *A Concise History of the Common Law*. The Lawbook Exchange, Ltd.

Ponomariov, B. &. Toivanen, H. (2014) . Knowledge flows and bases in emerging economy innovation systems: Brazilian research 2005 – 2009. *Research Policy*, 43 (3), 588 – 596.

Preyer, W. T. (1889) . *The Mind of the Child : The Development of the Intellect*. Appleton.

Proctor, R. N. (2008) . Agnotology: A missing term to describe the cultural production of ignorance (and its study) . *Agnotology: The Making and Unmaking of Ignorance*, 1 – 33.

Proctor, R. &. L. Schiebinger. (2008) . *Agnotology: The Making and Unmaking of Ignorance*. Stanford University Press.

Purser, R. E. &. W. A. Pasmore. (1992) . Organizing for Learning. In: Pasmore, W. and W. Pasmore (eds.), *Organizational Change and Development*. JAI Press Inc.

Purushothaman, K. &. Chandrakala, V. (2020) . Roth-Erev reinforcement learning approach for smart generator bidding towards long term electricity market operation using agent based dynamic modeling. *Electric Power Components and Systems*, 48 (3), 256 – 267.

Razak, N. A. , N. , Pangil, F. , Mohd Zin, M. , Mohamed Yunus, N. A. &. Asnawi, N. H. (2016) . Theories of knowledge sharing behavior in business strategy. *Procedia Economics and Finance*, 37, 545 – 553.

Reese, H. W. (2011). The learning-by-doing principle. *Behavioral Development Bulletin*, 17 (1), 1 - 19.

Reichert, F. M. & Zawislak, P. A. (2014). Technological capability and firm performance. *Journal of Technology Management and Innovation*, 9 (4), 20 - 35.

Richardson, G. B. (1964). The limits to a firm's rate of growth. *Oxford Economic Papers*, 16 (1), 9 - 23.

Rifkin, J. (2014). *The Zero Marginal Cost Society*. St. Martin's Press.

Rizzo, M. J. (2021). Irrationality is not unreasonable. In: Rosemarie Fike et al. (eds.), *Nudging Public Policy: Examining the Benefits and Limitations of Paternalistic Public Policies*. Rowman & Littlefield.

Robert Boyer, André Orléan. (1992). How do conventions evolve? *Journal of Evolutionary Economics*, 2, 165 - 177.

Romer, P. M. (1986). Increasing returns and long-run growth. *Journal of Political Economy*, 94 (5), 1002 - 1037.

Romer, P. M. (1990). Endogenous technological change. *Journal of Political Economy*, 98 (5), 71 - 102.

Rosenberg, N. (1974). Science, invention and economic growth. *The Economic Journal*, 84, 90 - 108.

Roth, A. E. & Erev, I. (1995). Learning in extensive-form games: Experimental data and simple dynamic models in the intermediate term. *Games and Economic Behavior*, 8 (1), 164 - 212.

Ruttan, V. W. & Hayami, Y. (1984). Toward a theory of induced institutional innovation. *The Journal of Development Studies*, 20 (4), 203 - 223.

Sakaguchi, A. (2020). On the institutional theory of money: Learning from JR Commons' institutional economics. *Journal of Economic Issues*, 54 (4), 975 - 986.

Salmi, P. & Sonck-Rautio, K. (2018). Invisible work, ignored knowledge? Changing gender roles, division of labor, and household strategies in Finnish small-scale fisheries. *Maritime Studies*, 17 (2), 213 - 221.

Saltelli, A., Bammer, G., Bruno, I. & Vineis, P. (2020). Five ways to ensure that models serve society: A manifesto. *Nature*, 582, 482 - 484.

Sánchez-Pagés, S. & Straub, S. (2010). The emergence of institutions.

The BE Journal of Economic Analysis and Policy, 10 (1). https://doi.org/10.2202/1935 – 1682.2465.

Scardamalia, M. & Bereiter, C. (2021). Knowledge building: Advancing the state of community knowledge. In: *International Handbook of Computer-Supported Collaborative Learning* (pp. 261 – 279). Springer.

Schmookler, J. (1966). *Invention and Economic Growth*. Harvard University Press.

Schotter, A. (1986). The evolution of rules. In: Richard Langlois (eds.), *Economics as a Process: Essays in the New Institutional Economics* (pp. 117 – 133). CUP Archive.

Searle, J. R. (2005). What is an institution. *Journal of Institutional Economics*, 1 (1), 1 – 22.

Selznick, Philip. (1957). *Leadership in Administration*. Berkeley.

Shackle, G. L. S. (1970). *Expectation, Enterprise and Profit*. George Allen and Uniwin Ltd.

Shannon, C. E. (1948). A mathematical theory of communication. *The Bell System Technical Journal*, 27 (3), 379 – 423.

Shiozawa, Y. Morioka, M. & Taniguchi, K. (2019). Microfoundations of evolutionary economics. In: *Microfoundations of Evolutionary Economics* (pp. 1 – 52). Springer.

Silvani, D. (2020). Learning through Watching: Using Animation Movie to Improve Students' Writing Ability. *Journal of English Language Teaching and Linguistics*, 5 (2), 233 – 247.

Simpson, C. (2012). The evolutionary history of division of labour. *Proceedings of the Royal Society B: Biological Sciences*, 279 (1726), 116 – 121.

Sjaastad, L. A. (1962). The costs and returns of human migration. *Journal of Political Economy*, 70 (5), 80 – 93.

Skare, M. & Soriano, D. R. (2021). Technological and knowledge diffusion link: An international perspective 1870 – 2019. *Technology in Society*, 66, 101652.

Slonim, R. & A. E. Roth. (1998). Learning in high Republic. *Econometrica*, 66, 569 – 596

Sobel, J. (2000). Economists' models of learning. *Journal of Economic Theory*, 94 (2), 241 – 261.

Stein, J. (1980). *The Random House College Dictionary*. Random House Inc.

Stigler, G. J. (1961). The economics of information. *Journal of Political Economy*, 69 (3), 213 – 225.

Stigler, G. J. (1976). The successes and failures of Professor Smith. *Journal of Political Economy*, 84 (6), 1199 – 1213.

Stiglitz, J. E. & Greenwald, B. (2014). Creating a learning society. In: *Creating a Learning Society*. Columbia University Press.

Sugden, R. (2021). How Hayekian is Sunstein's behavioral economics. *Behavioural Public Policy*, 1 – 10.

Sunstein, C. R., Jolls, C., & Thaler, R. H. (1998). A behavioral approach to law and economics. *Stanford Law Review*, 50, 1471.

Svetlova, E. (2021). On the relevance of Knight, Keynes and Shackle for unawareness research. *Cambridge Journal of Economics*, 45 (5), 989 – 1007.

Svetlova, E. (2016). Performativity and emergence of institutions. In: *Enacting Dismal Science* (pp. 183 – 200). Palgrave Macmillan.

Svetlova, E. & van Elst, H. (2012). How is non-knowledge represented in economic theory. *arXiv preprint arXiv*: 1209. 2204.

Svetlova, E. & van Elst, H. (2015). Decision-theoretic approaches to non-knowledge in economics. In: *Routledge International Handbook of Ignorance Studies* (pp. 349 – 360). Routledge.

Teece, D. J., Pisano, G. & Shuen, A. (1997). Dynamic capabilities and strategic management. *Strategic Management Journal*, 18 (7), 509 – 533.

Trabucchi, D. & Magistretti, S. (2020). The battle of superheroes: The rise of the knowledge platform strategy in the movie industry. *Journal of Knowledge Management*. 24 (8), 1881 – 1898.

Tuana, N. & Sullivan, S. (2006). Introduction: Feminist epistemologies of ignorance. *Hypatia*, 21 (3), i – iii.

Turnbull, G. K. & van der Vlist, A. J. (2022). The price of ignorance: Foreclosures, uninformed buyers and house prices. *Journal of Housing Economics*, 101844. https: //doi. org/10. 1016/j. jhe. 2022. 101844.

Tversky, A. & Kahneman, D. (1971). Belief in the law of small numbers. *Psychological Bulletin*, 76 (2), 105 – 110.

Vickrey, W. (1961). Counter speculation, auctions, and competitive sealed tenders. *The Journal of Finance*, 16 (1), 8 – 37.

Von Hayek, F. A. (1937). Economics and knowledge. *Economica*, 4 (13), 33 – 54.

Von Hayek, F. A. (1991). *The Fatal Conceit*. University of Chicago Press.

Waddell, N. , Overall, N. C. , Chang, V. T. & Hammond, M. D. (2021). Gendered division of labor during a nationwide COVID - 19 lockdown: Implications for relationship problems and satisfaction. *Journal of Social and Personal Relationships*, 38 (6), 1759 - 1781.

Weitzman, M. L. (1998). Recombinant growth. *The Quarterly Journal of Economics*, 113 (2), 331 - 360.

Wernerfelt, B. (1984). A resource - based view of the firm. *Strategic Management Journal*, 5 (2), 171 - 180.

Will, C. M. (2020). The problem and the productivity of ignorance: Public health campaigns on antibiotic stewardship. *The Sociological Review*, 68 (1), 55 - 76.

Williamson, O. E. (1979). Transaction-cost economics: The governance of contractual relations. *The Journal of Law and Economics*, 22 (2), 233 - 261.

Williamson, O. E. (1996). Economics and organization: A primer. *California Management Review*, 38 (2), 131 - 146.

Williamson, O. E. (2002). The theory of the firm as governance structure: From choice to contract. *Journal of Economic Perspectives*, 16 (3), 171 - 195.

Williamson, O. E. (1985). *The Economic Institute of Capitalism*. Free Press.

Willke, Helmut. (1998). Organisierte wissensarbeit. *Zeitschrift für Soziologie*, 27 (3), 161 - 177.

Winter, S. G. (1971). Satisficing, selection, and the innovating remnant. *The Quarterly Journal of Economics*, 85 (2), 237 - 261.

Winter, S. G. & Nelson, R. R. (1982). *An Evolutionary Theory of Economic Change*. Belknap Press of Harvard University Press.

Wooldridge, M. (2020). Through the veil of ignorance: Understanding social welfare. *IEEE Intelligent Systems*, 35 (2), 99 - 101.

Xing, J. L. & Sharif, N. (2020). From creative destruction to creative appropriation: A comprehensive framework. *Research Policy*, 49 (7), 104060.

Xu, T. (2022). Uncertainty, ignorance and decision-making: Looking through the lens of modelling the COVID - 19 pandemic. *Amicus Curiae*, 3 (1), 10 - 32.

Yang，Xiaokai &. Ng，Y. K. （1995）. Theory of the firm and structure of residual rights. *Journal of Economic Behavior and Organization*，26 （1），107‐128.

Yu，D. &. Sheng，L. （2020）. Knowledge diffusion paths of blockchain domain：The main path analysis. *Scientometrics*，125（1），471‐497.

Zagzebski，L. （2017）. What is knowledge. In：John Greco &. Ernest Sosa （eds.），*The Blackwell Guide to Epistemology* （pp. 92 ‐ 116）. Blackwell Publishing Ltd.

Zawislak，P. A.，Cherubini Alves，A.，Tello-Gamarra，J.，Barbieux，D. &. Reichert，F. M. （2012）. Innovation capability：From technology development to transaction capability. *Journal of Technology Management and Innovation*，7（2），14‐27.

Zhang，Y. &. Xu，F. （2020）. Ignorance，orientalism and sinophobia in knowledge production on COVID‐19. *Journal of Economic and Human Geography*，111（3），211‐223.

Zhao，Y. Von Delft，S.，Morgan-Thomas，A. &. Buck，T. （2020）. The evolution of platform business models：Exploring competitive battles in the world of platforms. *Long Range Planning*，53（4），101892.

［澳大利亚］杨小凯：《当代经济学与中国经济》，北京：中国社会科学出版社，1997年。

［澳大利亚］杨小凯：《分工网络超边际分析文献综述》，《中国社会科学评论》2002年第1卷第1期。

［澳大利亚］杨小凯：《分工与专业化——文献综述》，载汤敏、茅于轼主编：《现代经济学前沿专题（第三集）》，北京：商务印书馆，1999年。

［澳大利亚］杨小凯：《经济学原理》，北京：中国社会科学出版社，1998年。

［澳大利亚］杨小凯、［中］张永生：《新兴古典经济学与超边际分析》，北京：社会科学文献出版社，2000年。

［澳大利亚］杨小凯、黄有光：《专业化与经济组织——一种新兴古典微观经济学框架》，北京：经济科学出版社，1999年。

［丹麦］本特-奥克·伦德瓦尔：《国家创新系统——建构创新和交互学习的理论》，李正风、高璐等译，北京：知识产权出版社，2016年。

［德］C. 曼陀扎维诺思、［美］C. 诺斯、S. 沙里克：《学习、制度与经济绩效》，闫健译，《社会经济体制比较》2005年第3期。

［德］U·贝克：《全球化危机：全球化的形成、风险与机会》，孙治本译，台北：商务印书馆，1999年。

［德］埃克哈特·施里特：《习俗与经济》，秦海、杨煜东等译，长春：长

春出版社，2005 年。

［德］弗里德里希·李斯特：《政治经济学的国民体系》，陈万煦译，北京：商务印书馆，1997 年。

［德］格尔哈德·帕普克：《知识、自由与秩序》，黄冰源译，北京：中国社会科学出版社，2001 年。

［法］杜丹：《古代世界经济生活》，志扬译，北京：商务印书馆，1963 年。

［法］亨利·柏格森：《创造进化论》，姜志辉译，北京：商务印书馆，2004 年。

［法］莱昂·瓦尔拉斯：《纯粹政治经济学要义》，蔡受百译，北京：商务印书馆，1990 年。

［古希腊］色诺芬：《经济论雅典的收入》，张伯健、陆大年译，北京：商务印书馆，1981 年。

［韩］金麟洙：《韩国技术学习的动力》，刘小梅、刘鸿基译，北京：新华出版社，1998 年。

［美］C. R. 劳：《统计与真理：怎样运用偶然性》，李竹渝、鲁万波译，北京：科学出版社，2004 年。

［美］G·波利亚：《怎样解题：数学思维的新方法》，涂泓、冯承天译，上海：上海科技教育出版社，2011 年。

［美］M. 克莱因：《数学：确定性的丧失》，李宏魁译，长沙：湖南科技出版社，1999 年。

［美］R. 科斯：《中国改革：商品市场与思想市场的发展》，《学术界》2012 年第 2 期。

［美］R. 科斯、A. 阿尔钦、D. 诺斯等：《财产权利与制度变迁》，刘守英、陈剑波等译，上海：上海三联书店、上海人民出版社，1994 年。

［美］V·W. 拉坦：《诱致性制度变迁理论》，载［美］R. 科斯、A. 阿尔钦等：《财产权利与制度变迁》，刘守英、陈剑波等译，上海：上海三联书店，1994 年。

［美］V. 奥斯特罗姆、D. 菲尼、H. 皮希特：《制度分析与发展的反思》，王诚等译，北京：商务印书馆，1992 年。

［美］阿尔多·拉切奇尼、保罗·格林切尔等：《神经元经济学：实证与挑战》，浙江大学跨学科社会科学研究中心编译，上海：上海人民出版社 2007 年。

［美］阿兰·G. 格鲁奇：《比较经济制度》，徐节文、王连生等译，北京：中国社会科学出版社，1985 年。

［美］阿林·杨格：《递增报酬与经济进步》，贾根良译，《经济社会体制比较》1996 年第 2 期。

〔美〕埃德加·E. 彼得斯：《复杂性、风险与金融市场》，宋学锋译，北京：中国人民大学出版社，2005 年。

〔美〕奥利弗·E. 威廉姆森：《资本主义经济制度》，段毅才、王伟译，北京：商务印书馆，2002 年。

〔美〕班大为：《中国上古史实揭秘》，徐凤先译，上海：上海古籍出版社，2008 年。

〔美〕保罗·萨缪尔森、威廉·诺德豪斯：《经济学（第十九版）》，萧琛主译，北京：商务印书馆，2012 年。

〔美〕彼得·德鲁克：《后资本主义社会》，张星岩译，上海：上海译文出版社，1998 年。

〔美〕彼得·德鲁克：《知识管理》，杨开峰译，北京：中国人民大学出版社，1999 年。

〔美〕达龙·阿西莫格鲁、戴维·莱布森、约翰·A·李斯特：《微观经济学》，温义飞、崔传刚译，北京：中信出版社，2021 年。

〔美〕戴维·莱文、凯瑟琳·塞贝特、戴维·斯蒂芬：《商务统计学（第 7 版）》，岳海燕、胡海滨等译，北京：中国人民大学，2018 年。

〔美〕丹尼尔·贝尔：《工业化后社会的来临》，高铦、王宏周等译，北京：商务印书馆，1993 年。

〔美〕道格拉斯·C. 诺斯：《制度、制度变迁与经济绩效》，杭行译，上海：格致出版社、上海三联出版社、上海人民出版社，2014 年。

〔美〕凡勃伦：《有闲阶级论》，蔡受百译，北京：商务印书馆，2009 年。

〔美〕菲利普·阿吉翁、彼得·豪依特：《内生增长理论》，陶然、倪彬华等译，北京：北京大学出版社，2004 年。

〔美〕冯·诺伊曼、摩根斯顿：《博弈论与经济行为》，王宇、王文玉译，北京：生活·读书·新知三联书店，2004 年。

〔美〕冯莎朗、史珍妮、新勒格：《焦点团体访谈：教育与心理学适用》，王文科等译，台北：五南图书公司，1996 年。

〔美〕弗兰克·H. 奈特：《风险、不确定性与利润》，安佳译，北京：商务印书馆，2010 年。

〔美〕哈尔·瓦里安：《微观经济学（高级教程）》，周洪、李勇等译，北京：经济科学出版社，2003 年。

〔美〕哈罗德·德姆塞茨：《所有权、控制与企业》，段毅才等译，北京：经济科学出版社，1999 年。

〔美〕哈伊姆·奥菲克：《第二天性——人类进化的经济起源》，张敦敏译，北京：中国社会科学出版社，2004 年。

〔美〕赫伯特·西蒙：《理性选择行为模型》，载《西蒙选集》，黄涛译，北京：首都经贸大学出版社，2002 年。

［美］加里·S. 贝克尔：《人类行为的经济分析》，王业宇、陈琪译，上海：上海人民出版社，2002 年。

［美］加里·S. 贝克尔：《知识、人力资本、人口和经济增长》，新浪财经网 2005 年 6 月 2 日。网址：http://finance.sina.com.cn/roll/20050602/16021650359.shtml。

［美］康芒斯：《制度经济学》，于树生译，北京：商务印书馆，1962 年。

［美］科斯、哈特、斯蒂格利茨等：《契约经济学》，李风圣译，北京：经济科学出版社，2003 年。

［美］肯尼斯·阿罗：《组织的极限》，万谦译，北京：华夏出版社，2006 年。

［美］理查德·H. 戴等：《混沌经济学》，傅琳译，上海：上海译文出版社，1996 年。

［美］理查德·R. 纳尔逊、悉尼·G. 温特：《经济变迁的演化理论》，胡世凯译，北京：商务印书馆，1997 年。

［美］罗伯特·希勒：《叙事经济学》，陆殷莉译，北京：中信出版集团，2020 年。

［美］迈克尔·曾伯格：《经济学大师的人生哲学》，侯玲、欧阳俊等译，北京：商务印书馆，2001 年。

［美］欧文·费雪：《利息理论》，陈彪如译，北京：商务印书馆，2019 年。

［美］乔治·A. 阿克洛夫、彼得·戴蒙德、丹尼尔·卡尼曼等著：《行为经济学经典》，贺京同译，北京：中国人民大学出版社，2020 年。

［美］乔治·斯蒂格勒：《价格理论》，施仁译，北京：北京经济学院出版社，1992 年。

［美］萨缪尔森：《经济学》，高鸿业译，北京：商务印书馆，1982 年。

［美］史蒂文·N. 杜尔劳夫、劳伦斯·E. 布卢姆：《新帕尔格雷夫经济学大辞典（第二版）》，北京：经济科学出版社，2016 年。

［美］斯蒂格利茨：《经济学（第二版）》，梁小民、黄险峰译，北京：中国人民大学出版社，1998 年。

［美］瓦尔特·尼科尔森：《微观经济学原理与应用》，许工、戴中等译，北京：中国财政经济出版社，1996 年。

［美］小艾尔弗雷德·D. 钱德勒：《看得见的手——美国企业的管理革命》，重武译，北京：商务印书馆，1997 年。

［美］伊曼纽尔·沃勒斯坦：《知识的不确定性》，王昺等译，济南：山东大学出版社，2006 年。

［美］约翰·R. 康芒斯：《资本主义的法律基础》，寿勉成译，北京：商务印书馆，2003 年。

［美］约翰·杜威：《我们怎样思维·经验与教育》，姜文闵译，北京：人民教育出版社，1991 年。

［美］约瑟夫·熊彼特：《经济发展理论》，何畏、易家详译，北京：商务印书馆，1997 年。

［美］约瑟夫·熊彼特：《经济分析史（1—3 卷）》，朱泱等译，北京：商务印书馆，1996 年。

［美］詹森、麦克林：《企业理论：管理行为、代理成本与所有权结构》，载陈郁编：《所有权、控制权与激励——代理经济学文选》，上海：上海三联书店、上海人民出版社，1998 年。

［日本］河上肇：《经济学大纲》，陈豹隐译，北京：生活·读书·新知三联书店，1965 年。

［日本］青木昌彦：《比较制度分析》，周黎安译，上海：上海远东出版社，2001 年。

［日本］野中郁次郎、竹内弘高：《创造知识的企业》，李萌、高飞译，北京：知识产权出版社，2006 年。

［日本］猪木武德：《经济思想》，金洪云、洪振义译，北京：生活·读书·新知三联书店，2005 年。

［瑞士］库尔特·多普菲：《演化经济学》，贾根良、刘辉锋、崔学锋译，北京：高等教育出版社，2006 年。

［瑞士］皮亚杰：《发生认识论原理》，王宪钿等译，北京：商务印书馆，1997 年。

［以色列］鲁宾斯坦：《经济学与语言》，钱勇、周翼译，上海：上海财大出版社，2004 年。

［印度］阿马蒂亚·森：《伦理学与经济学》，王宇、王文玉译，北京：商务印书馆，2000 年。

［英］布赖恩·斯诺顿、霍华德·文：《与经济学大师对话》，王曙光、来有为等译，北京：北京大学出版社，2005 年。

［英］大卫·李嘉图：《政治经济学及赋税原理》，郭大力、王亚南译，北京：商务印书馆，1962 年。

［英］弗里德里希·冯·哈耶克：《法律、立法与自由》，邓正来、张守东等译，北京：中国大百科全书出版社，2000 年。

［英］弗里德里希·冯·哈耶克：《经济、科学与政治：哈耶克思想精粹》，冯克利译，南京：江苏人民出版社，2000 年。

［英］弗里德里希·冯·哈耶克：《致命的自负》，冯克利、胡晋华等译，北京：中国社会科学出版社，2000 年。

［英］弗里德里希·冯·哈耶克：《个人主义与经济秩序》，邓正米译，北京：生活·读书·新知三联书店，2003 年。

［英］霍恩比:《牛津高阶英语词典(第9版)》,李旭影等译,北京:商务印书馆,2018年。

［英］卡尔·波普尔:《客观的知识——一个进化论的研究》,舒炜光、卓如飞等译,北京:中国美术出版社,2003年。

［英］凯恩斯:《就业、利息和货币通论》,徐毓枬译,北京:商务印书馆,1997年。

［英］莱昂内尔·罗宾斯:《经济科学的性质和意义》,朱泱译,北京:商务印书馆,2001年。

［英］马歇尔:《经济学原理》,朱志泰、陈良璧译,北京:商务印书馆,2011年。

［英］迈克尔·波兰尼:《个人知识——迈向后批判哲学》,许泽民译,贵阳:贵州人民出版,2000年。

［英］琼·罗宾逊、约翰·伊特韦尔:《现代经济学导论》,陈彪如译,北京:商务印书馆,1997年。

［英］威廉·配第:《政治算术》,陈冬野译,北京:商务印书馆,1960年。

［英］亚当·斯密:《国民财富的性质和原因的研究(上下卷)》,郭大力、王亚南译,北京:商务印书馆,1979年。

［英］约翰·希克斯:《经济史理论》,厉以平译,北京:商务印书馆,2002年。

［英］约翰·伊特韦尔、［美］默里·米尔盖特、［美］彼得·纽曼:《新帕尔格雷夫经济学大辞典(1—4卷)》,北京:经济科学出版社,1996年。

［东周］左丘明:《国语》,上海:上海古籍出版社,1978年。

［西汉］刘向:《说苑》,北京:商务印书馆,1994年。

［西汉］司马迁:《史记》,北京:中华书局,2006年。

安同良:《企业技术能力发展论:经济转型过程中中国企业技术能力实证研究》,北京:人民出版社,2004年。

边恕:《经济增长与技术进步——对战后日本技术引进的思考》,《日本研究》2001年第3期。

蔡惠京、吴晓红:《关于知识增长和知识创新的数学模型》,《数学的实践与认识》2001年第3期。

曹海东:《煤改轮回》,《南方周末》2008年11月6日C17版。

陈敦源:《新制度论的范围与方法:一个理性选择观点的方法论检视》,台湾《行政暨政策学报》2001年第3期。

陈解:《企业与法律环境》,北京:清华大学出版社,2004年。

陈立敏、刘静雅、张世蕾:《模仿同构对企业国际化—绩效关系的影

响——基于制度理论正当性视角的实证研究》，《中国工业经济》2016
年第 9 期。

陈利锋：《政府支出的构成与中国经济波动——基于动态随机一般均衡模
型的分析》，《南方经济》2016 年第 4 期。

陈林林：《制度效益取向的法律解释理论——评〈不确定状态下的裁判：
法律解释的制度理论〉》，《清华法学》2013 年第 5 期。

陈宁：《有限合伙法律制度研究》，硕士学位论文，东北财经大学 2006 年。

陈培祯、李健、曾德明：《知识替代性和互补性对企业新产品开发数量的
影响》，《管理科学》2021 年第 4 期。

陈平：《劳动分工的起源和制约——从斯密困境到广义斯密原理》，《经济
学（季刊）》2002 年第 1 期。

陈平：《文明分叉、经济混沌和演化经济动力学》，北京：北京大学出版
社，2005 年。

陈武英、刘连启：《模仿：心理学的研究述评》，《心理科学进展》2013 年
第 10 期。

陈学彬：《博弈学习理论》，上海：上海财经大学出版社，2001 年。

陈艳莹、鲍宗客：《干中学与中国制造业的市场结构：内生性沉没成本的
视角》，《中国工业经济》2012 年第 8 期。

陈中良：《杜邦和特氟龙整个事件始末》，春雨医生网 2020 年 3 月 2 日。
网址：https://www.chunyuyisheng.com/pc/topic/442448/。

成晓光：《班杜拉的社会学习理论中的认知因素》，《辽宁师范大学学报
（社会科学版）》2003 年第 6 期。

程汉大：《英国法制史》，济南：齐鲁书社，2001 年。

代明、陈俊、陈景信：《知识经济学：50 年回顾与展望》，《经济学动态》
2016 年第 12 期。

邓久根：《演化经济学再甄别：方法论层级与生物学隐喻》，《学术研究》
2021 年第 8 期。

丁辉侠：《继承、创新与发展：驻村第一书记制度变迁的基本路径与理论
逻辑》，《学习论坛》2022 年第 1 期。

丁利：《制度激励、博弈均衡与社会正义》，《中国社会科学》2016 年第 4 期。

董志强：《信息经济学与人生博弈》，《信息产业报》2000 年 6 月 26 日。

杜丽群、程俊霞：《"经济人"假设与人工智能时代》，《北京大学学报
（哲学社会科学版）》2021 年第 6 期。

樊纲：《中华文化、理性化制度与经济发展》，《二十一世纪》1994 年第 6 期。

范红玉：《斯人已逝 思想长存——记 1991 年诺贝尔经济学奖获得者罗纳
德·科斯》，《财政监督》2015 年第 4 期。

方钦：《经济学制度分析的源流、误识及其未来》，《南方经济》2018 年第 12 期。

方竹兰：《人力资本与二十一世纪文化建设》，《光明日报》1999 年 1 月 15 日。

封世蓝、谭娅、黄楠、龚六堂：《户籍制度视角下的大学生专业与就业行业匹配度异质性研究——基于北京大学 2008—2014 届毕业生就业数据的分析》，《经济科学》2017 年第 5 期。

冯时：《中国天文考古学》，北京：中国社会科学出版社，2007 年。

冯兴元：《演化制度经济学：一种不同于新老制度经济学的进路》，《学海》2016 年第 4 期。

冯勇：《音乐起源之"模仿说"》，《艺术教育》2014 年第 8 期。

冯月季：《社会交往理性：米德的语言符号理论研究》，《重庆交通大学学报（社会科学版）》2017 年第 3 期。

傅元海、王晓彤：《模仿效应、竞争效应影响制造业结构优化研究》，《审计与经济研究》2018 年第 4 期。

高程德：《现代公司理论（第二版）》，北京：北京大学出版社，2006 年。

高春亮、李善同：《人力资本专用性锁定效应与城市衰退：老工业城市转型的症结》，《经济学家》2018 年第 11 期。

高小勇：《诺贝尔经济学奖得主访谈录》，北京：中国计划出版社，1995 年。

高阳：《现代经济周期理论述评与批判》，《南开经济研究》2015 年第 1 期。

高政利：《经济组织演化研究》，博士毕业论文，西北工业大学 2013 年。

顾春军：《"纸钱"流变考论》，《文化遗产》2015 年第 3 期。

官欣荣：《重思有限合伙——现代化视野中的展开》，《商事法论集》2007 年第 1 期。

官阳：《摸着石头过河的美国早期公路建设》，《汽车与安全》2020 年第 1 期。

管东贵：《从宗法封建制到皇帝郡县制的演变：以血缘解纽为脉络》，北京：中华书局 2010 年。

郭于华、常爱书：《生命周期与社会保障——一项对下岗失业工人生命历程的社会学探索》，《中国社会科学》2005 年第 5 期。

郭志仪、毛慧晓：《制度变迁、不确定性与城镇居民消费——基于预防性储蓄理论的分析》，《经济经纬》2009 年第 5 期。

韩洪云、李寒凝：《契约经济学：起源、演进及其本土化发展》，《浙江大学学报（人文社会科学版）》2018 年第 2 期。

韩振、戴军、任浩：《芯片技术反向外包影响因素分析及对策研究》，《同济大学学报（社会科学版）》2021 年第 2 期。

何志星、叶航、汪丁丁：《报酬递增、互补性与经济组织》，《财经研究》2011 年第 1 期。

贺红权、熊风华：《再论企业的性质和企业的权威》，《财经问题研究》2013 年第 6 期。

贺学会：《超边际分析还是内生经济分析》，《经济学消息报》2001 年 1 月 12 日。

贺学会：《分工理论为什么从新古典框架中蒸发?》，《经济学消息报》2002 年 10 月 2 日。

洪守祥：《氯吡格雷加阿司匹林的治疗急性心肌梗死的不良反应》，《中西医结合心血管病》2020 年第 8 期。

胡玮玮、温廼：《知识转移能力体系的构建及其验证》，《商业经济与管理》2018 年第 4 期。

胡志中：《一张山西煤票上的燃 "煤" 之急》，《中国青年报》2021 年 11 月 24 日。

华罗庚：《统筹方法平话及补充》，《冶金建筑》1965 年第 8 期。

黄桂田、李正全：《企业与市场：相关关系及其性质》，《经济研究》2002 年第 1 期。

黄凯南：《演化博弈与演化经济学》，《经济研究》2009 年第 2 期。

黄凯南：《制度演化经济学的理论发展与建构》，《中国社会科学》2016 年第 5 期。

黄立君：《理查德·塞勒对行为法和经济学的贡献》，《经济学动态》2017 年第 12 期。

黄少安：《产权经济学》，济南：山东人民出版社，1995 年。

黄有光：《经济学何去何从? ——兼与金碚商榷》，《管理世界》2019 年第 4 期。

黄有光：《谁比谁快乐》，《财经》2006 年第 21 期。

贾根良：《演化发展经济学与新结构经济学——哪一种产业政策的理论范式更适合中国国情》，《南方经济》2018 年第 1 期。

贾根良：《杨格定理与经济发展理论》，《经济社会体制比较》1996 年第 2 期。

姜有为：《从桑代克迷笼实验视角论高校教师角色定位》，《重庆理工大学学报（社会科学版）》2015 年第 6 期。

蒋悟真：《殡葬改革的法治挑战及应对》，《政治与法律》2021 年第 10 期。

柯华：《基于诺思制度变迁框架的中国近代企业史研究——以荣家企业制度变迁为例》，《财经研究》2012 年第 2 期。

李晨溪、曹雷、张永亮、陈希亮、周宇欢、段理文：《基于知识的深度强化学习研究综述》，《系统工程与电子技术》2017 年第 11 期。

李尚骜、陈继勇、李卓：《干中学、过度投资和 R&D 对人力资本积累的 "侵蚀效应"》，《经济研究》2011 年第 6 期。

李由：《公司制度概论》，北京：经济科学出版社，2010 年。

李予阳：《诺贝尔经济学奖得主：教育投资 30％回报率》，《经济日报》2004 年 2 月 12 日。

李增刚：《中国"制度经济学"教材发展评析》，《制度经济学研究》2021年第3期。

林春艳、孔凡超：《技术创新、模仿创新及技术引进与产业结构转型升级——基于动态空间Durbin模型的研究》，《宏观经济研究》2016年第5期。

林毅夫：《关于制度变迁的经济学理论：诱致性变迁与强制变迁》，载〔美〕R. 科斯、A. 阿尔钦等：《财产权利与制度变迁》，刘守英、陈剑波等译，上海：上海三联书店，1994年。

林毅夫：《新结构经济学（增订版）》，北京：北京大学出版社，2017年。

刘刚：《企业的异质性假设——对企业本质和行为基础的演化论解释》，《中国社会科学》2002年第2期。

刘洪伟、吴贵生、和金生：《知识与信息：学习成本与交易成本》，《技术经济》2009年第9期。

刘华：《煤矿兼并行政引导变强制命令 浙商上书反对被国有化》，《21世纪经济报道》2009年11月10日。

刘静、解茹玉：《创新生态位适宜度：评价指标体系设计及测算》，《河南科学》2022年第1期。

刘连军：《李政道先生和中国博士后制度》，《现代物理知识》2021年第Z1期。

刘秋根：《中国古代合伙制初探作》，北京：人民出版社，2007年。

刘式达、梁福明、刘式适、辛国君：《自然科学中的混沌和分形》，北京：北京大学出版社，2004年。

刘艳亮：《2002—2016年我国煤矿事故统计分析及预防措施》，《陕西煤炭》2018年第3期。

刘扬：《大学专业与工作匹配研究：基于大学毕业生就业调查的实证分析》，《清华大学教育研究》2010年第6期。

刘正山、侯启缘：《建设"甜高粱—制氢"为产业链条的现代"三农"体系和模式研究》，东北财经大学国民经济工程实验室、清华大学新能源研究所研究报告，2022年3月。

刘正山：《经济学林论剑》，福州：福建人民出版社，2006年。

刘正山：《老子经济学》，上海：上海远东出版社，2015年。

刘正山：《幸福横店——中国横店幸福指数研究》，北京：中共中央党校出版社，2020年。

刘正山：《幸福经济学》，福州：福建人民出版社，2007年。

刘正山：《幸福与幸福指数：理论构建与计量分析》，上海：上海远东出版社，2014年。

刘正山：《"双碳"目标与中国电影产业高质量发展》，《中国电影市场》

2021 年第 12 期。

刘正山：《百年纪念汪祥春》，《经济学家茶座》2018 年第 4 期。

刘正山：《对超边际分析的三点质疑》，《经济学消息报》2004 年 8 月 1 日。

刘正山：《囚徒困境与理性悖论》，《国际金融报》2002 年 9 月 6 日。

刘正山：《让发展经济学起死回生》，《新商务周刊》2012 年第 8 期。

刘正山：《让矿难不再频频——一个降落伞质检故事的启示》，《中国国土资源报》2003 年 10 月 21 日。

刘正山：《陶渊明的桃花源与孝文帝的均田令》，《金融博览》2021 年第 8 期。

刘正山：《银行的本质——基于分工角度的研究》，硕士学位论文，中央财经大学 2004 年。改稿《票号的本质》发表于《财经问题研究》2008 年第 10 期。

刘正山：《由美变丑：女子缠足的千年政治导向》，《国家历史》2007 年 10 月上旬刊。

刘正山：《制度创新：模仿与干中学的权衡——评杨小凯与林毅夫之争》，《经济学消息报》2008 年 NO31。

刘正山：《中国城市创新能力评价：理论模型与指标体系构建》，载周天勇、赵滑濮、刘正山主编：《中国城市创新报告（2019）》，社会科学文献出版社，2019 年。

鲁柏祥：《社会分工与企业起源》，《农经》2020 年第 7 期。

陆蓉、邓鸣茂：《经济学研究中"数学滥用"现象及反思》，《管理世界》2017 年第 11 期。

罗俊、汪丁丁、叶航、陈叶烽：《走向真实世界的实验经济学——田野实验研究综述》，《经济学（季刊）》2015 年第 3 期。

罗炤：《寻找"公司"的源头》，《中华工商时报》1995 年 8 月 11 日。

吕东辉、张颖、谭屹然：《我国农民售粮决策能力分析：基于制度供给与制度需求角度的分析》，《农业经济问题》2010 年第 8 期。

马中东、任海平：《21 世纪行为经济学的最新进展——基于诺贝尔经济学奖》，《山东财经大学学报》2020 年第 5 期。

毛捷、金雪军、袁佳：《证券市场新旧投资理念更替过程研究：一个基于演化视角的分析》，《经济学（季刊）》2005 年第 2 期。

梅亮、陈劲、刘洋：《创新生态系统：源起、知识演进和理论框架》，《科学学研究》2014 年第 12 期。

那艺、贺京同：《行为经济学的兴起及其与新古典经济学关系的演变》，《中国社会科学》2019 年第 5 期。

聂辉华、李金波：《资产专用性、敲竹杠和纵向一体化——对费雪—通用汽车案例的全面考察》，《经济学家》2008 年第 4 期。

聂辉华：《制度均衡：一个博弈论的视角》，《管理世界》2008 年第 8 期。

庞溟：《什么是好的产权制度：科斯的思考》，《书城》2015 年第 1 期。

彭志群：《基于杨格定理的产业集群研究》，博士毕业论文，北京交通大学 2011 年。

平新乔：《微观经济学十八讲》，北京：中国石化出版社，2012 年。

綦晓光、苏京春：《论经济制度共存结构——基于经济人类学互惠理论的经济制度演化探析》，《财政科学》2021 年第 7 期。

钱书法、李炳炎、崔向阳：《马克思社会分工制度理论研析：一个视角和两个维度》，《经济学家》2011 年第 6 期。

钱亚光：《中日韩美欧芯片战略大比拼》，《经营者（汽车商业评论）》2022 年第 3 期。

钱颖一：《理解经济学研究》，《经济学报》2017 年第 1 期。

钱颖一：《现代经济学与中国经济改革》，北京：中国人民大学出版社，2003 年。

卿志琼：《认知偏差与理性选择——基于"最后通牒博弈"实验的认知博弈》，《南开经济研究》2005 年第 1 期。

曲海慧、冯珺：《创新经济，人力资本结构与分工——一个解释性的理论框架》，《管理现代化》2019 年第 2 期。

热核：《日本经济腾飞过程中的技术引进和自主创新》，《价值工程》2007 年第 6 期。

任寿根：《模仿经济学：一种新的方法论》，《当代财经》2002 年第 11 期。

任真：《集成电路：辉煌的 35 年》，《电子世界》1993 年第 12 期。

荣朝和：《关于经济学时间概念及经济时空分析框架的思考》，《北京交通大学学报（社会科学版）》2016 年第 3 期。

沈华玉、吴晓晖：《信息不对称、信息不确定与定向增发中的利润承诺》，《世界经济》2018 年第 3 期。

盛洪：《分工与交易》，上海：上海三联书店，1992 年。

盛昭瀚、蒋德鹏：《演化经济学》，上海：上海三联书店，2003 年。

施爱东：《"中国龙"的发明》，《文学与文化》2013 年第 1 期。

施爱东：《龙与图腾的耦合：学术救亡的知识生产》，《民族艺术》2011 年第 4 期。

施丽芳、廖飞、丁德明：《制度对创业家行动的影响机理——基于不确定管理的视角》，《中国工业经济》2014 年第 12 期。

史际春：《企业和公司法》，北京：中国人民大学出版社，2008 年。

世界银行世界发展报告编写组：《1998/99 世界发展报告——知识与发展》，蔡秋生等译，北京：中国财政经济出版社，1999 年。

苏庆义：《全球贸易治理：制度供给和需求的矛盾》，《东北师大学报（哲学社会科学版）》2016 年第 4 期。

苏振华、毛云峰、梁捷、刘晶：《边缘的徘徊：汪丁丁学术、思想研究》，《社会科学战线》2003 年第 2 期。

孙丹、韩松、江丽：《非正式制度的层次和作用》，《北京理工大学学报（社会科学版）》2021 年第 2 期。

孙早、侯玉琳：《政府培训补贴、企业培训外部性与技术创新——基于不完全劳动力市场中人力资本投资的视角》，《经济与管理研究》2019 年第 4 期。

田丰、博婷辉、吴丽娜：《VR 电影与传统电影叙事时空比较研究》，《北京电影学院学报》2020 年第 11 期。

田国强、陈旭东：《制度的本质、变迁与选择——赫维茨制度经济思想诠释及其现实意义》，《学术月刊》2018 年第 1 期。

童书业：《中国手工业商业发展史》，北京：中华书局，2005 年。

汪丁丁、贾拥民：《社会偏好的神经基础及微观结构》，《学术月刊》2015 年第 6 期。

汪丁丁：《产权的经济分析：从"交易费用"到"博弈均衡"》，《企业家日报》2017 年 6 月 9 日。

汪丁丁：《观念创新与符号交往的经济学》，《社会学研究》2001 年第 1 期。

汪丁丁：《观念在网络之内的互补性和互替性》，《IT 经理世界》2014 年第 8 期。

汪丁丁：《知识的经济学性质》，《读书》1995 年 12 月。

汪丁丁：《知识沿时间和空间的互补性以及相关的经济学》，《经济研究》1997 年第 6 期。

汪丁丁：《我思考的经济学》，北京：生活·读书·新知三联书店，1997 年。

汪祥春：《微观经济学》，大连：东北财经大学出版社，2002 年。

汪新波：《对企业性质的重新思考——现代股份公司的启示》，《经济研究》1992 年第 9 期。

汪毅、霖罗影：《布坎南混合型经济学研究纲领的演变——从契约理论到知识理论》，《学术月刊》2015 年第 4 期。

王保林：《创新驱动发展，亟需转移转化——〈管理技术转移〉书评》，《经济与管理评论》2021 年第 6 期。

王保卫、牛政凯：《经济学前沿之行为经济学回顾与展望》，《西北民族大学学报（哲学社会科学版）》2021 年第 1 期。

王东京：《企业的性质与企业家创业》，《学习时报》2021 年 6 月 2 日第 3 版。

王国维：《宋元戏曲史》，上海：上海人民出版社，2014 年。

王军：《现代奥地利经济学派研究》，北京：中国经济出版社，2004 年。

王军：《16—18 世纪英国特许公司研究》，博士学位论文，东北师范大学2011 年。

王孝通：《公司法》，北京：商务印书馆，1912 年。

王勇、徐扬帆、吴紫薇：《新结构经济学在宏观经济学领域的研究综述》，《兰州大学学报（社会科学版）》2021 年第 1 期。

王中庆、王继军：《新时代矿产资源国有化模式的探讨》，《云南财经大学学报》2020 年第 8 期。

王子今：《〈史记〉"失期，法皆斩"辨疑——关于陈胜暴动起因的史学史考察》，《兰州大学学报（社会科学版）》2020 年第 4 期。

韦博成、陈平：《诺贝尔经济学奖的数学情缘》，《数学的实践与认识》2018 年第 2 期。

韦森：《社会制序的经济分析导论》，上海：上海三联书店，2001 年。

魏守华、顾佳佳、姜悦：《多维视角下知识溢出机制与测度的研究述评》，《研究与发展管理》2019 年第 3 期。

温军、冯根福：《异质机构、企业性质与自主创新》，《经济研究》2012 年第 3 期。

邬美红、罗贵明：《社会不确定事件下个体理性、群体理性与制度演化——基于认知经济学的视角》，《宜春学院学报》2021 年第 1 期。

吴承明：《试论交换经济史》，《中国经济史研究》1987 年第 1 期。

吴敬琏：《论现代企业制度》，《财经研究》1994 年第 3 期。

吴延兵、米增渝：《创新、模仿与企业效率——来自制造业非国有企业的经验证据》，《中国社会科学》2011 年第 4 期。

武忆舟：《公司法论》，台北：三民书局 1998 年。

奚恺元：《从经济学到幸福学》，《上海管理科学》2003 年第 3 期。

奚恺元：《幸福的学问——经济学发展的新方向》，《管理与财富》2006 年第 11 期。

夏建白、陈辰嘉、何春藩：《纪念中国半导体事业五十周年》，《物理》2006 年第 12 期。

肖喜明：《促进我国青年创业的制度需求与制度供给分析——基于新制度经济学的视角》，《中国青年研究》2018 年第 9 期。

肖旭：《制度变迁与中国制度改革的文献综述》，《首都经济贸易大学学报》2017 年第 4 期。

谢长安、程恩富：《分工深化论：五次社会大分工与部门内分工探析》，《马克思主义研究》2016 年第 12 期。

谢德仁：《企业的性质：要素使用权交易合约之履行过程》，《经济研究》2002 年第 4 期。

谢富纪、徐恒敏：《知识、知识流与知识溢出的经济学分析》，《同济大学学报（社会科学版）》2001 年第 2 期。

谢康：《微观信息经济学的产生与发展》，《图书情报工作》1995 年第 6 期。

谢康、乌家培：《阿克洛夫、斯彭斯和斯蒂格利茨论文精选》，北京：商务印书馆，2002 年。

谢志刚：《哈耶克知识问题中的信息与知识论》，《人文杂志》2018 年第 6 期。

徐宪平：《加速构建创新生态体系》，《中国经济评论》2021 年第 1 期。

徐滢：《国有化体制改革能否治理煤矿安全事故——由山西煤矿国有化体制引发的一点思考》，《东方企业文化》2010 年第 1 期。

徐振伟：《日韩转基因生物安全管理制度比较及对中国的启示》，《国外社会科学前沿》2022 年第 1 期。

许成钢：《新制度经济学的过去和未来》，载吴敬琏主编《比较》2017 年第 5 辑。

许可、徐二明：《企业资源学派与能力学派的回顾与比较》，《经济管理》2002 年第 2 期。

薛宝生：《"人祸"酿成的矿难何时不再重演》，《安全与健康》2012 年第 1 期。

阎莉：《日本技术引进成功经验探析》，《日本研究》2008 年第 2 期。

颜晓峰：《知识创新与不确定性》，《社会科学》2000 年第 11 期。

严耕望：《中国政治制度史纲》，上海：上海古籍出版社，2019 年。

阳镇、陈劲、商慧辰：《演化视角下企业边界的决定性因素——从古典经济学迈向平台生态系统》，《演化与创新经济学评论》2021 年第 1 期。

杨春学：《经济人的"再生"：对一种新综合的探讨与辩护》，《经济研究》2005 年第 11 期。

杨海生、柳建华、连玉君、江颖臻：《企业投资决策中的同行效应研究：模仿与学习》，《经济学（季刊）》2020 年第 4 期。

杨吉：《波斯纳与〈法律的经济分析〉》，《文汇读书周报》2004 年 11 月 22 日第 9 版。

杨雷、姚洋：《"石器时代"的规则》，《经济学（季刊）》2002 年第 3 期。

杨瑞龙、杨其静：《专用性、专有性与企业制度》，《经济研究》2001 年第 3 期。

杨瑞龙：《论我国制度变迁方式与制度选择目标的冲突及其协调》，《经济研究》1994 年第 5 期。

杨瑞龙：《论制度供给》，《经济研究》1993 年第 8 期。

杨英杰：《经济制度演化视域下的中国改革开放史》，《经济社会体制比较》2021 年第 1 期。

杨玉梅、宋洪峰、赵军：《企业专用性人力资本：源起、发展及展望》，《劳动经济研究》2019 年第 6 期。

姚春苗：《论艾宾浩斯遗忘曲线在学困生词汇记忆中的实践》，《校园英语》2021 年第 6 期。

殷兴山、孙景德、张超群：《制度变迁、不确定性、收入增长与居民储蓄率——基于宁波案例的因子分析》，《金融研究》2007 年第 9 期。

尹奎杰、李欣：《论东北地区营商环境制度供给意识与制度需求的断裂与弥合》，《北方论丛》2021 年第 2 期。

尹丽：《闯黄灯扣 6 分引热议 公安部频修改对新规解释》，《法治周末》2013 年 1 月 9 日。

尹怡辉、朱宏韬、熊汉林、曾永福、杨万里、王景国：《射频信号光纤传输技术研究现状及进展》，《光通信技术》2020 年第 2 期。

于立、丁宁：《信用、信息与规制——守信/失信的经济学分析》，《中国工业经济》2002 年第 6 期。

于旭、张少杰、刘琳：《吉林省国有企业制度需求与制度供给分析》，《工业技术经济》2008 年第 9 期。

张帆：《中国的物质资本和人力资本估算》，《经济研究》2000 年第 8 期。

张贵红：《论数据的本质及其与信息的关系》，《哲学分析》2018 年第 2 期。

张国旺：《基于创新的企业知识分类及其特征探析》，《天津商业大学学报》2008 年第 1 期。

张建伟、程恩富、胡乐明：《真实世界的经济学——新制度经济学纵览》，北京：当代中国出版社 2002 年。

张静：《新凯恩斯主义经济学的兴起、发展与问题》，《经济问题探索》2016 年第 4 期。

张久春、张柏春：《规划科学技术：〈1956—1967 年科学技术发展远景规划〉的制定与实施》，《中国科学院院刊》2019 年第 9 期。

张军：《科斯对经济学的最大贡献在于创新》，《金融博览》2014 年第 5 期。

张立恒：《基于演化博弈理论的新零售行业利益相关主体间合作行为构建机制》，《商业经济研究》2021 年第 7 期。

张乃丽：《日本经济近代化成功的巨柱——技术引进》，《日本问题》1988 年第 6 期。

张培森、牛辉、朱慧聪、李复兴：《2019—2020 年我国煤矿安全生产形势分析》，《煤矿安全》2021 年第 11 期。

张其华：《简明英汉词典》，北京：商务印书馆，1984 年。

张涛：《阿司匹林又有贡献》，《医药经济报》2002 年 1 月 18 日第 8 版。

张维、赵志刚、魏闻彤：《基于人类主体实验的学习模型校验》，《系统工程》2017 年第 1 期。

张维迎：《企业的企业家—契约理论》，上海：上海三联书店、上海人民出版社，1995 年。

张卫国：《语言及其起源与变迁：一种制度经济学的解释》，《制度经济学研究》2011 年第 4 期。

张五常：《经济解释》（二〇一四增订本），北京：中信出版社，2015 年。

张五常：《经济解释》，香港：花千树出版公司，2002 年。

张五常：《卖桔者言》，成都：四川人民出版社，1988 年。

张晓明：《从古典企业到现代企业——一个结构性的分析》，《开放时代》2000 年第 10 期。

张翼鹏：《1954 年苏联对华援助 15 项工业企业项目之缘起问题的再探讨》，《党史研究与教学》2012 年第 6 期。

张宇燕：《经济发展与制度选择》，《改革》1994 年第 2 期。

章也：《甲骨文"龙"字形体源于龙星说质疑》，《汉字文化》2008 年第 4 期。

赵斌：《摩尔定律已经接近物理极限了吗》，《科技导报》2015 年第 10 期。

赵志君：《经济学个人主义方法论反思——劳动分工和内生市场结构的视角》，《经济研究》2018 年第 8 期。

折晓叶：《对"改制"中资本能动性的社会学分析》，《中国社会科学》2004 年第 4 期。

郑秉文：《西方经济学百年回眸》，《求是》2001 年第 8 期。

郅敏、刘印梅：《郅敏雕塑作品系列（三）：青龙》，《现代装饰》2018 年第 8 期。

钟惠波：《知识的经济学分析：一个文献综述》，《中国软科学》2006 年第 12 期。

钟腾、杨雪斌、汪昌云：《地方政府债务人行为动机下的"同群效应"——基于空间计量模型的实证研究》，《计量经济学报》2021 年第 4 期。

中央编译局编：《马克思恩格斯选集》，北京：人民出版社，1972 年。

周桂田：《生物科技产业与社会风险——迟滞型高科技风险社会》，《台湾社会研究季刊》2000 年 9 月。

周其仁：《市场里的企业：一个人力资本和非人力资本的特别合约》，《经济研究》1996 年第 6 期。

周业安、赖步连：《认知、学习和制度研究——新制度经济学的困境和发展》，《中国人民大学学报》2005 年第 1 期。

周业安：《行为经济学：引领经济学的未来?》，《南方经济》2018 年第 2 期。

周业安：《制度演化理论的新发展》，《教学与研究》2004 年第 4 期。

朱富强：《老制度主义的分析思维及其现代意义》，《学习与实践》2015 年第 1 期。

庄小霞：《"失期当斩"再探——兼论秦律与三代以来法律传统的渊源》，《中国古代法律文献研究》2018 年第 11 辑。

后　记

本书未曾想过要出版。2007 年 12 月，博士论文答辩通过之后，就束之高阁，是因为我觉得此文讲述的不过是"常识"，似乏新意。这有点像阿维纳什·迪克西特（Avinash Dixit，曾任美国经济学会主席）2012 年发表的论文 An Option Value Problem From Seinfeld "摘要"中所说："这是一篇了无新意的论文"（This is a paper about nothing）。

而今翻看文献，发现当年论文中提出的那些理论问题依然存在，论文给出的思考依然适宜；而且当初穷尽数年构建的一点东西，也许有必要留下来。

当初选择这个题目，纯属非意图结果。自 1998 年本科毕业之后，我开始闯荡"江湖"，走了几个不同的城市，工种从大学教师到报社记者再到网站主编乃至后来的杂志主编，从普通职员到小小的某级别干部，人生道路上起伏不定，一会儿是风雨，一会儿是彩虹，但是我从来没有想到还会继续求学。

2001 年底，我事业还算顺利的时候，去大连休假。与东北财经大学图书馆程勉老师长谈之后，我幡然醒悟，决心继续读书。于是，我换了一份比较清闲的工作，一边工作一边学习（攻读硕士学位）。

也就在此时，通过程勉老师，认识了东北财经大学终身教授汪祥春老师（汪老于 1947—1949 年留学美国，在芝加哥大学和威斯康星大学读博士，师从米尔顿·弗里德曼等经济学家），他并没有嫌我水平低下，反而收我做他的弟子。我除了得到汪老学术上的指点，工作上也得到很多益处。我当时在一家杂志做编辑，汪老为了提携后学，给我介绍了一些名家，并让我打着他的旗号、以他弟子的名义跟那些名家约稿。

汪老打算收我做关门弟子，并送我一套书，让我准备博士研究生入学考试。2003年底，汪老跟我商量，说因为他行将90岁，担心我没毕业他就离世，耽误了我，于是提出折中方案：希望让他的学生带我，但我依然算他的学生。于是，我认识了后来的博士生导师、汪老的学生卢昌崇教授。据说，汪老甚至专程去卢老师家"交代"此事。[①] 可是，此后，我的"辈分"颇为尴尬：我是汪老的学生，也是汪老学生的学生。汪老的一位学生、著名经济学家周天勇教授多次跟我开玩笑说："你将辈分搞乱了。"

卢昌崇老师，曾是美国麻省理工学院（MIT）和波士顿大学高级访问学者，担任过教育部高等学校高职高专工商管理类专业教学指导委员会主任委员，亚太旅游协会（Asia Pacific Tourism Association）第八届年会主席等，在《经济研究》《管理世界》《中国工业经济》等一流学术期刊发表多篇论文，作为学科第一带头人为东北财经大学企业管理博士点和旅游管理博士点的创立和发展做出突出贡献，是这两个博士点的开点导师；作为学科第二带头人为东北财经大学西方经济学博士点的创立做出重要贡献；作为学科带头人之一为东北财经大学产业经济学获国家重点学科做出重要贡献等。

2004年9月，我开始跟卢老师读书。近距离接触，感受到了卢老师的大家风范，深深受益。需要重点提及的是：卢老师对于学生

---

① 这段经历，我在一篇纪念汪祥春老师的文章中有论及。刘正山（2018）。

的思考不加任何的禁锢，采取兼容并包的态度，在当前的中国学界，难能可贵。

做毕业论文选题的时候，我也曾想选择容易写的论题，但旋即想起曹丕的话："文章者，经国之大业，不朽之盛事……"我不大可能也不敢奢望能够写出什么传世之作，但觉得应该选择一个有挑战性的论题，在基础理论上有所建树。恰在此时，福建人民出版社陈艺静大姐邀请我给她推出的"经济学家随笔书系"丛书中的一本——朱锡庆教授的文集《有场景的知识》写书评。我欣然应允。读完之后，我发现朱锡庆的核心观点是：现存的各种制度安排是人类行为的副产品。也就是说，人的行为方式、制度以及所有被叫作"制造"的东西，其实都带有某种程度的"自发性"，它根源于作为活动副产品的经验知识及其作用。严格地讲，这并非新观点。"副产品"理论源于卡尔·门格尔（Carl Menger），是研究制度的形成与演化的。但副产品在主流经济学中是不被注意的，主流经济学只研究尘埃落定之后的世界是什么样子的，而不研究尘埃是如何落定的。

仔细思考了卡尔·门格尔的观点之后，我觉得主流经济学的基础可能存在问题，应当将经济学理论研究对象的构成性要素落实在"知识"或者"认知盲区"上，如此解释制度的生成与变迁，或许更有价值。

于是，我开始着手论文框架的构建。2006年4月中旬，我拿着论文大纲与卢昌崇老师商讨。当时，我的思路并不是很清晰，例如，对于"学习"，我只考虑到了模仿、干中学，没有注意到传承。卢老师将我的论文框架做了大幅度的调整，整个理论脉络顿时清晰起来。写完提纲之后，提交论文开题报告会。卢昌崇老师，以及夏春玉、赵宁、林忠、高良谋、李怀斌等专家提出了宝贵意见。当时，在东北财经大学客座讲课的汪丁丁教授也对我的论文框架提出了改进意见。

在其后的论文撰写过程中，卢老师给了详细的指导，倾注了大量心血。

论文初稿写完之后，东北财经大学数量经济研究所所长、博士生导师郭多祚教授，数学副教授、经济学教授程坦老师，帮我把关了论文中的数学模型。特别是程坦教授[①]，非常认真，甚至具体到文章的注脚、遣词造句等，给我提出了很多好的修改意见，大大减少了文中的错误。

2007年12月初，我的博士论文顺利通过答辩，当时的博士学位论文答辩委员会决议书给出的评价还不错。程坦教授以及中国社会科学院农村发展研究所党国英教授、中国社会科学院《中国社会科学》编辑室主任晓亮教授等给我的信函中，评价也都不错，甚至有的评价"过誉"。

本来，我打算继续潜心做研究。当时，应聘厦门大学经济学系，系主任洪永淼教授、系副主任杨继国教授等同意接纳我，我也通过了校方组织的试讲。因种种因素，我最终没有去厦门大学工作。我不知道，这个决策是对还是错。

博士毕业之后，我负责国土资源部的舆情内参工作，当时的部长徐绍史和副部长鹿心社、贠小苏等多次批示表扬。工作之余，我喜欢写点东西，并做过一段时间的"媒体经济学家"，经常在中央电视台、中国国际广播电台、北京人民广播电台等主流媒体上"露脸"。期间也参与了不少研究工作，包括全国人大财经委副主任、中国人民银行原副行长吴晓灵主持的民生（幸福）指数课题。

---

① 我曾在互联网上看到有研究生谈程坦教授讲课，说他讲授《微观经济学》和《宏观经济学》，"深入浅出，往往是一章节的内容他就画几个简单的图形就能使同学们理解其中的知识点，讲到精彩之处还不乏幽默，经常引得大家大笑。"而且，程坦老师上课时从不点名。

此期间，在老领导蒋亚平（人民日报社人民网创始人，哈佛大学"尼曼学者"）的介绍下，与韩俊老师相识（韩老师时任国务院发展研究中心副主任，后任中央财经领导小组办公室副主任、农业农村部副部长、吉林省省长等，现为安徽省委书记）。2011年上半年，韩俊老师让我参与他和陈锡文老师在清华大学筹备的中国农村研究院的部分工作。2011年底，韩俊老师建议我从事博士后研究。于是，2012年6月，我进入清华大学，成为中国农村研究院第一批博士后研究人员。

从事博士后研究以来，我到国务院发展研究中心工作了一段时间，学了不少东西。韩俊老师亲自带我们做研究，从资料收集、问卷设计、调研开展、文章写法等均悉心指导，甚至在安排论题的同时将他收集的大量材料一并"移交"，空白笔记本也给准备。他带我们去吉林省松原市、江苏省南通市和苏州市等地调研，跟我们一起到农民家中、田间地头访谈。我获益匪浅。

从那时至今，我继续参与中共中央党校副校长李君如、副校长赵长茂与周天勇、肖勤福等老师主持的一些调研活动，以及国家相关部委的各项课题。特别是周天勇老师，不仅是著名的经济学家，而且在政策研究方面也具有很大影响力。他长期在中共中央党校工作，并曾借调中共中央办公厅调研室。在他的直接带领下，自2004年至今，我们开展了大量的政策研究课题。初步统计，我们研究涉及领域包括发展战略与发展规划、调水工程、健康管理、健康科技、医疗平台、芯片产业、农地制度、盐碱地利用、跨境保税区、边疆地区工业化、老区扶贫、跨省边界区域发展、某些类型的先行先试试验区、央企治理结构、通讯产业、核电能源、氢能源汽车、空气污染治理、社区治理、人口与生育问题、行政区划、互联网平台反垄断、科技金融、某些领域的评价指标体系或评奖体系、城乡社会保障体系、儿童幸福问题、宏观税负、野生动物保护、美好生活指数、共同富裕指数等等。通常这些调研结束之后，由我执笔政策报告的撰写工作，这不仅让我大大开拓了视野，提升了政策研究水平，更让我对经济学理论有了全新的认识。譬如以前我撰写文章，侧重于阐述观点和讲道理，而今，我更注重实证分析，将理论、历史、现实等综合考虑，凡讲观点必有论据特别是数据作为支撑。古人说：读万卷书，行万里路。诚不我欺。

经过沉淀，尤其是对这十五年来国内外文献的研究，我对博士毕业论文进行了大幅度的修订，但我认为基本框架和观点依然立得住，未予根本性调整。希望此书经由出版之后，对相关领域的学术研究有所参考。但水平有限，书中难免存在诸多错漏，请方家指正。

作为一本书的后记，照例应当致谢，但回首过去，发现需要感谢的人太多，难以一一罗列。帮助我的人，当然要感谢；阻挠我的人，看起来，也要感谢。差不多十年前，我老家的报纸《商洛日报》张志宏主编给我做了一个专访，题目却是我拟的，叫作《也无风雨也无晴》。的确，经过风雨之后的人生感受，大不相同。好在我主要研究经济学和土地史等领域，对人性的某些方面看得较多，思考得较多，便相对释然。有些看似重要的东西，终归是"浮云"。

但是，要特别提到匡志宏老师。且说 2013 年暑期，我被派到吉林省松原市的乡下做农村调查工作。期间，接到吴晓灵老师的电话，说吴敬琏老师那边有事情，让我给他家中去个电话。我立即打电话，吴敬琏老师告知，上海远东出版社副总编匡志宏那边有一个幸福指数的课题，需要去不丹王国调研，但他年龄大、身体不便，希望吴晓灵推荐一个人，最终着落到我。于是，我与匡志宏老师接上头。从吉林调研结束回京之后，我就去了一趟不丹，与不丹王国的前首相利翁波·肯赞·多吉、不丹研究院院长卡玛·尤拉等进行了对话。不久，我博士后出站，"误落"一个从未接触的行业从事研究和教学工作，为生计而奔波，而匡志宏老师也跳槽到另外一家出版社，来往少了。2021 年 10 月，就任上海三联书店首席编辑的匡志宏老师来京出差，一席长谈之后，我发现虽然有一段时间没见了，但学术观点上仍有颇多共识。我突然想起"冷宫"中的博士毕业论文，就尝试着提了下，匡老师说论题似有新意，可以发她看看。于是，这论文"重见天日"了。

或许，这就是"缘分"吧。

刘正山

2023 年 11 月

图书在版编目（CIP）数据

认知盲区与制度变迁/刘正山著. —上海：上海三联书店，2024.1
ISBN 978 - 7 - 5426 - 7775 - 4

Ⅰ. ①认…　Ⅱ. ①刘…　Ⅲ. ①制度经济学－研究
Ⅳ. ①F019.8

中国版本图书馆 CIP 数据核字（2022）第 128892 号

认知盲区与制度变迁

著　　者 / 刘正山

责任编辑 / 匡志宏
装帧设计 / 徐　徐
监　　制 / 姚　军
责任校对 / 王凌霄

出版发行 / 上海三联书店
　　　　　（200030）中国上海市漕溪北路 331 号 A 座 6 楼
邮　　箱 / sdxsanlian@sina. com
邮购电话 / 021 - 22895540
印　　刷 / 苏州市越洋印刷有限公司

版　　次 / 2024 年 1 月第 1 版
印　　次 / 2024 年 1 月第 1 次印刷
开　　本 / 640 mm×960 mm　1/16
字　　数 / 230 千字
印　　张 / 18.5
书　　号 / ISBN 978 - 7 - 5426 - 7775 - 4/F・867
定　　价 / 78.00 元

敬启读者，如发现本书有印装质量问题，请与印刷厂联系 0512 - 68180628